annabac
SUJETS et CORRIGÉS 2016

Français 1re
séries technologiques
STMG, STI2D, STL, ST2S

Sylvie Dauvin
Jacques Dauvin
Professeurs agrégés de lettres classiques
Lycée international, Saint-Germain-en-Laye

Achevé d'imprimer
Par Maury imprimeur à Malesherbes - France
Dépôt légal 99121-9/01 - Août 2015

 ISSN 1168-3775 ISBN 978-2-218-99121-9

Annabac, mode d'emploi

Que contient cet Annabac ?

Tous les outils nécessaires pour se préparer de manière efficace à l'épreuve de français du bac 2016.

En premier lieu des **sujets corrigés tombés lors des épreuves du bac 2015**, mais également :

- des sujets complémentaires ;
- des conseils de méthode ;
- les repères clés du programme.

▶ Une large sélection de sujets d'écrit

L'ouvrage comprend les **sujets de la dernière session** et des sujets complémentaires. Il s'efforce de représenter de manière équilibrée **tous les types d'exercices** qui peuvent être proposés dans le cadre de l'épreuve.

▶ Également des sujets d'oral

Nous vous proposons également des **simulations de l'épreuve orale du bac français** : un texte associé à une question, avec des pistes pour l'exposé et l'entretien.

▶ Comment les sujets sont-ils traités ?

Les auteurs de cet ouvrage ont eu à cœur de vous aider à bien interpréter un sujet et « fabriquer » une bonne copie. C'est pourquoi ils ont associé à chaque énoncé :

- une **explication du sujet** et des aides pour construire la réponse (rubrique « Les clés du sujet ») ;
- un **corrigé clairement structuré**, avec des conseils et des commentaires quand c'est nécessaire.

Comment utiliser l'ouvrage ?

▶ À l'aide du sommaire

Dès le mois de décembre, **à l'occasion d'un contrôle ou d'un examen blanc**, n'hésitez pas à vous familiariser avec les types d'exercices proposés au bac en traitant ceux correspondant aux **thèmes du programme à réviser**. Le sommaire et les index vous aideront à les sélectionner.

Travaillez-les le plus possible, dans un premier temps, avec la seule aide des « Clés du sujet » ; puis confrontez ce que vous avez fait avec le corrigé proposé.

▶ À l'aide du planning de révisions

La date de l'examen se rapproche. Grâce à la rubrique « Votre planning de révisions », choisissez, **en fonction du temps qui vous reste**, les sujets qui vous permettront d'aborder l'épreuve dans les meilleures conditions possible.

Et l'offre privilège sur annabac.com ?

L'achat de cet ouvrage vous permet de bénéficier d'un **accès gratuit*** aux **ressources d'annabac.com** : fiches de cours, vidéos et podcasts, quiz interactifs, exercices, sujets d'annales...

Pour profiter de cette offre, rendez-vous sur www.annabac.com, dans la rubrique « Vous avez acheté un ouvrage Hatier ? ».
La saisie d'un mot clé du livre (lors de votre première visite) vous permet d'activer votre compte personnel.

* Selon conditions précisées sur www.annabac.com.

Qui a fait cet Annabac ?

▶ L'ouvrage a été écrit par **deux enseignants de français** de lycée : Sylvie Dauvin et Jacques Dauvin.

▶ Les contenus fournis ont été mis en forme par une équipe composée de plusieurs intervenants :
- des éditeurs : Anne Peeters, Grégoire Thorel et Benoît Dessalles, assistés de Manon Benney et de Clélia Sergent ;
- une correctrice : Luce Camus ;
- des graphistes : Tout pour plaire et Dany Mourain ;
- des maquettistes : Hatier et Dany Mourain ;
- une illustratrice : Juliette Baily ;
- un compositeur : STDI.

SOMMAIRE

Votre planning de révisions

J – 30 à J – 15

Vous débutez vos révisions un mois avant l'épreuve.

Traitez un exercice par thème clé

N°	Thème du programme
1	Roman
15	Théâtre
26	Poésie
29	Question de l'homme
34	Question de l'homme
17	Théâtre
28	Poésie

Vous débutez vos révisions deux semaines avant l'épreuve.

Révisez dans des conditions optimales !

▶ **Avant tout, organisez-vous**

Sur une grande feuille, construisez un tableau, avec : à l'horizontale, les plages de révision qui vous restent et, à la verticale, les différentes matières à réviser. Associez à chaque case un contenu.

▶ **Mettez-vous dans les conditions de l'examen**

Dans les dernières semaines de révisions, il est très important de « plancher » sur de vrais sujets. Essayez de travailler par tranches d'au moins une heure, sans pause.

▶ **Travaillez en équipe**

Vous pouvez aussi organiser des séances de révisions avec des amis, afin de partager vos connaissances et vos techniques de travail, et vous soutenir le moral.

Bonne chance !

J – 15 à J – 7

Consolidez vos méthodes

N°	Point de méthode
5	Questions
14	Commentaire
23	Dissertation
32	Invention
22	Commentaire
16	Invention

Parcourez le programme

N°	Thème du programme
21	Poésie
6	Roman
31	Question de l'homme
20	Théâtre
30	Question de l'homme
27	Poésie

Vous débutez vos révisions une semaine avant l'épreuve.

J – 7 à J

Dernière ligne droite

- Vous maîtrisez désormais les connaissances et les méthodes nécessaires pour réussir.
- Complétez vos révisions avec ces 4 sujets représentatifs :

N°	3	18	24	33

Dernière ligne droite

- Vous avez revu les grands thèmes du programme.
- Entraînez-vous désormais sur ces 4 sujets représentatifs :

N°	3	18	24	33

Droit au but !

- Plus qu'une semaine, il va falloir mettre les bouchées doubles !
- Travaillez sur ces 4 sujets dans les conditions de l'examen, en ne lisant le corrigé qu'après avoir traité le sujet au brouillon.

N°	7	14	24	29

POUR S'ENTRAÎNER !

Sur **www.annabac.com**
retrouvez de nombreux corrigés supplémentaires

Tapez le sujet dans le moteur de recherche du site.
D'un clic, vous affichez le corrigé.

En accès gratuit

1 Le personnage en situation d'apprentissage

COMMENTAIRE • Vous commenterez le texte de Kateb Yacine.
DISSERTATION • Des personnages en situation d'apprentissage ont-ils quelque chose à nous apprendre ?

2 Les fins de roman

COMMENTAIRE • Vous commenterez le texte de Victor Hugo.
DISSERTATION • La mort du personnage principal est-elle nécessaire à la fin d'un roman ?

3 La représentation théâtrale

COMMENTAIRE • Vous commenterez l'extrait du *Mariage de Figaro* de Beaumarchais.
DISSERTATION • La représentation d'un texte théâtral permet-elle d'enrichir sa compréhension ?

4 Le théâtre : acteur et public

COMMENTAIRE • Vous ferez le commentaire du texte de Claudel.
DISSERTATION • Selon vous, pourquoi le public va-t-il au théâtre ?

5 Un regard nouveau sur le quotidien

COMMENTAIRE • Faites le commentaire du texte d'Alain Bosquet.
DISSERTATION • Dans quelle mesure le poète porte-t-il un regard particulier sur le quotidien ?

6 Poètes en prison

COMMENTAIRE • Vous ferez le commentaire du poème de Musset.
DISSERTATION • La poésie est-elle surtout destinée à l'expression des sentiments personnels ?

7 Le conflit

COMMENTAIRE • Vous commenterez le texte de François Mauriac.
DISSERTATION • En quoi les situations de conflit peuvent-elles intéresser le lecteur et nourrir sa réflexion ?

I. Comprendre les règles de l'épreuve

Le programme et l'épreuve

Un nouveau programme de français est entré en vigueur à la rentrée 2011 pour la classe de 1re (*Bulletin officiel* spécial n° 9 du 30 septembre 2010). Les épreuves de l'épreuve anticipée de français (EAF) restent définies par le *Bulletin officiel* du 14 décembre 2006.

Le programme

1. QUELS SONT LES OBJETS D'ÉTUDE DU PROGRAMME DE 1re ?

Toutes les séries ont en commun quatre objets d'étude, qui recouvrent l'ensemble de l'histoire littéraire, du Moyen Âge à nos jours :

1. Le personnage de roman, du XVIIe siècle à nos jours

2. Le texte théâtral et sa représentation, du XVIIe siècle à nos jours

3. Écriture poétique et quête du sens, du Moyen Âge à nos jours

4. La question de l'Homme dans les genres de l'argumentation, du XVIe siècle à nos jours

▶ **Quelles différences entre les programmes de 2de et ceux de 1re ?**

Le programme de 1re s'inscrit dans la continuité de la classe de 2de. On retrouve un travail sur ces quatre genres : le roman, le théâtre, la poésie et l'argumentation. Mais, en 1re, l'étude de ces genres porte sur des périodes plus larges, de façon à mettre en évidence des évolutions historiques.

2. QUELS SONT LES OBJECTIFS ASSIGNÉS À CHACUN DES OBJETS D'ÉTUDE ?

▶ **Le personnage de roman, du XVIIe siècle à nos jours** : à travers la lecture de différents textes romanesques et l'étude de leurs personnages, comprendre qu'un roman exprime une vision du monde qui varie selon les époques et les auteurs.

▶ **Le texte théâtral et sa représentation, du XVIIe siècle à nos jours** : lire des œuvres théâtrales mais également en voir des représentations, de manière à percevoir les interactions entre texte et mise en scène.

▶ **Écriture poétique et quête du sens, du Moyen Âge à nos jours** : découvrir que l'écriture poétique procède à la fois d'une manière particulière d'interroger le monde et d'une réinvention continuelle de la langue.

▶ **La question de l'Homme dans les genres de l'argumentation, du XVIe siècle à nos jours** : explorer la réflexion sur l'homme dont sont porteurs les genres de l'argumentation et réfléchir ainsi sur sa propre condition.

▶ Pourquoi étudie-t-on également des auteurs grecs et latins ? Et l'histoire des arts ?

Selon les objets d'étude, le programme prévoit d'intégrer aux corpus des textes et des documents en relation avec l'**histoire des arts** ou avec les **langues et cultures de l'Antiquité**. Par exemple, l'ouverture de l'étude d'un roman sur l'histoire des arts permet de mettre en évidence les relations existant entre la représentation des personnages et celle qu'en donnent les autres arts – la peinture, la gravure, la sculpture, l'opéra par exemple – à la même époque.

Les épreuves

3. COMMENT S'ORGANISENT LES ÉPREUVES ?

Les épreuves anticipées de français (EAF) comprennent une épreuve écrite de 4 heures et une épreuve orale de 20 minutes. Voici les coefficients associés :

Épreuve	Coefficient
Écrit	2
Oral	2

▶ Quelle est la visée générale de ces épreuves ?

Les épreuves anticipées de français portent sur les contenus du programme de la classe de 1re mais vérifient des compétences acquises en français tout au long de votre scolarité :
- votre maîtrise de la langue et de l'expression ;
- votre aptitude à analyser et à interpréter des textes ;
- votre capacité à mobiliser la culture littéraire acquise ;
- votre aptitude à construire un jugement argumenté.

4. EN QUOI CONSISTE L'ÉPREUVE ÉCRITE ?

Le sujet d'écrit s'appuie toujours sur un ensemble de textes (corpus), éventuellement accompagné d'un document iconographique ; ce corpus, dont la longueur n'excède pas trois pages, doit être représentatif d'un objet d'étude du programme.

Un sujet comprend :
– d'une part, une ou plusieurs questions sur le corpus ;
Ces questions nécessitent des réponses rédigées. Souvent conçues de façon à vous aider à élaborer l'autre partie de l'épreuve écrite, elles sont notées sur 6 points.
– d'autre part, un choix entre trois types de travaux, portant sur le corpus proposé : commentaire, dissertation ou écriture d'invention.
Cette production est notée sur 14 points.

- Le **commentaire** porte sur un texte du corpus. Vous devez présenter, de manière organisée, ce que vous avez retenu de votre lecture, et justifier votre interprétation. La consigne vous propose des pistes ou un parcours de lecture.
- La **dissertation** vous amène à conduire une réflexion personnelle et argumentée à partir d'une problématique littéraire issue de l'objet d'étude.
- L'**écriture d'invention** consiste à écrire un texte en lien avec ceux du corpus. Selon la consigne, elle peut prendre des formes variées : article, lettre, dialogue, essai…

5. POUR L'ORAL, COMMENT CELA SE PASSE-T-IL ?

Vous vous présentez à l'épreuve orale muni(e) d'une liste des textes expliqués et étudiés au cours de l'année. L'examinateur choisit un texte dans cette liste et vous remet un « bulletin de passage » où figure la question à laquelle il vous est demandé de répondre.

Vous disposez alors de 30 minutes de préparation pour mettre en place les principaux axes de votre réflexion et orienter votre lecture du texte selon la question donnée.

Le passage se déroule ensuite de la façon suivante : 10 minutes pour répondre à la question, puis 10 minutes d'entretien, avec des questions de l'examinateur dans le prolongement de votre lecture analytique.

Guide méthodologique

Les questions sur un corpus

LIRE ET ANALYSER LES QUESTIONS

• Avant de répondre, **lisez les questions** au moins deux fois, pour repérer d'éventuels échos entre elles et être mieux guidé par leur cohérence.

• Chaque libellé doit être analysé précisément. Le(s) verbe(s) d'action est (sont) déterminant(s) : il y a de grandes différences entre « relever », « analyser », « montrer que », « commenter »...

• Attention aux questions implicites : par exemple, on ne peut « analyser » sans, au préalable, « observer » le texte (relecture sélective), « repérer » (utilisez des surligneurs de différentes couleurs), « relever » (sur une feuille de brouillon en organisant le relevé).

QUELQUES TYPES DE QUESTIONS

• **Repérer le (ou les) point(s) commun(s)** entre les documents proposés. Interrogez-vous sur les thèmes abordés, les genres et les registres des documents.

• **Étudier ou comparer les genres** des documents : pour cela, vous devez bien connaître les différents genres littéraires.

• **Étudier ou comparer les registres** des documents, qui se définissent en fonction de l'effet produit sur le lecteur (comique, tragique...).

• **Étudier ou comparer les argumentations** : analyser la *situation d'énonciation* ; repérer une *thèse*, un *argument*, un *exemple* ; repérer les *connecteurs logiques* ; distinguer les *types de raisonnement* ; connaître les procédés de l'*argumentation*, notamment de la persuasion et de la délibération ; juger une stratégie argumentative.

QUALIFIER ET CLASSER UN TEXTE

Si on le classe selon...	... on trouve...	Exemples
ses caractéristiques de forme	son genre	roman, théâtre, poésie
l'intention de celui qui parle ou écrit	son type ou sa forme de discours	narratif, argumentatif
l'effet qu'il produit sur le destinataire	son ton ou son registre	comique, pathétique...

REPÉRER LE(S) POINT(S) COMMUN(S) ENTRE LES DOCUMENTS

• Il est très fréquent qu'on vous demande de trouver le(s) point(s) commun(s) entre les différents documents proposés, c'est-à-dire de justifier leur groupement.

• Pour ce type de question, vous devez passer en revue les divers éléments d'un texte. En effet, les documents peuvent :
– relever du même **mouvement littéraire et culturel** (mouvement classique, mouvement des Lumières...) ;
– aborder le même **thème** ;
– présenter une même **situation** (une dispute, une agonie, une duperie...) ;
– mettre en jeu des **personnages** de même type (maître et valet, amoureux...) ;
– appartenir au même **genre littéraire** (théâtre, roman, poésie...) ;
– mettre en jeu la même **forme de discours** (narrative, descriptive...) ;
– s'inscrire dans le même **registre** (tragique, comique, ironique...) ;
– avoir la même **visée** (faire l'éloge, dénoncer, blâmer...) ;
– se situer à une **place identique** dans l'œuvre (début, fin...).

RELEVER ET COMMENTER UN CHAMP LEXICAL

• Champ lexical : ensemble de mots qui se réfèrent au même domaine. Par exemple : *médecin*, *incubation*, *hôpital*, *piqûre*, *infirmière*, *ambulance*, *soigner*, *guérir*, *opération*, *malade*, *bloc opératoire*, *antibiotique*, *convalescence*, *traitement*, *urgences*... appartiennent au champ lexical de la médecine.

• Ne faites pas de liste de mots en vrac ; groupez-les par affinité, par ressemblance. Indiquez ce qui a justifié votre classement. Par exemple, pour le champ lexical ci-dessus, les locaux : *hôpital*, *bloc opératoire*, *urgences* ; les êtres humains : *médecin*, *infirmière*, *malade* ; les phases de la maladie : *incubation*, *traitement*, *soigner*, *guérir*, *convalescence* ; les différents traitements : *piqûre*, *antibiotique*, *traitement*, *opération*.

• Indiquez l'effet produit par le champ lexical relevé (création d'une tonalité, éclairage sur un personnage...).

REPÉRER, REFORMULER UNE THÈSE

• Essayez toujours de repérer et de surligner dans le texte la (ou les) phrase(s) clé(s) qui contiennent l'essentiel de la thèse.

• Lorsque l'on reformule une thèse, on doit pouvoir la faire précéder de l'expression : *« Je veux/il veut prouver que... »*

ANALYSER DES ARGUMENTS

Pour analyser un argument dans un texte, il faut déterminer :
– sa **nature** : il peut prendre la forme d'une anecdote (il est alors illustratif), d'une vérité générale, d'un raisonnement logique... ;
– sa **source** : il peut être emprunté à l'expérience personnelle, à la réalité (historique, sociale...), à la littérature ; ce peut être un argument d'autorité ;
– sa **place dans le fil argumentaire** : d'un argument à l'autre, il peut y avoir amplification, généralisation, restriction.

ÉTUDIER DES EXEMPLES

– Leur **rôle** : ils peuvent être illustratifs (ils confirment en la concrétisant une proposition) ou argumentatifs (ils ont valeur d'arguments).
– Leur **type** : empruntés à la réalité ou imaginés ; littéraires ou artistiques ; proverbes, citations (valeur d'autorité).
– Leur **place** : avant ou après l'idée.

ÉTUDIER LA STRUCTURE D'UNE ARGUMENTATION

- En travail préliminaire, explicitez d'abord la **thèse générale** de l'auteur.
- Repérez ensuite les **« parties » du texte**, en précisant s'il s'agit de l'expression de la thèse, d'arguments, d'exemples.
- S'il y a des **connecteurs logiques** qui articulent les phrases ou les paragraphes, repérez-les et éclaircissez-en le sens avec un équivalent. S'il n'y en a pas, s'ils sont implicites, explicitez-les.
- Récapitulez enfin : d'où l'auteur est parti ; à quelle conclusion il arrive pour mesurer le **chemin (argumentatif) parcouru**.

SAVOIR-FAIRE POUR TRAITER LES QUESTIONS

Rédiger complètement les réponses

- Vos **phrases** doivent être **complètes** et comporter un **verbe conjugué**, y compris quand vous mentionnez un exemple (jamais de relevés-catalogues « secs » avec tous les mots à la suite ou en colonnes).
- Lorsque vous mentionnez les textes et documents, désignez-les en donnant quelques éléments de leur contexte (par exemple, l'auteur, le titre, l'époque ou le genre). Ne parlez pas du « document A ou B ».

Structurer les réponses

- Il faut « encadrer » la réponse d'une **phrase d'introduction** qui rappelle la question posée, situe les documents, et d'une **brève conclusion** qui rappelle l'intérêt des éléments analysés pour une meilleure compréhension du corpus.
- Faites des **paragraphes** (alinéas) quand vous passez d'une idée à une autre.
- Lorsqu'on vous demande de comparer les documents (sur un point précis), **ne juxtaposez pas l'étude des différents documents** (un paragraphe par document), mais essayez de grouper ceux qui se ressemblent ; construisez votre réponse en menant de front l'étude des différents documents.

Le commentaire littéraire

LIRE LE TEXTE

- En premier lieu, lisez attentivement tout le **paratexte** (date de l'œuvre, auteur, notes de vocabulaire, etc.) ce qui vous empêchera de faire des contresens.
- Puis faites une première lecture du texte lui-même.

Voici les **premières questions à vous poser** à l'issue de cette lecture :
– Quelle est la nature du texte ? Son genre, son type, son thème ?
– Que savez-vous sur l'auteur, sur son mouvement littéraire ?
– Quel(s) effet(s) ce texte produit-il (question du registre) ?
– Qui parle ? Qui voit ? Quel est le mode d'énonciation (énoncé ancré/énoncé coupé de la situation d'énonciation) ?
– Comment progresse le texte ? Quelle est sa composition ?

CONSTRUIRE UN PLAN À L'AIDE DU PARCOURS DE LECTURE

- Avant tout, servez-vous des **pistes** que le sujet peut proposer.
- Vous pouvez composer une **« définition »** du texte, c'est-à-dire une phrase brève qui, partant de l'impression ressentie à la lecture, précise les **caractéristiques générales** du texte. Vous pouvez utiliser le schéma suivant :

> **genre** + **type** + **sujet ou thème** du texte + **mouvement** littéraire + **registre(s)** ou qualification du texte par des **adjectifs** + **buts** de l'auteur

Chaque élément de la « définition » peut alors correspondre à un aspect intéressant du texte, donc à une **idée directrice**, ou suggérer des pistes.

- Ne confondez pas l'idée directrice avec les indices qui servent à l'étayer : **un aspect formel du texte** (champ lexical, figure de style…) **ne peut constituer une idée directrice**. Ce que vous surlignez est une preuve qui soutient votre interprétation, mais ne peut fournir une partie de votre commentaire.

COMPOSER L'INTRODUCTION

L'introduction d'un commentaire comporte **quatre phases** : phrase d'amorce, présentation du texte, teneur du texte, annonce du plan. Il faut :

- **intégrer le texte dans un ensemble plus large** (époque, mouvement…) ;
- **replacer l'extrait dans l'œuvre** à l'aide du paratexte ;
- **mentionner le texte** : de quoi « parle » le texte ? ;
- **annoncer le plan** du commentaire : les deux ou trois axes retenus.

CONSTRUIRE UN PARAGRAPHE, ÉVITER LA PARAPHRASE

• Vous devez absolument éviter la paraphrase et **ne jamais séparer le fond de la forme**.

• Un paragraphe n'est complet que s'il comporte trois composantes indispensables : l'**interprétation**, une **citation** et la **qualification** de l'élément relevé.

• Voici un moyen mnémotechnique pour la bonne construction d'un paragraphe :

I ↓ **I**dée	C ↓ **C**itation	Q ↓ **Q**ualification

COMMENTER UN PROCÉDÉ DE STYLE

• Ne signalez jamais un procédé stylistique sans **le mettre en relation avec une idée** : que traduit-il ? Quelle impression crée-t-il ? À quoi sert-il ? Citez les mots essentiels qui soutiennent le procédé repéré.

• Évitez la répétition des mêmes verbes pour lier idée et procédé de style. Par exemple : « Par ce procédé, *l'auteur montre, exprime, traduit, suggère, marque, souligne, révèle, dévoile, reflète, peint, dépeint, témoigne de, rend compte de, met en valeur, en relief, en évidence, en lumière…* » ; « Ce procédé *suscite, provoque, fait naître, a pour effet de, transmet…* »

INSÉRER DES CITATIONS

Les citations et références au texte sont **indispensables**. Mais il ne faut pas les donner sous forme de liste ou entre parenthèses. Elles doivent être **grammaticalement intégrées dans la rédaction du commentaire**.

Type de référence	Élément cité	Remarque
Citation intégrale	une phrase (ou partie de phrase) respectant le texte	Utiliser des guillemets. Toute coupure doit être signalée par des crochets.
Éléments épars	un relevé de mots qui forment un champ lexical	Mettre les éléments entre guillemets en les séparant par une virgule.
Résumé d'un passage, pour éviter une citation trop longue		Le résumé doit être très court.
Référence à une ligne, un paragraphe, une strophe		Donner les informations nécessaires à la compréhension de la référence.

COMPOSER LA CONCLUSION

• Faites une **rapide synthèse** des conclusions auxquelles vous êtes arrivé(e). Portez un **jugement** sur le texte et son intérêt littéraire.

• Ouvrez des **perspectives plus larges** à partir du texte : influence du texte sur la postérité littéraire du texte, rapprochements avec d'autres extraits ou œuvres, avec d'autres arts (peinture, musique…).

La dissertation

COMPRENDRE ET ANALYSER LE SUJET

• Dans le libellé du sujet, **soulignez** de différentes couleurs :
– les mots qui vous renseignent sur le thème, l'objet d'étude ;
– les mots qui vous indiquent sous quel angle vous devez considérer ce thème ;
– les indices donnés sur la forme que doit prendre le devoir, les indications sur le plan. Par exemple, dans un sujet débutant par « Pensez-vous que… ? », vous devez adopter un plan dialectique qui permet de peser le pour et le contre.

• **Définir** clairement **les mots clés du sujet**, pour en saisir toutes les nuances.

TROUVER UNE PROBLÉMATIQUE, DÉFINIR UN PLAN

• Formulez la problématique **avec vos propres mots**, de façon à vous l'approprier et à vous la rendre plus claire. Ainsi, un sujet peut être reformulé : « Le théâtre est-il factice ou est-il proche de la réalité ? »

• Divisez la problématique en **sous-questions**.

Reprenons l'exemple précédent. On peut poser les sous-questions suivantes : « *Qu'est-ce qui* est artificiel dans le théâtre : du point de vue de l'action ? de l'expression des personnages (situation d'énonciation) ? du spectacle (décor, costumes, jeu des acteurs…) ? et « *Qu'est-ce qui* est réel/ authentique dans le théâtre ? » ; « *quelle réalité, quelle vérité* nous dévoile le théâtre ? ». Cela permet de définir l'articulation générale de la dissertation.

• Pour passer à l'**étape du plan**, il faut faire correspondre à chaque sous-question une réponse qui constituera une thèse et trouver les deux ou trois arguments qui permettent de justifier chacune.

• Avant de rédiger, vérifiez que toutes les parties de votre dissertation **répondent au sujet**. Il existe une **technique** : vérifiez que l'intitulé de chacune de vos parties comporte un des mots-clés que vous avez repérés dans le sujet.

FORMULER UNE THÈSE, FORMULER UN ARGUMENT

• Lorsque l'on formule une **thèse**, on doit pouvoir la faire précéder de l'expression **« Je veux montrer que… »**. Cette formulation – qui ne doit pas forcément apparaître dans la réponse rédigée – est très efficace pour vérifier que c'est bien une thèse (et non un argument ou un exemple) que vous formulez. Ex. : « *Je veux montrer que* la poésie permet l'évasion. »

• Pour vérifier que c'est bien un **argument** que l'on développe (et non une thèse ou un exemple), on doit pouvoir, après avoir formulé la thèse, faire précéder l'argument de **« car », « en effet », « la preuve en est que… »**. Pour alléger le style de votre réponse, vous pouvez, au moment de la rédaction, gommer ce lien. Ex. : « Je veux montrer que la poésie permet l'évasion ; (en effet) elle entraîne le lecteur dans le monde de l'imaginaire. »

CONSTRUIRE UN PARAGRAPHE OU COMMENT EXPLOITER UN EXEMPLE

• Un **paragraphe de dissertation** n'est complet que s'il comporte **trois composantes indispensables** : l'argument avancé ou idée (I), l'exemple qui l'illustre (E) et le commentaire de cet exemple (C). Rappelez-vous : « **IEC** ».

I ↓ **I**dée	**E** ↓ **E**xemple	**C** ↓ **C**ommentaire

Vos **exemples** peuvent être issus de votre expérience personnelle ; d'événements historiques ou culturels ; de faits de société, de données économiques ; mais surtout du corpus et de vos connaissances littéraires. Celles-ci

peuvent alors prendre la forme de citations (avec le nom de l'auteur), ou de références précises (titre de l'œuvre, auteur).
Mais attention : un titre d'œuvre ou une citation non commentés n'ont pas valeur d'illustration et ne servent donc à rien.

L'écriture d'invention

COMPRENDRE ET ANALYSER LE SUJET

• Repérez les contraintes et extrayez de la consigne :
– le **thème**, la problématique ;
– le **genre** du texte à produire : apologue, conte, dialogue, lettre, article... ;
– le **type de texte**, la forme de discours : narration, description, argumentation ;
– le **registre** : comique, satirique, pathétique... ;
– la **situation d'énonciation** : qui parle ? à qui ? où ? à quelle époque ?
De la situation d'énonciation, vous tirerez :
– le **niveau de langue** à utiliser (familier, courant, soutenu) ;
– le **style** à adopter et certains éléments spécifiques du texte à produire.

• Composez la « définition » du texte à produire.

> **genre** du texte + **type** de texte + **sujet ou thème** + **registre** + **adjectifs** qualifiant le texte + **buts** de l'auteur (vous)

• Cela vous permet d'éviter le hors-sujet et de mettre en évidence les faits d'écriture que doit comporter votre texte. Si certaines cases de la « définition » restent vides, c'est que vous avez le choix.

• Une fois le canevas de votre écriture d'invention terminé, vérifiez que vous avez respecté toutes les contraintes explicites et implicites de la consigne.

REPÉRER ET RESPECTER LA SITUATION D'ÉNONCIATION

Avant de répondre au sujet, vous devez être très attentif aux mots du sujet qui indiquent la situation d'énonciation. Exemple : « *Un grand reporter* revient d'un pays du tiers-monde. *À son retour de voyage*, il écrit une lettre ouverte *aux autorités de l'ONU* pour dénoncer les atrocités commises à l'égard des plus pauvres. Écrivez cette lettre. »

• Qui parle ? *Un grand reporter*. Vous devez vous mettre à « sa place », donc employer la première personne du singulier.

• À qui ? *Aux autorités de l'ONU*. Vous devez employer la deuxième personne du pluriel et adapter votre expression à ce type de destinataire (formules d'adresse officielles...).

• Quand ? *À son retour de voyage* (faites référence à ce voyage).

PRÉPARER ET CONSTRUIRE UN RÉCIT

Pour composer un récit, il faut faire des choix, suivre certaines étapes.

• **Choisir le « statut » du narrateur** : narrateur-personnage, narrateur-témoin, narrateur hors de l'histoire. De ce choix, tirer les pronoms personnels et pronoms-adjectifs possessifs à utiliser : 1re pers. si le narrateur est aussi un personnage ; 3e pers. si le narrateur est en-dehors de l'histoire.

• **Définir le point de vue** (interne, externe, omniscient).

• **Imaginer et construire l'action**, la succession des événements, les différentes étapes de l'histoire, en distinguant :
– la situation initiale : quelle est la situation avant que les péripéties ne commencent ? qui ? où ? quand ? avec qui ?
– les péripéties (= événements proprement dits) : que se passe-t-il ?
– la situation finale : comment se termine l'histoire ?

• Cela entraîne l'utilisation d'**indications de temps** qui permettent de se repérer dans la succession des événements : *d'abord, ensuite, tout à coup, enfin*.

• Prévoir des passages de **description** et de **dialogue**.

RÉDIGER UN RÉCIT

• Choisissez le **temps verbal dominant**. Le récit sera-t-il : au passé (alternance passé simple ou passé composé/imparfait) ? au présent d'énonciation associé au passé composé et au futur ?

• Allez à la ligne pour **faire des paragraphes** : quand se produit un événement nouveau ; quand on passe d'une forme de discours à l'autre (par exemple de la narration à la description).

• Faites attention à l'usage de la **ponctuation** dans le **dialogue**.

RÉFUTER UNE THÈSE

• Réfuter une thèse, c'est **entrer dans le raisonnement de l'adversaire afin de contester sa thèse**, de montrer la fausseté de ses arguments.

Pour cela, il faut définir précisément : la thèse adverse (donc bien analyser le texte qui soutient cette thèse) et repérer ses arguments ; la thèse que l'on va soutenir (contraire de la précédente).

• Pour réfuter, on peut :
– **déprécier** ou ridiculiser la thèse adverse (prendre un ton ironique) ;
– **trouver les points faibles** de son argumentation : par exemple, le manque de pertinence du raisonnement proposé par l'adversaire, de ses exemples ;
– **s'en prendre à la personne** qui soutient la thèse adverse : cela s'appelle un argument *ad hominem* ;
– **faire quelques concessions** (accepter certaines idées de l'adversaire) **pour mieux s'opposer** à lui par la suite.

L'épreuve orale

LA LECTURE ANALYTIQUE

Comprendre la question

La question que vous posera l'examinateur pour orienter votre lecture analytique peut être de nature variée ; comme elle a pour fonction de diriger votre travail, vous ne pourrez pas restituer, telle quelle, la lecture entendue en classe : **il faut répondre à la question posée**.

Pendant la préparation

• **Comprenez et analysez** précisément **la question** qui vous est posée par l'examinateur. Sachez « jongler » avec cette question, c'est-à-dire « recomposer » votre lecture analytique de l'année autour de cette question.

• Pour ne pas faire de hors-sujet, **associez au moins un mot de la question à chaque axe de lecture**. En tout état de cause, vous devez, à la fin de votre lecture, avoir répondu à la question posée.

• Attention : votre explication doit être **construite**. Vous êtes libre de la structurer en suivant l'ordre du texte (linéairement) ou de façon composée (par centres d'intérêt ou idées directrices), mais vous devez de toute façon **« prouver » quelque chose sur le texte** en liaison avec la question posée.

• Présentez clairement et proprement votre **feuille de notes**. Hiérarchisez vos idées en allant à la ligne et en utilisant des numéros, des lettres, des tirets et en décalant les idées vers la droite en fonction de leur importance.
N'y inscrivez pas les exemples (citations extraites du texte) ; mais affectez à chaque idée une couleur et **surlignez dans le texte** avec la couleur adéquate les mots par lesquels vous les appuierez : vous pourrez ainsi retrouver dans le texte ce que vous voulez relever et qualifier sans encombrer votre feuille de notes.

Déroulement de la lecture

• **Faites une introduction**. Vous devez y fournir les éléments essentiels à la compréhension du texte : l'époque, l'auteur, éventuellement le mouvement littéraire auquel il se rattache, toujours l'œuvre dont est extrait le texte et surtout, en quelques mots, la teneur du texte : « de quoi il parle » (répondez aux questions : « qui ? où ? quand ? quoi ? »).

• **Lisez le texte de façon expressive**. Attention : s'il s'agit d'une scène de théâtre, évitez de signaler les noms des personnages à chaque réplique ; marquez plutôt le changement de personnage par votre intonation. Si vous ne lisez pas les didascalies – ce que nous vous conseillons –, signalez-le à l'examinateur et précisez que vous en tirerez parti dans votre explication.

• **Rappelez la question qui vous a été posée** et indiquez clairement les idées directrices que vous avez retenues. Par exemple : « Ce texte présente deux (ou trois) intérêts majeurs… », ou : « On peut étudier ce texte selon deux (ou trois) perspectives… ».

• **Passez au « corps » de l'explication**, en appuyant toute idée d'indices pris dans le texte et commentés. Les citations du texte viennent s'insérer dans votre commentaire, qui doit suivre une progression organisée.

• **Terminez l'explication par une conclusion** : faites le bilan de vos réponses à la question posée et élargissez votre réflexion. Par exemple, indiquez l'importance du texte dans l'ensemble de l'œuvre, dans un mouvement littéraire, dans la littérature. Vous pouvez replacer ce texte dans le groupement auquel il appartient. Vous pouvez mentionner d'éventuelles réécritures ou adaptations (cinématographiques, scéniques…) de l'extrait.

• Attention : **ne dépassez pas 10 minutes** pour l'ensemble de l'explication.

L'ENTRETIEN

Pendant la préparation

• Réservez un peu de temps de votre préparation pour **anticiper les questions** que pourrait vous poser l'examinateur au cours de l'entretien. Par exemple, si vous avez dû expliquer « Le Chêne et le Roseau » de La Fontaine, vous pouvez légitimement vous attendre aux questions suivantes :
– « Quelles sont les caractéristiques d'un apologue ? d'une fable ? » ;
– « Connaissez-vous d'autres fabulistes ? »

• Répertoriez, sur votre feuille de préparation, les **idées essentielles de votre cours sur l'objet d'étude** auquel appartient le texte que vous avez à analyser. Par exemple : définition et caractéristiques de l'apologue, de la fable ; différentes sortes d'apologues…

• Faites l'« inventaire » des références que vous avez pour alimenter vos réponses à ces questions et notez tous les exemples qui pourraient illustrer vos propos, comme les titres des fables que vous connaissez…

Déroulement de l'entretien

• L'entretien doit permettre de mettre en valeur vos connaissances.
– Pour les œuvres intégrales, montrez que vous n'en avez pas une connaissance fragmentaire mais que vous y avez repéré des thèmes, une dynamique.
– Des rappels de vos lectures personnelles, des spectacles auxquels vous avez assisté, de votre culture cinématographique seront appréciés.

• Il s'agit d'un entretien, et non de deux monologues parallèles… Vous serez jugé sur vos connaissances mais aussi sur votre capacité à réagir à des questions, à relancer une discussion, à faire preuve d'à-propos.

• Écoutez votre examinateur, regardez-le lorsque vous parlez.

• On n'attend pas de vous que vous répondiez immédiatement aux questions posées : si la réponse ne vous vient pas tout de suite, donnez-vous le temps de la réflexion. Si vous avez un doute sur une réponse, donnez la réponse que vous croyez pertinente, en la modalisant : « Il me semble que… ». Si vous ne connaissez vraiment pas la réponse à une question précise, avouez-le tout simplement.

• Soignez votre comportement afin de faciliter le dialogue et de donner une image de vous confiante et ouverte, sans familiarité déplacée.

• Parlez sans monotonie, avec des intonations naturelles : articulez, sans forcer votre voix, mais de façon à ce que l'on vous entende distinctement. Utilisez un langage courant, syntaxiquement correct.

II. Préparer l'épreuve écrite

SUJET 1

France métropolitaine • Juin 2015

Le personnage de roman • 6 points

Les personnages non humains

Questions

Documents

A – **Victor Hugo**, *Les Travailleurs de la mer*, deuxième partie, livre IV, chapitre 1, 1866.
B – **Joseph Kessel**, *Le Lion*, deuxième partie, chapitre 9, 1958.
C – **Joy Sorman**, *La Peau de l'ours*, 2014.

▸ 1. Comment peut-on définir les relations entre l'homme et l'animal exprimées dans ces extraits ? *(3 points)*

▸ 2 Étudiez les moyens mis en œuvre dans ces textes pour donner à l'animal la dimension d'un personnage romanesque. *(3 points)*

Après avoir répondu à ces questions, les candidats devront traiter au choix un des trois sujets nos 2, 3 ou 4.

DOCUMENT A

Gilliatt, un pêcheur solitaire, robuste et rêveur, a bravé pendant des heures la tempête pour rejoindre l'épave de La Durande, *un bateau à moteur. Tandis que la mer s'apaise, il cherche de quoi se nourrir. À la poursuite d'un gros crabe, il s'aventure dans une crevasse.*

Tout à coup il se sentit saisir le bras.

Ce qu'il éprouva en ce moment, c'est l'horreur indescriptible.

Quelque chose qui était mince, âpre, plat, glacé, gluant et vivant venait de se tordre dans l'ombre autour de son bras nu. Cela lui montait vers la poitrine. C'était la pression d'une courroie et la poussée d'une vrille[1]. En moins d'une seconde, on ne sait quelle spirale lui avait envahi le poignet et le coude et touchait l'épaule. La pointe fouillait sous son aisselle.

Gilliatt se rejeta en arrière, mais put à peine remuer. Il était comme cloué. De sa main gauche restée libre il prit son couteau qu'il avait entre ses dents, et de cette main, tenant le couteau, s'arc-bouta au rocher, avec un effort désespéré pour retirer son bras. Il ne réussit qu'à inquiéter un peu la ligature[2], qui se resserra. Elle était souple comme le cuir, solide comme l'acier, froide comme la nuit.

Une deuxième lanière, étroite et aiguë, sortit de la crevasse du roc. C'était comme une langue hors d'une gueule. Elle lécha épouvantablement le torse nu de Gilliatt, et tout à coup s'allongeant, démesurée et fine, elle s'appliqua sur sa peau et lui entoura tout le corps. En même temps, une souffrance inouïe, comparable à rien, soulevait les muscles crispés de Gilliatt. Il sentait dans sa peau des enfoncements ronds, horribles. Il lui semblait que d'innombrables lèvres, collées à sa chair, cherchaient à lui boire le sang.

Une troisième lanière ondoya hors du rocher, tâta Gilliatt, et lui fouetta les côtes comme une corde. Elle s'y fixa.

L'angoisse, à son paroxysme[3], est muette. Gilliatt ne jetait pas un cri. Il y avait assez de jour pour qu'il pût voir les repoussantes formes appliquées sur lui. Une quatrième ligature, celle-ci rapide comme une flèche, lui sauta autour du ventre et s'y enroula.

Impossible de couper ni d'arracher ces courroies visqueuses qui adhéraient étroitement au corps de Gilliatt et par quantité de points. Chacun de ces points était un foyer d'affreuse et bizarre douleur. C'était ce qu'on éprouverait si l'on se sentait avalé à la fois par une foule de bouches trop petites.

Un cinquième allongement jaillit du trou. Il se superposa aux autres et vint se replier sur le diaphragme[4] de Gilliatt. La compression s'ajoutait à l'anxiété ; Gilliatt pouvait à peine respirer.

Ces lanières, pointues à leur extrémité, allaient s'élargissant comme des lames d'épée vers la poignée. Toutes les cinq appartenaient évidemment au même centre. Elles marchaient et rampaient sur Gilliatt. Il sentait se déplacer ces pressions obscures qui lui semblaient être des bouches.

Brusquement une large viscosité[5] ronde et plate sortit de dessous la crevasse. C'était le centre ; les cinq lanières s'y rattachaient comme des rayons à un moyeu[6] ; on distinguait au côté opposé de ce disque immonde le commencement de trois autres tentacules, restés sous l'enfoncement du rocher. Au milieu de cette viscosité il y avait deux yeux qui regardaient.

Ces yeux voyaient Gilliatt.
Gilliatt reconnut la pieuvre.

Victor Hugo, *Les Travailleurs de la mer*, deuxième partie, livre IV, chapitre 1, 1866.

1. Vrille : outil formé d'une tige métallique servant à percer le bois.
2. Ligature : lien permettant d'attacher, de comprimer.
3. Paroxysme : degré extrême, très forte intensité.
4. Diaphragme : muscle large et mince entre le thorax et l'abdomen.
5. Viscosité : état de ce qui est visqueux, gluant.
6. Moyeu : partie centrale d'une roue.

DOCUMENT B

John Bullit est l'administrateur d'un parc royal au Kenya. Sa fille Patricia est l'amie d'un lion nommé King, qu'elle a recueilli lionceau et soigné. Devenu adulte, King est rendu à la vie sauvage. Lors d'une promenade en voiture dans la réserve, Bullit procure à Patricia la joie de retrouver King.

Aussitôt King fut contre elle, debout, et ses pattes de devant sur les épaules de Bullit. Avec un rauque halètement de fatigue et de joie, il frotta son mufle contre le visage de l'homme qui avait abrité son enfance. Crinière et cheveux roux ne firent qu'une toison.

– Est-ce que vraiment on ne croirait pas deux lions ? dit Patricia.

Elle avait parlé dans un souffle, mais King avait entendu sa voix. Il étendit une patte, en glissa le bout renflé et sensible comme une éponge énorme autour de la nuque de la petite fille, attira sa tête contre celle de Bullit et leur lécha le visage d'un même coup de langue.

Puis il se laissa retomber à terre et ses yeux d'or examinèrent chacun de ceux qui se trouvaient dans la voiture. Il nous connaissait tous : Kihoro, les rangers[1] et moi-même. Alors, tranquille, il tourna son regard vers Bullit. Et Bullit savait ce que le lion attendait.

Il ouvrit lentement la portière, posa lentement ses pieds sur le sol, alla lentement à King. Il se planta devant lui et dit, en détachant les mots :

– Alors, garçon, tu veux voir qui est le plus fort ? Comme dans le bon temps ? C'est bien ça ?

Et King avait les yeux fixés sur ceux de Bullit et comme il avait le gauche un peu plus rétréci et fendu que le droit, il semblait en cligner. Et il scandait[2] d'un grondement très léger chaque phrase de Bullit. King comprenait.

– Allons, tiens-toi bien, mon garçon, cria soudain Bullit. Il fonça sur King. Le lion se dressa de toute sa hauteur sur ses pattes arrière et avec ses pattes avant enlaça le cou de Bullit. Cette fois, il ne s'agissait pas d'une caresse. Le lion pesait sur l'homme pour le renverser. Et l'homme faisait le même effort afin de jeter bas le lion. Sous la fourrure et la peau de King, on voyait la force onduler en longs mouvements fauves. Sous les bras nus de Bullit, sur son cou dégagé saillaient des muscles et des tendons d'athlète. Pesée contre pesée, balancement contre balancement, ni Bullit ni King ne cédaient d'un pouce. Assurément, si le lion avait voulu employer toute sa puissance ou si un accès de fureur avait soudain armé ses reins et son poitrail de leur véritable pouvoir, Bullit, malgré ses étonnantes ressources physiques, eût été incapable d'y résister un instant. Mais King savait – et d'une intelligence égale à celle de Bullit – qu'il s'agissait d'un jeu. Et de même que Bullit, quelques instants plus tôt avait poussé sa voiture à la limite seulement où King pouvait la suivre, de même le grand lion usait de ses moyens terribles juste dans la mesure où ils lui permettaient d'équilibrer les efforts de Bullit.

Alors, Bullit changea de méthode. Il enveloppa de sa jambe droite une des pattes de King et la tira en criant :

– Et de cette prise-là, qu'est-ce que tu en dis, mon fils ?

L'homme et le lion roulèrent ensemble. Il y eut entre eux une mêlée confuse et toute sonore de rires et de grondements. Et l'homme se retrouva étendu, les épaules à terre, sous le poitrail du lion.

Joseph Kessel, *Le Lion*, deuxième partie, chapitre 9,
© Éditions Gallimard, 1958.

---

1. Rangers : mot anglais désignant les gardes dans une réserve, dans un parc national.
2. Scander : marquer le rythme.

DOCUMENT C

Le narrateur, créature monstrueuse moitié homme moitié ours, raconte sa vie malheureuse. Il a progressivement perdu tout trait humain pour prendre l'apparence d'une bête et a été vendu à un montreur d'ours puis à un organisateur de combats d'animaux. Ce dernier orchestre une parade des animaux avant leur combat.

Le lendemain je suis mené, muselé et enchaîné, à travers les rues de cette ville toujours aussi brouillonne, par un homme au physique de bourreau, glabre[1] et épais. Il me semble qu'il prend mille détours pour que la promenade soit sans fin, que nous n'atteignions jamais notre but ; nous tournons en rond, repassant plusieurs fois aux mêmes carrefours. Le bourreau fait durer le plaisir, celui de me montrer à la foule qui, sur mon passage, produit toujours ces mêmes cris d'étonnement et d'admiration, ces mêmes sifflements et ces mêmes interpellations suscitant en moi, selon les jours et mon humeur, peur, fierté, indifférence ou excitation – mes émotions peinent à se fixer.

Ce nouveau maître se contente de me faire avancer sur les pattes postérieures, ne me demande d'exécuter aucun tour, même pas une révérence aux dames, un grognement feint à l'attention des enfants, non, juste marcher vers une destination inconnue, tenter de fendre cette masse survoltée qui m'entoure, me serre de trop près, m'étouffe, une marée humaine que ma présence semble aimanter. Je reçois une pierre à l'arrière de la tête et vois aussitôt détaler un jeune garçon, je sens le bout d'une canne s'enfoncer furtivement entre mes côtes, une botte écrase mon pied, un soldat me bouscule puis une femme vêtue d'une robe éclatante se jette sur moi en hurlant – ours, sauve-moi, emmène-moi avec toi, loin très loin sinon ils m'attraperont, me tueront. Le bourreau la repousse violemment avant qu'elle ait pu m'étreindre[2], elle s'effondre dans la poussière, personne ne la relève, nous continuons notre chemin, j'entends maintenant des applaudissements dans mon dos, et puis des : regarde, regarde, je sens des mains qui se tendent dans notre direction, le fracas de la rue enfle, bourdonne, ma tête comme une poche qu'on remplit d'eau, ma tête qui gonfle sous l'effet du bruit, une cohue redoublée par ma présence dans ces rues.

Joy Sorman, *La Peau de l'ours*, © Éditions Gallimard, 2014.

1. Glabre : dépourvu de poils.
2. Étreindre : entourer de ses bras en serrant fortement.

LES CLÉS DU SUJET

Question 1

- « **les relations** » signifie « les rapports, les liens ».
- Déterminez d'abord si ces relations sont **bonnes ou conflictuelles**. Voyez si **le vocabulaire** utilisé est plutôt positif ou négatif.
- Dans le cas de relations conflictuelles, déterminez qui en a l'initiative, puis **qui domine**, enfin comment se traduit concrètement le conflit.
- Dans votre réponse, **groupez les textes** qui ont des points communs.
- Appuyez-vous sur des **faits d'écriture** et des références précises aux textes.

Question 2

- « **moyens** » signifie ici « procédés d'écriture romanesque ». Il peut s'agir de figures de style mais aussi de moyens spécifiques au roman comme le statut du narrateur ou le point de vue.
- Construisez votre réponse autour des faits d'écriture repérés. Efforcez-vous de trouver des **points communs** entre les textes, avant de signaler les **différences** ou les spécificités de chaque texte.
- Accompagnez chaque remarque d'**exemples précis** tirés des différents textes.

▶ **Pour réussir les questions** : voir guide méthodologique.
▶ **Le roman :** voir mémento des notions.

CORRIGÉ 1

Les titres en couleur et les indications entre crochets servent à guider la lecture mais ne doivent pas figurer sur la copie.

▶ Question 1

[Problématique et présentation du corpus] Les trois textes ont en commun de mettre en scène une relation entre l'homme et l'animal, et plus précisément un animal sauvage et même dangereux : dans le roman *Les Travailleurs de la mer* (Hugo, XIXᵉ siècle), une pieuvre gigantesque attaque Gilliatt, un pêcheur ; Kessel, au XXᵉ siècle, fait d'un lion le protagoniste d'un de ses romans ; Joy Sorman (XXIᵉ siècle) confie le rôle de narrateur à une créature monstrueuse, mi-homme mi-ours. La relation y est toujours empreinte d'une forme de violence, mais avec des différences notables.

1. Violence et agressivité

Hugo et Joy Sorman donnent à voir une relation violente, agressive.

• Chez Hugo, c'est l'animal qui attaque et Gilliatt se défend pour survivre. Dans cette lutte à mort, Gilliatt est une proie pour la pieuvre qui lance ses attaques avec une froideur calculée ; elle inflige d'« horribles » « souffrances » au pêcheur et sa brutalité imprévisible va crescendo.

• Chez Sorman, c'est l'homme qui exerce une violence dégradante sur l'animal : ce maître est « un bourreau » qui a fait de l'homme-ours une marionnette dérisoire qu'il fait parader devant des spectateurs. Il semble fier de maintenir sa créature sous sa domination et de pouvoir la mener à sa fantaisie (« me fait avancer », « me demande »). La foule, excitée et « survoltée », tout en éprouvant de « l'admiration » pour l'animal, le traite avec cruauté : elle lui jette « une pierre », quelqu'un le pique avec « une canne ».

2. Une violence sublimée par l'affection

• Chez Kessel, la relation entre King et Bullit n'est pas dénuée de violence, mais sublimée par l'affection et le respect mutuel qui lient l'homme et le fauve. Bullitt a élevé le lion et il a avec lui un rapport presque paternel : il l'appelle « garçon » et « mon fils ». Ici, pas de dominant, pas de dominé, mais une entente joyeuse, une « mêlée confuse » de « rires et de grondements » où « crinière et cheveux roux » ne font « qu'une toison » (usage amusant du mot « toison » qui animalise Bullit et l'assimile au lion).

• Le lion retient sa force pour rester au niveau de son adversaire, pour que le combat soit équilibré (« pesée contre pesée »). Si, à la fin, l'animal domine l'homme, c'est une victoire de judoka où le vaincu se redresse indemne et non la mise KO d'un combat entre boxeurs.

• Assez paradoxalement, l'homme-ours est aussi perçu comme une force protectrice par une femme qui « se jette sur [lui] en hurlant – ours, sauve-moi », mais ce moment de la parade se conclut par un accès de violence de la foule contre la femme.

▸ Question 2

[Problématique] Pour donner à ces animaux sauvages la dimension de personnages romanesques, les auteurs les personnifient, les dotent d'un caractère, de particularités physiques, morales, intellectuelles. Le choix du point de vue de la narration contribue aussi à cette personnification.

> **Observez**
> Dans l'introduction à la 2e réponse, il est inutile de mentionner à nouveau le corpus, déjà présenté dans la 1re réponse.

1. Des animaux personnifiés

• Ils sont personnifiés par des particularités physiques. Le lion a un nom : « King », son œil gauche est « un peu plus fendu et rétréci que le droit », il a un corps « d'athlète ». La pieuvre se sert des ventouses de ses tentacules comme autant de « lèvres » d'une multitude de « bouches » voraces.

• Curieusement, la personnification, chez Hugo, porte moins sur l'aspect physique que sur le caractère du monstre. Il compare ses tentacules à des objets (« lanières », « vrille », « épée, « roue » avec « un moyeu » et des « rayons »), mais Hugo souligne la volonté maléfique, obstinée, calculatrice de la pieuvre : elle désire tuer en infligeant le plus de souffrance possible. En l'appelant « la » pieuvre (et non « une » pieuvre), Hugo en fait une créature mythologique, comme on dit « *la* Méduse » ou « *le* Minotaure ». Gilliatt ne découvre pas un monstre inconnu… En effet, sans l'avoir jamais vu, il le « reconn[aît] » parce que, comme tous les marins, il a déjà entendu raconter toutes les horreurs colportées sur ce monstre.

• Le lion a des désirs (« Bullitt savait ce que le lion attendait »), une intelligence « égale à celle de Bullitt » ; il éprouve de la « joie » quand il revoit son père (Bullit l'appelle « mon fils »).

• L'homme-ours passe, selon les moments, par des sentiments variés : « peur, fierté, indifférence, excitation ».

2. Le rôle du choix de point de vue

Ces animaux ne sont pas uniquement dotés de sentiments et d'un caractère ; ils ont aussi un rôle dans la construction romanesque, un statut littéraire.

• La pieuvre, chez Hugo, tient le rôle d'opposant qui gêne la quête du héros (Gilliatt). Elle est le personnage qui introduit une péripétie et crée le suspense, comme l'ennemi dans les épopées.

• Chez Sorman, c'est par les yeux de l'ours – jadis un homme – que les événements nous sont montrés. L'ours a le statut de narrateur-personnage, la narration est faite à la première personne, en focalisation interne, ce qui établit fermement l'ours comme héros, à la fois narrateur et acteur/victime.

• Kessel adopte tantôt un point de vue omniscient, tantôt interne pour accentuer la personnification du lion : il nous fait entrer ainsi dans la réflexion articulée, lucide de King qui « compren[d] » ce qu'attend de lui Bullit, qui « [sait] qu'il s'agi[t] d'un jeu »…).

Conclusion

Par ces différents faits d'écriture, les personnages non humains accèdent au statut de personnages romanesques à part entière.

SUJET
2

France métropolitaine • Juin 2015
Le personnage de roman • 14 points

Les personnages non humains

Commentaire

▸ Vous ferez le commentaire du texte A (texte de Victor Hugo) en vous aidant du parcours de lecture suivant.
a) Vous montrerez comment se développe et s'organise la tension dramatique de cette scène romanesque.
b) Vous montrerez ensuite comment sont exprimées l'angoisse et l'horreur suscitées par la pieuvre.

Se reporter au document A du sujet n° 1.

LES CLÉS DU SUJET

Trouver les idées directrices

• Faites la « **définition** » du texte pour trouver les axes (idées directrices).

Extrait de roman (*genre*) qui raconte (*type de texte*) le combat entre un homme et une pieuvre (*thème*), dramatique, épique (*registre*), tendu, violent, angoissant, horrifiant, contrasté (*adjectifs*), pour créer la tension et le suspense, pour rendre compte des relations entre l'homme et la bête (*buts*).

Pistes de recherche

Première piste : l'organisation et le développement de la tension dramatique

• Analysez les **circonstances spatiotemporelles** du combat. Quelle impression créent-elles ?
• Analysez la **progression du récit** : comment est-il organisé ? Quelles en sont les phases ? Comment Hugo en rend-il la violence ?
• Quel **point de vue** adopte le narrateur ? Y a-t-il des marques de sa **subjectivité ?**
• Comment Hugo entretient-il le **suspense** ?

Deuxième piste : l'expression de l'angoisse et de l'horreur

- Analysez la **description de la pieuvre** : comment Hugo en montre-t-il la **monstruosité** ?
- Quels détails créent **l'horreur** ?
- Quels sont les **rapports de force** entre les combattants (voir réponse à la question 1).
- En quoi le combat prend-il des allures d'**épopée** ?

▶ **Pour réussir le commentaire** : voir guide méthodologique.
▶ **Le roman :** voir mémento des notions.

CORRIGÉ 2

Nous vous proposons un corrigé sous forme de plan détaillé que vous pouvez vous exercer à rédiger. Les titres en couleur et les indications entre crochets servent à guider la lecture mais ne doivent pas figurer sur la copie.

Introduction [rédigée]

[Amorce et présentation du texte] Pendant la vingtaine d'année du Second Empire, Hugo reste en exil sur les îles anglo-normandes de Jersey et de Guernesey. Chef de file des romantiques, il continue dans cet exil son œuvre foisonnante de poète et de romancier. *Les Travailleurs de la mer* est un roman directement inspiré par sa vie insulaire, au milieu de ce monde qui vit au rythme de la mer. Il le dédie d'ailleurs à l'île de Guernesey, « rocher d'hospitalité et de liberté [...] où vit le noble petit peuple de la mer ». Gilliatt le marin est le personnage principal du roman. Solitaire, rêveur et robuste, il s'est aventuré dans une crevasse que la marée basse a laissée à découvert, quand un ennemi invisible l'attaque soudainement : une pieuvre ! [Problématique] Comment Hugo captive-t-il son lecteur par le récit de ce combat peu ordinaire ? [Annonce des axes] Il ménage une tension dramatique qui fait vivre au côté de Gilliatt cet affrontement violent, dans lequel le pêcheur est progressivement réduit à l'impuissance [I]. Il fait ainsi de ce combat épique un moment d'angoisse et d'horreur [II].

I. L'organisation et le développement de la tension dramatique

Par différentes stratégies narratives et descriptives, Hugo crée le suspense et fait croître progressivement la tension dramatique.

1. Le lieu du combat : des conditions spatiotemporelles difficiles

• Gilliatt se bat dans « une crevasse », espace réduit, où il est difficile de se déplacer, de s'abriter. Le monstre, lui, est à l'abri dans « l'enfoncement du rocher ».

• Une luminosité insuffisante : Gilliatt combat dans la pénombre, avec juste « assez de jour » pour distinguer l'adversaire, mais pas assez pour l'identifier.

2. La progression organisée du récit

Le récit ne se déroule pas sur un rythme uniforme mais alterne :

– moments d'attaque du monstre sur différentes parties du corps de Gilliatt ;

– réactions de défense et de souffrance ;

– attente jusqu'à la « chute » ;

– avec deux phrases brutales, construites sur un chiasme qui rend compte du face-à-face entre les deux adversaires, comme un effet de miroir inversé.

• Au rythme des jets de tentacules :

– un décompte lancinant : « Quelque chose », « une deuxième lanière », « une troisième lanière », « une quatrième ligature », « un cinquième allongement » ; chaque lancer ajoute un degré d'horreur et de souffrance ;

– le jeu des temps verbaux : passé simple pour les attaques brutales, imparfait pour les moments de pause, d'attente ;

– les adverbes de temps qui rythment le combat : « tout à coup » « brusquement » ;

– l'alternance de phrases courtes et de phrases longues qui accélèrent ou ralentissent le récit.

• L'immobilisation progressive de Gilliatt :

– gros plans sur les différentes parties du corps touchées : « aisselle », « bras », « cou » « ventre » « diaphragme » ;

– tentatives de Gilliatt pour se libérer : d'abord il peut encore remuer (« se rejeta en arrière ») puis, peu à peu, paralysie et impuissance avec immobilisation progressive de tout le corps (« il était comme cloué », « put à peine remuer », « effort désespéré », « pouvait à peine respirer », « impossible de couper ni d'arracher ces courroies visqueuses », « sa main gauche restée libre ») ;

– grammaticalement, Gilliatt est toujours complément d'objet des verbes d'action dont le sujet est les différents tentacules.

3. Un ennemi dans « l'ombre », un héros en pleine lumière

• Récit fait majoritairement en focalisation interne : le lecteur partage l'ignorance de Gilliatt tout en vivant avec lui ses souffrances, ses tentatives pour résister à un ennemi sans nom et sans visage. Parfois, des réflexions générales du narrateur, une prise de recul (« l'angoisse à son paroxysme est muette »).

• Rôle des modalisateurs, des expressions indéfinies (« Quelque chose », « cela », « on ne sait quelle spirale »...) pour entourer de mystère l'identité de l'adversaire de Gilliatt.

• Découverte à la fin seulement de la tête « immonde » puis « pieuvre », dernier mot du récit avec emploi de l'article défini (« la ») , comme si c'était un spécimen unique, une sorte de monstre mythologique.

II. L'expression de l'angoisse et de l'horreur

1. La description impossible d'un monstre

• Emploi d'expressions indéfinies, indéterminées (« Quelque chose », « cela », utilisation de modalisateurs (« on ne sait quelle spirale »...), d'adjectifs comme « *in*descriptible » « *in*ouïe » « *dé*mesuré » qui accentuent le caractère mystérieux et angoissant de ce que vit le héros.

• Recours obligé à de nombreuses comparaisons et métaphores : un fouet (« lanières », « cordes », « cuir »), une arme (« épée, flèches »), un chien comme Cerbère (« langue hors d'une gueule »), « roue », « rayons », « moyeu ».

2. L'attaque d'un vampire marin répugnant

• Une proie attaquée par un prédateur vampire avec une multitude de « bouches » capables de « boire son sang », et qui immobilise avant de dévorer.

• Une invasion progressive du corps de Gilliatt (« poussée d'une vrille », « envahi le poignet », « fouillait », « entoura tout le corps », « collées à sa chair », « s'y fixa ») : Gilliatt est graduellement vaincu, de plus en plus dominé par le monstre.

• Champ lexical de l'« horreur indescriptible », des sensations répugnantes : « lécha épouvantablement », « âpre », « gluant », « horribles » « repoussantes », « visqueuses », « immondes »... L'angoisse est « à son paroxysme ».

3. Un combat inégal et épique

• Gilliatt, un héros d'épopée. Les épopées ont d'abord été le récit d'exploits guerriers, accomplis par des héros aux qualités physiques et morales exceptionnelles (David contre Goliath, Persée contre Méduse, travaux d'Hercule, Ulysse et le Cyclope...). Gilliatt ici se bat comme un héros d'épopée : « bras nu », ne disposant que d'« un couteau », de sa force, de sa ténacité ; il souffre mais en silence (« pas un cri », son angoisse est « muette »).

• Un grossissement épique. Le monstre entoure tout le corps de Gilliatt avec « un seul tentacule ». Recours aux procédés de l'amplification : hyperboles pour évoquer la peur (« horreur indescriptible », « épouvantablement », « angoisse à son paroxysme »), la souffrance du corps (« une souffrance inouïe », « comparable à rien », « une affreuse et bizarre douleur »), accumulations et gradation (« souple comme le cuir, solide comme l'acier, froide comme la nuit »).

Notez bien
L'amplification est un procédé d'écriture qui a pour but d'augmenter la puissance d'un énoncé, à l'aide de diverses figures : hyperbole, accumulation, anaphore, répétition, gradation.

Conclusion

Si Hugo revenait aujourd'hui, ne serait-il pas tenté de passer derrière la caméra et de raconter en images ces moments et ces personnages exceptionnels, sans se retenir sur l'usage des effets spéciaux comme le cinéma nous y a habitués (*Jason et les Argonautes, Vingt Mille Lieues sous les mers, L'Île mystérieuse, Jurassic Park*) ? C'est seulement par les mots, par la construction de son récit qu'il fait monter le suspense au cours de ce combat à l'issue incertaine, contre un ennemi mystérieux, dans un lieu inquiétant. Le génie visionnaire de Hugo prend son essor dans ces moments épiques où s'exprime sa conception du monde, où l'ombre combat la lumière, où le mal s'oppose au bien. Ici, le monstre pieuvre essaie d'anéantir Gilliatt, le héros sans peur et sans reproche. [Ouverture] De même, quelques années plus tard, Javert, le policier au cœur froid, se donnera pour but de renvoyer au bagne Jean Valjean, l'homme juste et bon.

SUJET

3

France métropolitaine • Juin 2015

Le personnage de roman • 14 points

Les personnages non humains

Dissertation

▸ Vous semble-t-il qu'un personnage non humain puisse être un bon personnage de roman ?
Vous appuierez votre développement sur les textes du corpus, les textes étudiés pendant l'année, ainsi que sur vos lectures personnelles.

Les textes du corpus sont reproduits dans le sujet n° 1.

LES CLÉS DU SUJET

Comprendre le sujet

• Vous devez **définir** ce qu'est :

– « **un personnage non humain** » : attention ! « non humain » (qui n'a pas les caractéristiques d'un être humain) est différent d'« inhumain » (cruel, sans pitié). Le corpus suggère qu'il s'agit d'animaux, mais il faut élargir : un extraterrestre, un spectre, un vampire…

– « **un bon personnage de roman** » : personnage qui apporte de l'action, des péripéties ; qui intrigue, qui a une part de mystère ; qui interagit avec les autres personnages du roman ; qu'on peut comprendre ; un personnage auquel on peut croire ; auquel on peut s'identifier.

• **Reformulez la problématique** : « Les personnages romanesques non humains présentent-ils de l'intérêt ? »

• « **Vous semble-t-il** » suggère la discussion et un plan dialectique.

• Cela implique que vous vous demandiez ce qui suscite l'intérêt pour un roman (action, émotion, pouvoir d'identification, incitation à la réflexion…).

Chercher des idées

Les arguments et le plan

• Le sujet, avec son **alternative** (« ou »), suggère deux interrogations possibles et aide à scinder la problématique en **sous-questions** : *Pourquoi les* *personnages non humains donnent-ils de l'intérêt à un roman ?* **D'où** *vient leur attrait ?* d'une part ; et d'autre part : **Pourquoi** *les personnages non humains enlèvent-ils de l'intérêt à un roman ? Quelles sont leurs limites ?*

• Vous pouvez aussi **dépasser cette alternative** et analyser le cas de personnages hybrides, à la fois humains et non humains ; chercher à *quelles conditions* un personnage non humain devient un « bon » personnage (partie « cela dépend de… »).

Les exemples

• **Des animaux** : *Le Roman de Renart* ; *La Belle et la Bête* (Mme Leprince de Beaumont) ; *L'Histoire d'un merle blanc* (Musset) ; la pieuvre dans *Les Travailleurs de la mer* (Hugo) ; *Scènes de la vie privée et publique des animaux* (Balzac) ; *Moby Dick* (Melville) ; Bataille, le cheval de mine dans *Germinal* (Zola) ; *Le Merveilleux Voyage de Nils Holgerson* (Lagerlöf) ; *Les Mémoires d'un âne* (comtesse de Ségur) ; *Les Contes du chat perché* (Aymé) ; *Croc-Blanc* (London) ; *La Métamorphose* (Kafka) ; *La Ferme des animaux* (Orwell) ; *Les Fourmis* (Werber)…

• **Des objets** : chez Zola, la Lison, la locomotive de *La Bête humaine*, l'alambic dans *L'Assommoir*, le Voreux (puits de mine) dans *Germinal* ; *La Cafetière* (Gautier) ; *La Main* ou *La Main d'écorché* (Maupassant)…

• **Des personnages irréels** : *Entretiens avec un vampire* (Ann Rice) ; *Le Seigneur des anneaux* (Tolkien, hobbit) ; *Pinocchio* (Collodi, pantin de bois) ; *Frankenstein* (Mary Shelley) ; *Dracula* (Bram Stoker)…

• **Les lieux et les éléments** : Paris (personnage vivant et monstrueux) dans *Ferragus* (Balzac) ; l'eau (le fleuve) dans *Le Chant du monde* (Giono).

• Pour trouver des idées, vous pouvez aussi prendre quelques exemples dans le cinéma (Elephant Man, Dark Vador, Frankenstein, Dracula…).

▶ **Pour réussir la dissertation** : voir guide méthodologique.

▶ **Le roman :** voir mémento des notions.

CORRIGÉ 3

Les titres en couleur et les indications entre crochets servent à guider la lecture mais ne doivent pas figurer sur la copie.

Introduction

[Amorce] Le personnage de roman est au centre de l'intérêt du lecteur qui en suit la destinée, s'émeut de ses aventures et s'identifie à lui. Il arrive que le personnage ne prenne pas les traits d'un être humain : animaux, monstres et objets sont récurrents dans les genres populaires (les récits fantastiques), les fables, les contes, les nouvelles. Dans le roman aussi, les personnages, d'abord humains, se sont peu à peu à peu déshumanisés. [Problématique] Ce changement de nature leur fait-il perdre de l'intérêt ? Les personnages non humains sont-ils de « bons » personnages ? [Annonce du plan] Leur fréquence montrent qu'ils peuvent accéder au rang de « vrais » personnages [I]. Cependant le romancier prend des risques en créant de telles créatures [II]. À quelles conditions ce type de personnage prend-il toute son efficacité ?

I. Un personnage non humain peut être un « bon » personnage

Ces personnages ont un intérêt aussi bien d'un point de vue dramatique que pour leur potentiel émotionnel et leur valeur symbolique.

1. Personnage non humain et « bon » personnage

• Quelles formes le « personnage non humain » peut-il prendre ? Il peut s'agir d'animaux (corpus) ou, de façon plus fantaisiste, de monstres divers (ogres, fantômes, hobbits, génies, vampires [*exemples*]), mais aussi de héros inanimés, d'objets (Gautier fait d'une cafetière l'héroïne de l'une de ses nouvelles), parfois même des éléments naturels (dans *Le Chant du monde*, de Giono, le héros se bat avec un fleuve d'une puissance presque humaine).

• Pour accéder au statut de personnage, ces êtres ou objets doivent être dotés des attributs d'êtres vivants, personnifiés. Ainsi, dans *Germinal*, Zola fait du puits de mine une sorte de Minotaure qui avale les mineurs.

• Que signifie être un « bon » personnage romanesque ? C'est un être qui retient l'attention du lecteur, auquel on peut s'identifier et dont le parcours suscite la réflexion et donne une vision du monde.

2. Un défi pour le romancier et des aventures palpitantes

• Le romancier, lorsqu'il crée un tel personnage, relève un défi : soit il doit savoir donner vie à ce qui n'est pas animé, soit il doit transformer un être qui existe et l'habiller de façon humaine, soit encore, dans le cas de créatures irréelles, il doit créer de toutes pièces un « nouvel » être.

• Tout cela exige des qualités, car il faut faire croire à ce personnage, être assez habile pour que lecteur s'imagine ce qu'il ne connaît pas (un hobbit, un vampire), ou croie à la réalité d'un être qu'il connaît (une pieuvre) mais doté de caractéristiques fantaisistes. Il lui faut parfois relever le défi de faire comprendre ce que pense ce personnage qui, dans la réalité, n'a pas la parole.

• Ces personnages, qui confèrent une note de fantaisie ou de fantastique au roman, pimentent l'intrigue par leurs péripéties. Ainsi se tisse une histoire plaisante ou effrayante, pleine de rebondissements. Dans *La Cafetière*, les personnages peints dans des tableaux prennent vie. Les bougies s'allument, et la cafetière se déplace, suivie par les fauteuils ; les portraits sortent de leur cadre. Minuit sonne… [*autres exemples*]. Le personnage non humain est souvent celui par qui l'action arrive.

• Ces personnages, captivants et fascinants, permettent aussi de vivre par substitution des situations que le lecteur ne vit pas dans la réalité et suscitent des émotions fortes : la peur (*Les Travailleurs de la mer*, de Hugo ; la main coupée dans *La Main d'écorché*, de Maupassant ; les vampires…), le rejet et le dégoût (Dracula), ou au contraire la pitié (victimes, souffre-douleur dans *Les Mémoires d'un âne*, de la comtesse de Ségur). Le lecteur, humain alors supérieur, endosse le rôle du protecteur (*La Peau de l'ours*).

• Ces personnages exercent sur le lecteur la fascination de l'inconnu, le font pénétrer dans un monde où règne le fantastique. Dracula, personnage mythique immortel, relie les deux forces qui nous gouvernent : l'amour et la mort.

3. Ils dévoilent les autres personnages

• Ces personnages ont pour fonction d'éclairer, par contraste, les autres personnages par les réactions qu'ils suscitent : ils servent de repoussoir [*exemples*].

• Ainsi, ils peuvent être valorisants et stimulants, notamment par rapport aux personnages humains qu'ils côtoient : la créature dominée par l'homme devient un moyen pour ce dernier de montrer son pouvoir (texte de Hugo) et glorifie la puissance du genre humain. Ainsi, le monstre Frankenstein met en valeur la puissance créatrice de la science et du savoir, mais aussi leurs limites.

Notez bien
Un repoussoir est une personne ou une chose qui en fait valoir une autre par contraste (en peinture, en littérature).

4. Ils suscitent la réflexion

Enfin, ces personnages permettent la mise à distance et suscitent la réflexion sur nous et le monde qui nous entoure.

• Ils amènent le lecteur à porter un autre regard sur des éléments que la société humaine peine à remettre en cause tant ils sont ancrés dans nos habitudes. Ils ont la même fonction que l'ingénu : en exprimant leurs émotions et en exposant leur point de vue, ils dévoilent nos travers, qui apparaissent d'autant plus clairement grâce au regard naïf à la mode persane ; le décalage entre ces personnages et le milieu où ils évoluent (Beauty, la chatte anglaise, dans *Scènes de la vie privée et publique des animaux*, de Balzac ; l'ours de Sorman nous donne l'image de la cruauté humaine face aux animaux) a le même effet.

• Sur un plan presque philosophique, ils amènent à réfléchir sur l'altérité. Suivre le parcours d'un être différent de soi permet de connaître l'autre, ses pensées, ses motivations [*exemples*]. Ces personnages nous invitent aussi à nous interroger sur le regard que nous posons sur un être différent de nous ou hors normes et sur notre conduite, donc à nous remettre en cause. Or, s'interroger sur la notion de normalité peut conduire à la tolérance.

• Enfin, comme dans les contes, ils ont une fonction allégorique et sont la représentation symbolique de faits de société ou de penchants humains. La Lison est le symbole du « progrès qui passe, allant au XXe siècle, et cela au milieu d'un abominable drame, ignoré de tous » (Zola). Dans son roman-apologue *La Ferme des animaux*, George Orwell propose l'image du bolchevisme [*à développer*]. Dark Vador est le symbole du mal…

II. Les limites d'un personnage non humain. Les conditions pour être un « bon » personnage

1. Un personnage pour enfants ? qui nuit à l'illusion du vrai ?

• Son identité repose sur un procédé souvent utilisé dans la littérature ou le cinéma enfantins : l'anthropomorphisme qui simplifie et grossit la psychologie du personnage, qui risque alors de perdre la profondeur d'un « vrai » personnage romanesque. Il renvoie à un univers imaginaire assez simpliste et à des préoccupations qui peuvent sembler futiles au lecteur adulte (exemple : l'amitié entre un enfant et un animal…).

• En même temps, il risque de paraître artificiel, de nuire à l'illusion de vérité qui fait qu'on « croie » à l'histoire (*La Peau de l'ours, La Ferme des animaux*…). Le lecteur reste sceptique devant ce type de « personnage » qui a perdu de son épaisseur et devient un symbole vide de vie intérieure réelle, simple vecteur du message de l'auteur (*La Métamorphose*, de Kafka, où le héros est transformé en insecte, image de l'injustice de l'exclusion).

2. Un personnage auquel il est difficile de s'identifier ?

• Une des raisons qui attire le lecteur, c'est qu'il peut s'identifier aux personnages et « vivre » en sympathie avec eux. Or, le lecteur peut-il vraiment se reconnaître dans un animal (mi-homme mi-ours, pieuvre…), dans un objet, dans un personnage difforme ou venu d'un monde totalement inconnu ?

• L'écart est parfois trop grand. Ainsi, on se sent plus proche d'un humain qui évolue dans un milieu réaliste et dont on partage les émotions – plus proche de Gilliatt que de la pieuvre.

3. Nécessité d'une « dose » d'humain : le personnage « mêlé »

• Le jeu entre l'humain et le non-humain. Force est de constater que le personnage non humain le plus intéressant est celui qui comporte d'une façon ou d'une autre une bonne part d'humain, qu'il soit le résultat d'une métamorphose (*La Peau de l'ours*), ou que l'auteur lui prête des caractéristiques humaines, émotions, sentiments ou pensées, voire la parole [*exemples*], dans lesquels le lecteur peut se retrouver. Derrière son apparence insolite, il est humain par la psychologie et le ressenti (*La Peau de l'ours*). Cette mixité salutaire est concrétisée dans le titre du roman de Zola, *La Bête humaine*. L'intérêt d'un roman tient en grande partie à ces personnages mêlés.

• Il faut aussi, pour que se maintienne le lien avec le lecteur, que le personnage non humain se trouve confronté à des hommes. C'est l'interaction entre l'homme et les autres espèces – animal, objet, êtres imaginaires – qui nous intéresse. En effet, les monstres n'existent que dans leurs rapports à l'homme, puisqu'ils ne se définissent que par l'écart qui sépare leur comportement et la norme humaine. L'intérêt d'un roman tient en grande partie au mélange des types de personnages.

4. Personnage non humain et dimension mythique

Il est enfin une condition infaillible pour qu'un personnage non humain accède au rang de « bon » personnage, c'est la dimension mythique qu'il peut prendre. Il nous renvoie alors à ce qui fait notre humanité, aux grandes questions qui agitent tout être humain (l'identité, la différence, la violence et le mal, l'amitié et l'amour, la haine, le pouvoir, le surnaturel) [*exemples*].

Conclusion

Certains genres se satisfont de héros non humains (fable, conte...). Mais le roman, qui doit permettre de s'identifier au personnage, et créer en partie l'illusion du vrai, ne peut se contenter de tels personnages qui, certes, ont des atouts, mais doivent obéir à certaines conditions pour entrer dans l'univers romanesque. [Ouverture] Ainsi s'explique sans doute le succès de personnages qui, bien que humains au fond, s'éloignent de l'humanité, soit par leurs disgrâces physiques (Gwynplaine de *L'homme qui rit*, chez Hugo), soit par leur laideur morale (Grenouille chez Suskind). Les personnages non humains trouvent plutôt leur champ de prédilection dans les films qui, grâce aux effets spéciaux, donnent vie aux robots, aux fantômes, aux extraterrestres en tous genres.

SUJET

4

France métropolitaine • Juin 2015

Le personnage de roman • 14 points

Les personnages non humains

Écriture d'invention

▸ Imaginez la suite du texte C (texte de Joy Sorman).
Après avoir été exhibé dans les rues de la ville par son nouveau maître, l'ours échappe à la surveillance de ce dernier et retrouve enfin sa forêt natale.
Vous narrerez ces épisodes en ayant soin d'exprimer les émotions et les pensées du personnage. Vous veillerez à respecter les choix d'écriture du texte initial. Votre texte comprendra une quarantaine de lignes au minimum.

Se reporter au document C du sujet n° 1.

LES CLÉS DU SUJET

Comprendre le sujet

- **Genre** : extrait de roman. Il s'agit d'une « suite de texte ». Respectez le statut du narrateur (narrateur-personnage qui s'exprime à la 1re personne), le temps des verbes et l'emploi des indices personnels.
- **Sujet/thème du texte** : les aventures d'un ours qui s'est enfui.
- **Type de texte** : « narrerez » : le texte est narratif.
- **Situation d'énonciation** : *qui parle ?* L'ours, à la 1re personne.
- **Niveau de langue** : le même que dans le texte de Sorman, courant.
- **Registre** non indiqué, à déduire de l'analyse du texte de Sorman.
- « **Définition** » du texte à produire, à partir de la consigne.

Extrait de roman (*genre*), qui raconte (*type de texte*) les aventures d'un ours qui s'est enfui (*thème*), mouvementé puis apaisé (*adjectifs*), pour mettre en opposition deux conditions de vie, pour compléter le portrait psychologique de l'ours (*buts*).

■ Chercher des idées

Les contraintes à respecter

- Le **narrateur** est un personnage mi-ours mi-homme : la narration se fait à la 1re personne.
- Le **point de vue** : il est interne.
- Le **style** (à analyser dans le texte) : simple, avec des phrases courtes, juxtaposées.
- Le **temps du récit** est le présent de narration.
- Les différentes **étapes du récit** doivent être respectées : d'abord la fuite/évasion, puis le retour/l'arrivée dans la « forêt natale ».
- Le récit doit rendre compte à la fois de **ce que voit** l'ours, de **ce qu'il ressent** (« émotions ») et de **ce qu'il pense** (« pensées »).
- Restez dans la logique d'un **récit fait par un animal**, en tenant compte de ses caractéristiques physiques (« pattes », « grognement »…).
- Respectez la manière dont les **paroles rapportées** sont insérées dans le récit (ponctuation peu ordinaire).
- Reprenez la dernière phrase du texte et **racontez** la fuite de l'ours jusqu'à « sa forêt natale ».

Les choix à faire

- Les **circonstances** dans lesquelles l'ours parvient à s'échapper (un incident, une personne blessée par la foule, l'intervention de la police…), comment il parvient à se libérer de ses chaînes et de sa muselière et retrouve sa forêt.
- La **progression du récit** : construisez-le et déterminez-en les étapes.
- Les **émotions de l'ours** : quelques pistes : peur d'être vu ou rattrapé lors de sa fuite, apaisement lors de la réussite de la fuite, hésitations dans son itinéraire ; euphorie, sentiment de liberté et bien-être lors des retrouvailles avec la forêt, attendrissement sur ses souvenirs d'enfance, étonnement devant les changements survenus…
- La **description des lieux** (la « forêt natale ») : rappelez-en les éléments réels (arbres, lumière…) et l'atmosphère (en contraste avec celle, angoissante, de la ville) : calme, sereine, propice à la réflexion.
- Les **pensées de l'ours** : quelques pistes : retour en arrière sur sa fuite et rappel de sa peur ; réflexions critiques sur la cruauté des hommes, sur son maître, sur la civilisation ; éloge de la vie naturelle, de la solitude ; réflexion sur son identité, sur son passé. Il peut même être un peu philosophe !

▶ **Pour réussir l'écriture d'invention** : voir guide méthodologique.
▶ **Le roman :** voir mémento des notions.

CORRIGÉ 4

(« […] le fracas de la rue enfle, bourdonne, ma tête comme une poche qu'on remplit d'eau, ma tête qui gonfle sous l'effet du bruit, une cohue redoublée par ma présence dans ces rues. »)

Observez
Si vous devez composer la suite d'un récit, respectez-en les caractéristiques et les faits d'écriture : circonstances spatiotemporelles, temps verbaux, statut du narrateur, point de vue, identité/personnalité des personnages…

Alors je deviens fou. J'en oublie les coups qu'on me portait aux flancs il y a dix secondes à peine : je ne me contrôle plus. Je n'entends plus que ce vrombissement vertigineux qui me cerne, m'accule et me fait perdre tout repère… Et c'est le trou noir.

Je reprends peu à peu mes esprits. Le vrombissement s'est arrêté : je suis à nouveau moi-même. Par je ne sais quel miracle, me voilà seul, aux portes de la ville, dans un silence délicieux et rassurant. Mais il ne faut pas trop tarder : mon bourreau ne doit pas être bien loin ! À voir la chaîne rompue qui pend de mon encolure, je devine – plus que je ne me le rappelle – que, dans un accès de folie furieuse, j'ai brisé mes fers brutalement, avec une force inouïe et malgré les efforts de mon bourreau. Celui-ci a dû être pris au dépourvu car, jusque-là, la peur des coups me rendait particulièrement docile…

Je romps là ma réflexion, car du bruit se rapproche. Je me redresse, prêt à fuir le vrombissement qui menace de me rattraper. Je suis aussi terrifié à l'idée de retrouver mon bourreau car, désormais, s'il me rattrape, il veillera au grain… Galvanisé, je me précipite : je passe les portes de la ville à toutes pattes et me laisse porter où mes pas me mènent, sans trop réfléchir. Je commence d'ailleurs à comprendre qu'il n'est plus temps, pour moi, de le faire, si je veux avoir une chance de m'en sortir vivant, et heureux. N'aurais-je tout simplement pas beaucoup trop réfléchi, jusqu'ici, pour mon propre bonheur ?

Quelle joie de courir, nez au vent qui caresse ma fourrure ! Jamais, je crois, je n'ai ressenti une telle sensation de liberté. Qu'elle me semble loin, cette parade atroce que m'a infligée mon bourreau ! Que la nature me semble belle, une fois dépouillée des êtres qui me torturaient tantôt ! Comme l'air me semble plus vivifiant et la terre plus douce sous mes pattes nues !

Quelque peu essoufflé, je finis par m'arrêter ; je m'avise alors que ma course m'a mené… dans la forêt où je suis né – enfin, où je suis apparu, moi, être hybride qui n'a jamais connu de mère ni de père… et qui n'a jamais su exactement ce qu'il venait faire au monde, sinon souffrir. Je jette un coup d'œil circulaire à cette forêt à la fois protectrice et cruelle, *ma* forêt qui m'a vu naître et qui m'a caché. Je sens qu'il me faut, maintenant, prendre une décision…

Je me permets de revenir sur ce qui m'est arrivé dans la ville, au milieu du bourdonnement infernal qui m'a fait perdre la mémoire. N'était-ce pas là la manifestation ultime de mon évolution ? De la créature humanoïde que j'étais, j'ai pris de plus en plus les traits d'un ours : cette parade n'a donc fait que faire coïncider être et paraître ? Pendant ces quelques moments où j'ai perdu conscience, mon esprit s'est conformé à mon apparence de bête. J'en reste confondu quelques instants, pris de peur et de résignation tout à la fois. Car quel mal y a-t-il à vouloir fuir cette destinée, finalement ? Ce monde cruel, qui m'a maltraité et vendu, pourquoi voudrais-je y rester ? Quelle place pourrais-je y occuper, sinon celle d'une bête fauve à la fois terrifiante et pitoyable ? Revenir à ce qui semble être devenu mon destin désormais parmi les hommes – ces créatures qui s'appellent des hommes ?… Une vie d'exploitation, de misère et de honte à l'idée d'une déchéance que je n'ai pas demandée et certainement pas méritée ? Non, non ! Ma place est ici, dans ces étendues protectrices et simples, où l'on est soi-même… N'ai-je pas assez souffert de cette terrible métamorphose ?

Il me semble que ma forêt natale m'encourage dans ces réflexions. Les branches des arbres bruissent doucement et semblent m'inviter à m'enfoncer plus profondément entre leurs troncs accueillants. Je prends alors finalement ma décision : tournant l'échine à la lisière du bois, je m'avance d'un pas lourd et serein vers son cœur, après un adieu bref, sans regret, au monde qui m'a rejeté.

Et cette fois-ci, c'est de toute mon âme que j'embrasse le trou noir qui me submerge…

SUJET

5

Polynésie française • Juin 2015

Le personnage de roman • 6 points

Le roman évasion

Questions

Documents

A – **Stendhal**, *Le Rouge et le Noir*, chapitre 4, 1830.
B – **Gustave Flaubert**, *Madame Bovary*, 1857.
C – **Jules Vallès,** *L'Enfant*, 1878.

▸ **1. Quel rôle joue la lecture pour les personnages des trois textes ?** ***(3 points)***

▸ **2. Quel regard les narrateurs portent-ils sur les personnages en train de lire ?** ***(3 points)***

Après avoir répondu à ces questions, les candidats devront traiter au choix un des trois sujets nos 6, 7 ou 8.

DOCUMENT A

Julien Sorel est un fils de paysan qui rêve de gloire et de grandeur. Il se trouve ici dans la scierie familiale.

En approchant de son usine, le père Sorel appela Julien de sa voix de stentor[1] ; personne ne répondit. Il ne vit que ses fils aînés, espèces de géants qui, armés de lourdes haches, équarrissaient les troncs de sapin, qu'ils allaient porter à la scie. Tout occupés à suivre exactement la marque noire tracée sur la pièce de bois, chaque coup de leur hache en séparait des copeaux énormes. Ils n'entendirent pas la voix de leur père. Celui-ci se dirigea vers le hangar ; en y entrant, il chercha vainement Julien à la place qu'il aurait dû occuper, à côté de la scie. Il l'aperçut à cinq ou six pieds plus haut, à cheval sur l'une des pièces de la toiture. Au lieu de surveiller attentivement l'action de tout le mécanisme, Julien lisait. Rien n'était plus antipathique au vieux Sorel ; il eût peut-être pardonné à Julien sa taille mince, peu propre aux travaux de force, et si différente de celle de ses aînés ; mais cette manie de lecture lui était odieuse : il ne savait pas lire lui-même.

Ce fut en vain qu'il appela Julien deux ou trois fois. L'attention que le jeune homme donnait à son livre, bien plus que le bruit de la scie, l'empêcha d'entendre la terrible voix de son père. Enfin, malgré son âge, celui-ci sauta lestement sur l'arbre soumis à l'action de la scie, et de là sur la poutre transversale qui soutenait le toit. Un coup violent fit voler dans le ruisseau le livre que tenait Julien ; un second coup aussi violent, donné sur la tête, en forme de calotte, lui fit perdre l'équilibre. Il allait tomber à douze ou quinze pieds plus bas, au milieu des leviers de la machine en action, qui l'eussent brisé, mais son père le retint de la main gauche comme il tombait :

– Eh bien, paresseux ! tu liras donc toujours tes maudits livres, pendant que tu es de garde à la scie ? Lis-les le soir, quand tu vas perdre ton temps chez le curé, à la bonne heure.

Julien, quoique étourdi par la force du coup, et tout sanglant, se rapprocha de son poste officiel, à côté de la scie. Il avait les larmes aux yeux, moins à cause de la douleur physique, que pour la perte de son livre qu'il adorait.

Descends, animal, que je te parle. Le bruit de la machine empêcha encore Julien d'entendre cet ordre. Son père qui était descendu, ne voulant pas se donner la peine de remonter sur le mécanisme, alla chercher une longue perche pour abattre des noix, et l'en frappa sur l'épaule. À peine Julien fut-il à terre, que le vieux Sorel, le chassant rudement devant lui, le poussa vers la maison. Dieu sait ce qu'il va me faire ! se disait le jeune homme. En passant, il regarda tristement le ruisseau où était tombé son livre ; c'était celui de tous qu'il affectionnait le plus, le *Mémorial de Sainte-Hélène*[2].

Stendhal, *Le Rouge et le Noir*, chapitre 4.

---

1. Voix de stentor : voix forte, retentissante.
2. *Mémorial de Sainte-Hélène* : récit dans lequel Emmanuel de Las Cases a recueilli les mémoires de Napoléon Ier lors de son exil à Sainte-Hélène en 1815.

DOCUMENT B

Emma Rouault est la fille d'un paysan aisé. Elle a passé quelques années au couvent pour y recevoir une bonne éducation. L'extrait présente quelques traits marquants de cette expérience.

Il y avait au couvent une vieille fille qui venait tous les mois, pendant huit jours, travailler à la lingerie. Protégée par l'archevêché comme appartenant à une ancienne famille de gentilshommes[1] ruinés sous la Révolution, elle mangeait au réfectoire à la table des bonnes sœurs, et faisait avec elles, après le repas, un petit bout de causette avant de remonter à son ouvrage. Souvent les pensionnaires s'échappaient de l'étude pour l'aller voir. Elle savait par cœur des chansons galantes du siècle passé, qu'elle chantait à demi-voix, tout en poussant son aiguille. Elle contait des histoires, vous apprenait des nouvelles, faisait en ville vos commissions, et prêtait aux grandes, en cachette, quelque roman qu'elle avait toujours dans les poches de son tablier, et dont la bonne demoiselle elle-même avalait de longs chapitres, dans les intervalles de sa besogne. Ce n'étaient qu'amours, amants, amantes, dames persécutées s'évanouissant dans des pavillons solitaires, postillons[2] qu'on tue à tous les relais, chevaux qu'on crève à toutes les pages, forêts sombres, troubles du cœur, serments, sanglots, larmes et baisers, nacelles[3] au clair de lune, rossignols dans les bosquets, *messieurs* braves comme des lions, doux comme des agneaux, vertueux comme on ne l'est pas, toujours bien mis, et qui pleurent comme des urnes. Pendant six mois, à quinze ans, Emma se graissa donc les mains à cette poussière des vieux cabinets de lecture.

Gustave Flaubert, *Madame Bovary*, 1857.

1. Gentilshommes : nobles.
2. Postillon : conducteur d'une voiture tirée par des chevaux.
3. Nacelle : petite barque.

DOCUMENT C

Le personnage principal du roman, Jacques, raconte les traumatismes de son enfance. Dans cet extrait, la scène se déroule dans son école.

J'ai été puni un jour : c'est, je crois, pour avoir roulé sous la poussée d'un grand, entre les jambes d'un petit pion[1] qui passait par là, et qui est tombé derrière par-dessus tête ! Il s'est fait une bosse affreuse, et il a cassé une fiole qui était dans sa poche de côté ; c'est une topette de cognac dont il boit – en cachette, à petits coups, en tournant les yeux. On l'a vu : il semblait faire une prière, et il se frottait délicieusement l'estomac. – Je suis cause de la topette cassée, de la bosse qui gonfle… Le pion s'est fâché.

Il m'a mis aux arrêts ; – il m'a enfermé lui-même dans une étude vide, a tourné la clef, et me voilà seul entre les murailles sales, devant une carte de géographie qui a la jaunisse, et un grand tableau noir où il y a des ronds blancs et la binette du censeur[2].

Je vais d'un pupitre à l'autre : ils sont vides – on doit nettoyer la place, et les élèves ont déménagé.

Rien, une règle, des plumes rouillées, un bout de ficelle, un petit jeu de dames, le cadavre d'un lézard, une agate[3] perdue.

Dans une fente, un livre : j'en vois le dos, je m'écorche les ongles à essayer de le retirer. Enfin, avec l'aide de la règle, en cassant un pupitre, j'y arrive ; je tiens le volume et je regarde le titre :

ROBINSON CRUSOÉ

Il est nuit.

Je m'en aperçois tout d'un coup. Combien y a-t-il de temps que je suis dans ce livre ? – quelle heure est-il ?

Je ne sais pas, mais voyons si je puis lire encore ! Je frotte mes yeux, je *tends* mon regard, les lettres s'effacent ; les lignes se mêlent, je saisis encore le coin d'un mot, puis plus rien.

J'ai le cou brisé, la nuque qui me fait mal, la poitrine creuse : je suis resté penché sur les chapitres sans lever la tête, sans entendre rien, dévoré par la curiosité, collé aux flancs de Robinson, pris d'une émotion immense, remué jusqu'au fond de la cervelle et jusqu'au fond du cœur ; et en ce moment où la lune montre là-bas un bout de corne, je fais passer dans le ciel tous les oiseaux de l'île, et je vois se profiler la tête longue d'un peuplier comme le mât du navire de Crusoé ! Je peuple l'espace vide de mes pensées, tout comme il peuplait l'horizon de ses craintes ; debout contre cette fenêtre, je rêve à l'éternelle solitude et je me demande où je ferai pousser du pain…

La faim me vient : j'ai très faim.

Vais-je être réduit à manger ces rats que j'entends dans la cale de l'étude ? Comment faire du feu ? J'ai soif aussi. Pas de bananes ! Ah ! lui, il avait des limons[4] frais ! Justement j'adore la limonade !

Clic, clac ! on farfouille dans la serrure. Est-ce Vendredi ? Sont-ce des sauvages ?

Jules Vallès, *L'Enfant*, 1878.

---

1. Pion : surveillant (mot familier).
2. Binette du censeur : caricature du directeur adjoint de l'établissement.
3. Agate : bille en verre marbré.
4. Limons : citrons.

LES CLÉS DU SUJET

■ Comprendre les questions

Question 1

• « **Quel rôle** » signifie : « quelle importance ? », « quelle utilité ? ».

• Vous devez analyser la **place de la lecture dans la vie des personnages** et leurs rapports avec elle : circonstances ? attirance ou non ? effets sur eux : affectivement, intellectuellement, mentalement. Qu'y trouvent-ils ? À quoi leur sert-elle ?

• Cherchez les **points communs** entre les différents personnages.

• Ne traitez pas les textes successivement, mais adoptez un **plan synthétique.**

Question 2

• « **regard porté sur...** » signifie « jugement porté ». Vous devez dire ce que pensent les narrateurs des personnages de lecteurs qu'ils ont créés, quelle image ils en donnent.

• Le **vocabulaire** utilisé est-il plutôt positif ou négatif ? Vous en déduirez s'il s'agit d'une image positive (éloge) ou négative (blâme).

• Trouvez des **points communs** entre les textes, avant de signaler leurs spécificités.

• Accompagnez chaque remarque d'**exemples précis.**

▶ **Pour réussir les questions :** voir guide méthodologique.
▶ **Le roman :** voir mémento des notions.

CORRIGÉ 5

Les titres en couleur et les indications entre crochets servent à guider la lecture mais ne doivent pas figurer sur la copie.

▸ Question 1

[Problématique et présentation du corpus] La lecture était une activité essentielle aux deux siècles derniers. Comme par une mise en abyme, elle apparaît souvent dans les romans qui mettent en scène des enfants face aux livres : ainsi, Stendhal dans *Le Rouge et le Noir* (1830), Flaubert dans *Madame Bovary* (1857) et Vallès dans *L'Enfant* (1878) évoquent le rôle de la lecture pour leurs personnages et les rapports qu'ils entretiennent avec cette activité.

1. La lecture, une activité solitaire, un refuge

• Julien s'est isolé à « cinq ou six pieds plus haut » que ses frères, sourd aux appels de son père, absorbé par la lecture du livre auquel il « donne » toute son « attention ». Pris par sa lecture du *Mémorial de Sainte-Hélène*, il oublie le travail qui lui a été confié par son père dans la scierie.

• La « vieille fille » du couvent cache dans son « tablier » les romans qu'elle « aval(e) […] dans les intervalles de sa besogne » et qu'elle» prêt(e) aux grandes en cachette ». Emma les lit « dans un vieux cabinet de lecture ».

• Jacques a été « mis aux arrêts », « seul », dans une « étude vide » et, en lisant *Robinson Crusoé*, il peuple « l'espace vide de [ses] pensées ».

2. Une source d'émotions pour des lecteurs passionnés

• Dans les trois textes, les héros sont affectivement liés aux livres qui sont pour eux des compagnons avec lesquels ils ont un contact physique (« dans les poches de son tablier », Flaubert ; « je tiens le volume », Vallès).

– Julien nourrit à l'égard de son livre favori une réelle affection. Lorsque son père fait tomber le *Mémorial* dans le ruisseau, Julien a « les larmes aux yeux ». Le lexique de l'affectivité (« son livre qu'il adorait », « celui de tous qu'il affectionnait le plus ») et différentes comparaisons et oppositions (« au lieu de surveiller attentivement […] Julien lisait » ; « moins à cause de la douleur physique, que pour la perte de son livre ») signalent le haut degré de sa passion.

– La « vieille fille » ne se sépare pas de ses livres (« toujours »).

– Jacques est « collé aux flancs de Robinson ».

• La lecture est aussi pour eux une source d'émotions fortes, causées par des évanouissements, des meurtres, des « sanglots, larmes et baisers » (*Madame Bovary*). Jacques est « pris d'une émotion intense » (*L'Enfant*).

3. Oubli, rêve et évasion…

• Ces lecteurs oublient leurs soucis quotidiens : Julien oublie son « poste officiel » à la « machine » ; la vieille fille, « sa besogne » ; Jacques, « sans entendre rien, dévoré par la curiosité », ne pense plus à sa punition, au « temps » et à l'« heure ».

• La lecture satisfait leur rêve d'une autre existence plus trépidante : celle d'un grand homme (Napoléon) qu'il admire pour Julien ; celle d'« amants, d'amantes ou de dames » à la vie mouvementée pour la lingère ; celle d'un aventurier qui rencontre des « sauvages » pour le jeune écolier (« je rêve à l'éternelle solitude… »).

• Enfin, la lecture leur donne l'occasion de s'identifier totalement aux personnages qu'ils admirent, notamment dans le cas de Jacques qui se croit vraiment dans la peau de Robinson, prêt à affronter des « sauvages », et qui satisfont leur imaginaire avide.

Conclusion

Le rapport aux livres évoqué dans ces extraits est donc très fort, riche affectivement et mentalement, mais il suscite dans les trois cas l'exclusion des lecteurs du monde réel et de leur entourage : les propos du père Sorel témoignent d'une haine jalouse pour les choses de l'esprit opposées au travail manuel ; les « grandes » et Emma ne lisent que hors de « l'étude » ; Jacques est marginalisé par sa punition.

▸ Question 2

La réponse à cette question est traitée sous forme de plan que vous pouvez rédiger.

[Problématique] Quel regard les narrateurs portent-ils sur les lecteurs qu'ils évoquent ?

1. La compassion attendrie pour une victime (Stendhal)

Stendhal jette un regard bienveillant et même compatissant sur Julien. *Indices* :

• Le contraste marqué entre la brutalité des frères « géants » qui manient la hache et surtout du père qui ne le comprend pas et le rudoie.

• Dans cet univers de la force brute, Julien apparaît comme fragile physiquement (« taille fragile »), seul contre tous. Malheureux, méprisé, victime, il fait pitié (pathétique).

Conseil
Construisez votre réponse de manière synthétique, mais si un texte se démarque des autres, vous pouvez lui consacrer un paragraphe à part (ici, *Le Rouge et le Noir*).

• Le narrateur, le lecteur et Julien sont du même monde (le lecteur de Stendhal est cultivé, sensible) : une sorte de complicité s'établit entre le narrateur et le jeune homme.

• L'insistance sur sa passion contrariée, sur ses qualités affectives et intellectuelles, son raffinement dans ce milieu brutal, souligne son mérite qui suscite une certaine admiration (lexique de l'affectivité : « larmes aux yeux », « livre qu'il adorait », « tristement »), une révolte contre ce traitement injuste.

2. Un regard distancé : amusé ou ironique et critique

• Vallès : regard amusé et nostalgique sur une expérience d'enfant vécue. Indices :

– insistance amusée sur l'identification totale de Jacques à Robinson (substitution de sa propre vie à celle de Robinson), sur les effets de son imagination débordante et fertile : questions, exclamations épiques ; hyperboles et exagérations ; mention des supplices physiques de la lecture (« cou brisé, nuque qui [lui] fait mal, poitrine creuse ») ;

– mélange amusant de l'épique imaginaire et de la réalité (« j'ai très faim ») ;

– rappel attendri et nostalgique d'un passé vécu, souligné par le récit à la 1re personne (narrateur-personnage qui jette un regard rétrospectif sur son enfance). Complicité avec un lecteur sympathique.

• Flaubert : regard ironique, critique sur la « vieille fille », les « grandes » et Emma. *Indices* :

– qualificatifs attribués aux lecteurs : « vieille fille », « bonne demoiselle » renvoient à un personnage bonasse, peu cultivé, pour qui la lecture est une revanche sur la vie (elle n'a sans doute pas eu d'amants…) ;

– images réalistes et triviales pour désigner l'activité de la lecture : « avalait », « se graissa donc les mains » ; activité assimilée à la nourriture, très terre à terre (voracité soulignée par l'énumération l. 13-20, et répétition de « tous » l. 15 et 16) ;

– nature des lectures et mention de thèmes clichés : hyperboles (l. 14, 17, 18, 19) qui créent la caricature et suggèrent une mauvaise littérature ;

– énumération hétéroclite des personnages et des événements de ces romans (« amours, amants, amantes, dames persécutées… ; clair de lune, bosquets… ») qui souligne ironiquement la passion de son personnage pour tous les clichés d'une sous-littérature ;

– comparaisons témoignant d'une dramatisation excessive des personnages de romans (« comme des lions, comme des agneaux, comme des urnes »).

• On pressent que le narrateur suggère les méfaits sur l'imagination de jeunes filles naïves de la lecture de romans de mauvaise qualité ou excessivement « mélodramatisés ». Il porte donc un regard critique.

Conclusion

Les romanciers portent un regard mêlé sur leurs personnages de lecteurs qui, pourtant, sont en train de lire des œuvres du même genre que celles mêmes qu'ils écrivent : des romans !

SUJET

6

Polynésie française • Juin 2015

Le personnage de roman • 14 points

Le roman évasion

Commentaire

▶ **Vous ferez le commentaire du texte de Stendhal (texte A). Vous vous inspirerez du parcours de lecture suivant :**
– Comment se caractérisent le personnage du père et son action dans la scène ?
– Comment le texte montre-t-il en Julien un personnage différent au sein de sa famille ?

Se reporter au document A du sujet n° 5.

LES CLÉS DU SUJET

Trouver les idées directrices

Faites la « **définition** » du texte pour trouver les axes (idées directrices).

Extrait de roman (*genre*) qui raconte (*type de texte*) un incident dans une famille (*thème*), qui décrit (*type de texte*) un jeune homme – le héros – et son entourage (*thème*), un peu pathétique (*registre*), contrasté (*adjectif*), pour présenter et faire comprendre le héros, pour susciter des attentes chez le lecteur (*buts*).

Pistes de recherche

Première piste : un milieu familial hostile, un père autoritaire et brutal

• Caractérisez le **milieu** dans lequel évoluent le père et la famille. Que montre-t-il du père ?

• Soulignez les **mots qui caractérisent le père et son entourage.** Quels types de détails sont donnés : physiques, attitude et mouvements, sentiments à l'égard de son fils ?

• Dans un portrait, les **paroles** aussi sont révélatrices : analysez la façon de parler du père (intonation, vocabulaire, modalité des phrases…).

• Un personnage se révèle également par ce qu'en pensent les autres personnages : que traduisent de son père les **pensées de Julien** à la fin du texte ?

Deuxième piste : un héros différent au sein de sa famille

• Cherchez ce qui oppose Julien à son entourage. Que révèlent de lui : son **physique** ? son **attitude** ? ses activités ? ses **goûts** ? son livre favori ? ses **réactions** lors de l'incident avec son père ?
• En quoi **s'oppose-t-il** sur ces points à sa famille ?
• Quels éléments traduisent le **regard de l'auteur** sur son personnage ?
• Quels sont les **sentiments que suscite Julien** chez le lecteur ?

▶ **Pour réussir le commentaire** : voir guide méthodologique.
▶ **Le roman :** voir mémento des notions.

CORRIGÉ 6

Les titres en couleur et les indications entre crochets servent à guider la lecture mais ne doivent pas figurer sur la copie.

Introduction

[Amorce] Le premier contact du lecteur avec le héros est un moment clé du roman. Ainsi, dans *Le Rouge et le Noir*, ce n'est qu'au chapitre 4 que Stendhal met en scène directement le jeune Julien Sorel dont le lecteur connaît tout juste l'identité (il est le fils d'un artisan et se destine au séminaire). [Problématique] Quelle image du jeune héros Stendhal donne-t-il à travers cette première apparition dans le roman ? [Annonce des axes] L'auteur, avant de le décrire explicitement, le place dans son contexte familial dominé par un père autoritaire et brutal, qui brusque son fils en train de lire à l'écart au lieu de surveiller sa « machine » [I]. Ainsi, en contraste avec sa famille et son père, se dessine le portrait d'un jeune homme différent, qui présente les traits d'un héros romantique [II].

I. Une anecdote qui met en place un milieu familial et un père autoritaire et brutal

1. Mélange de récit et de description pour éclairer le personnage du père

• Au début, par un bref passage en focalisation interne, le lecteur suit les mouvements du père (« en approchant, se dirigea ») et voit la scène à travers le regard de ce père (« en approchant… il vit que… il l'aperçut ») ; puis Stendhal adopte le point de vue omniscient pour dessiner l'image du père.

• L'alternance description-récit (1er paragraphe : action ; 2e paragraphe : discours ; 3e paragraphe : action) assure la mise en place vive et efficace, au cœur du récit, d'une atmosphère et d'un portrait.

2. Un univers sous le signe du travail

Le personnage du père est à l'image du cadre dans lequel il évolue.

• Les lieux : à mi-chemin entre l'univers rural et industriel (« usine, hangar »), une scierie mécanisée, le travail du bois.

• Les outils (« haches, scie, mécanisme, machine ») et le bruit envahissant de la scie.

• Les ouvriers (les frères de Julien) qui accomplissent un travail physique (« copeaux énormes ») et brutal (« géants armés de haches »), entièrement absorbés par leur tâche (« tout occupés à suivre la marque noire »), semblent aussi des machines (la phrase des lignes 4-6 avec une anacoluthe [rupture de construction], est déstructurée). Leur tâche les coupe du reste du monde.

3. Une famille déshumanisée

• Les frères se définissent par leur travail ; ils sont désignés comme « ses fils aînés », Stendhal ne précise ni leur nombre, ni leur nom, ne leur donne pas la parole : ils sont déshumanisés.

• Il semble que dans la famille on communique mal : trois mentions de ce détail : « n'entendirent pas », « empêcha d'entendre » (deux fois).

• Chacun est absorbé dans sa tâche, et les gesticulations et vociférations du père restent sans effet (imparfaits « équarrissaient », « lisaient » et passé simple « appela »).

4. Un père autoritaire et brutal

• Sa force physique le rapproche de ses fils aînés : « sauta lestement, le retint de la main gauche » (une seule main pour son freluquet de fils !).

• Il est le seul à s'exprimer, mais sa parole est brutale (« la voix de stentor, terrible voix de son père ») et son ton violent (apostrophes déplaisantes : « paresseux » ; impératifs), son langage vulgaire (« animal »).

• Ses actions sont brutales : champ lexical de la brutalité (« coup violent, second coup violent, force du coup, frappa, chassant rudement, poussa »).

• Son rejet de la lecture est lui aussi violent et sans égard (« maudits livres »).

[Transition] Cette insistance sur le père et ses fils met en relief, par un effet de repoussoir, le personnage de Julien qui détonne dans un tel milieu.

II. Julien, un héros en décalage avec son milieu

1. Un physique de jeune romantique

• Dans cet univers de la force brute, Julien, d'apparence faible, avec sa « taille mince », a les traits d'un jeune romantique qui contraste avec son costaud de père (insistance sur sa différence : « si différente de celle de ses aînés » ; sur sa fragilité : « les leviers qui l'eussent brisé »).

• Sa fragilité se marque aussi face à son père qui le retient d'une main. Plus jeune, comme dans l'univers des contes où le héros est plus petit, il est frêle et délicat, ce qui lui donne une certaine féminité (qui apparaîtra aussi lors de sa rencontre avec Mme de Rênal) qui s'oppose à la virilité des ouvriers.

• La différence de nature du travail qui lui est assigné est mise en relief par l'expression « peu propre aux travaux de force » et « cinq ou six pieds plus haut ».

• Sa position dans l'espace est une métaphore de sa situation dans la famille : position de hauteur, qui annonce sa supériorité intellectuelle, et position précaire (« à cinq ou six pieds de haut, à cheval sur une des pièces de la toiture »).

2. Une attitude décalée

• Julien est « ailleurs », spatialement et intellectuellement, en marge de ce que l'on attend de lui, ailleurs que là où il devrait être : « […] il chercha vainement Julien à la place qu'il devait occuper, à côté de la scie. […] Au lieu de surveiller attentivement tout le mécanisme, Julien lisait. »

• On note une absence totale d'intérêt pour le travail qui lui est confié.

• Pourtant le « poste officiel » confié à Julien le réduit à une tâche passive, bien différente de celles dévolues à ses frères (« surveiller attentivement tout le mécanisme »). Face à un père en mouvement et agile (« sauta lestement »), Julien est statique.

3. Sa sensibilité, ses goûts

Les différences se manifestent aussi dans sa sensibilité et ses goûts.

• Un être sensible face à un père insensible : lexique de l'affectivité (« larmes aux yeux, adorait, tristement, affectionnait »). Julien a peur de la réaction de son père (peur des coups). La « douleur de la perte » est supérieure à la « douleur physique », pourtant soulignée par les adjectifs « étourdi », « tout sanglant ». Il fait preuve d'une forme d'héroïsme passif.

• La relation à la lecture sépare radicalement le père et le fils. Julien a une passion absolue pour la lecture : « Julien lisait » (imparfait de durée et d'habitude), « attention » qu'il donne « à son livre qu'il adorait » (connotation religieuse), « qu'il affectionnait le plus » (ce qui suppose qu'il en lit d'autres).

Cette passion s'oppose à l'attitude haineuse du père à son encontre (« était antipathique, lui était odieuse, maudits livres, perdre ton temps »). Le père n'a aucun respect pour le livre et considère la lecture comme une perte de temps.

• Un être cultivé, un père analphabète : l'explication de cette haine est donnée par la parataxe à valeur causale « il ne savait pas lire lui-même » : la haine du père semble s'ancrer dans cette ignorance qui le rend inférieur à son fils.

La parataxe (ou asyndète) consiste à juxtaposer des phrases ou des mots sans lien logique, là où l'on en attendrait un.

4. Un jeune homme marginal par rapport à son époque

• Enfin, le livre lu, le *Mémorial de Sainte-Hélène*, souligne aussi la marginalité du héros par rapport à son temps : l'admiration pour l'Empire était en effet proscrite pendant la Restauration. Julien apparaît donc bien comme un héros romantique, « né trop tard, dans un monde trop vieux ».

• Ce détail a une valeur prospective par rapport au héros : il annonce la passion de Julien pour Napoléon, son envie d'héroïsme.

Conclusion

Ce premier portrait du héros le présente d'emblée comme un être à part, étranger à sa famille, à son milieu et à son temps : ses aspirations semblent l'appeler à un destin autre que celui auquel le prédestine sa naissance. Par cette anecdote – somme toute apparemment insignifiante –, Stendhal dévoile la personnalité profonde de Julien et suscite chez le lecteur des attentes que la suite du roman viendra confirmer.

Conseil
Si vous connaissez l'œuvre dont est extrait le texte à commenter, utilisez cette connaissance, faites-y des allusions, soit pour l'amorce en introduction, soit pour l'ouverture en conclusion, soit par des références éclairantes dans le cours du commentaire.

SUJET

7

Polynésie française • Juin 2015

Le personnage de roman • 14 points

Le roman évasion

Dissertation

▶ La lecture de romans a-t-elle, selon vous, comme fonction principale de faire rêver et s'évader le lecteur ? Vous répondrez à cette question dans un développement argumenté qui s'appuiera sur les textes du corpus, les œuvres étudiées en classe et vos lectures personnelles.

Les textes du corpus sont reproduits dans le sujet n° 5.

LES CLÉS DU SUJET

Comprendre le sujet

- « **fonction** » signifie : rôle, utilité, but.
- « **s'évader** » et « **rêver** » suggèrent un prolongement : s'évader *de quoi* : de la réalité, du monde qui nous entoure ? « rêver » *de quoi* : d'ailleurs, d'un autre monde ?
- Il s'agit de parler du **rapport entre l'imagination** d'une part **et la réalité** d'autre part.
- « **(fonction) principale** » suggère que le roman peut avoir d'autres fonctions.
- Reformulez la **problématique** : *Les romans doivent-ils* **avant tout** *favoriser l'évasion et le rêve ?*
- **Subdivisez la problématique** en sous-questions, en variant les mots interrogatifs :

– *Le romancier doit-il faire rêver le lecteur ? Le roman est-il évasion ? rêve ? est-il fiction/imagination ?* **Quelle** *doit être la part d'imagination dans le roman ?* **En quoi** *le roman permet-il de s'évader ?* **Quel type** *d'évasion ?*

– *Le romancier doit-il nous faire découvrir le réel qui nous entoure ?* **En quoi** *le roman permet-il de mieux voir la réalité ? Le roman ne part-il pas du réel ?* **Quelle(s) réalité(s)** *le roman reproduit-il : la réalité apparente ? la*

réalité profonde ? la réalité des choses ? des sentiments ? de l'être profond ? ***Pourquoi/Comment*** *le roman reproduit-il/dévoile-t-il la réalité ?* ***En quoi/Comment*** *le roman explore-t-il ou éclaire-t-il ce qui est caché ?*
– **Élargissement** suggéré par le sujet : *évasion ou réalité : est-ce une vraie alternative ? Ces deux fonctions sont-elles incompatibles ? Le roman n'a-t-il pas d'autres fonctions ? lesquelles ?*

■ Chercher des idées

• En amont, vous devez vous interroger sur ce que le lecteur cherche dans la lecture d'un roman, ce qui suscite son intérêt (action, émotion, pouvoir d'identification, incitation à la réflexion…).

Les exemples

• Cherchez des romans qui proposent une **évasion** :
– par le **voyage dans le temps** : *La Princesse de Clèves*, de Mme de La Fayette), *Quatrevingt-treize*, de Hugo, ou dans l'**espace** (*La Condition humaine* ou *L'Espoir*, de Malraux) ;
– par la **fantaisie** : *Les Fleurs bleues*, de Queneau ; *L'Écume des jours*, de Vian ; *La Ferme des animaux*, de Orwell ;
– par l'**irrationnel** (romans de science-fiction) : *1984*, de Orwell.
• Cherchez des romans qui « parlent » de la **vie réelle** :
– en **reconstituant une époque et une société de façon réaliste** : les romans de Balzac (*La Comédie humaine*) et les textes du corpus ;
– en **rendant compte des fluctuations de l'âme humaine** : *La Princesse de Clèves*, de Mme de La Fayette ; *Madame Bovary*, de Flaubert ;
– en **analysant le monde de façon scientifique** : les romans naturalistes, notamment ceux de Zola ;
– en **abordant les maux du monde** : romans de Zola (l'oppression sociale).

Le vocabulaire pour mieux rédiger

Pour éviter de répéter les mots « s'évader »/« rêver » (divertir ; imaginaire ; fiction, fictif ; dépayser, dépaysement…) et « réel/réalité » (quotidien ; familier ; commun ; coutumier ; habituel…), constituez-vous une « **banque » de mots** de chacun de ces deux champs lexicaux.

▶ **Pour réussir la dissertation** : voir guide méthodologique.
▶ **Le roman :** voir mémento des notions.

CORRIGÉ 7

Les exemples dans ce corrigé sous forme de plan sont seulement mentionnés ; exercez-vous à alimenter ce plan d'exemples personnels et à les rédiger.

Les titres en couleur et les indications entre crochets servent à guider la lecture mais ne doivent pas figurer sur la copie.

Introduction

[Amorce] Il est difficile de définir les fonctions du roman, genre aux formes multiples, de cerner ses rapports avec la réalité. [Problématique] Quelles sont les fonctions du roman ? [Annonce du plan] Nous faire échapper au réel [I] ? Nous ouvrir les yeux sur la vie [II] ? Dépassement de cette opposition apparente : les autres fonctions du roman [III].

I. Intérêt du roman qui nous fait « échapper à la réalité », le roman évasion

1. Le roman est fiction, donc évasion

• Le roman nous fait forcément échapper à la réalité car il est fiction.

• « C'est du roman », expression populaire qui veut dire : cela n'a rien de réel, c'est de la fantaisie.

• On attend d'un roman qu'il nous distraie de notre quotidien. L'espace de quelques heures, le roman joue le rôle d'écran entre le lecteur et la vraie vie.

2. Quels types d'évasion ? Par quels moyens le roman permet-il de s'évader ?

• Par le cadre spatiotemporel : romans historiques (un autre monde) : *Ivanhoé*, de Walter Scott ; *Quatrevingt-treize*, de Hugo ; *Le Nom de la rose*, d'Umberto Eco.

• Par le choix du héros : personnages hors du commun qui accomplissent des exploits ou qui ont des qualités extraordinaires et suscitent notre admiration : *Le Comte de Monte-Cristo*, de Dumas.

• Par l'intrigue : en plongeant le lecteur dans le suspense : les romans policiers où le lecteur devient enquêteur et essaie d'élucider le mystère.

3. Les modes de transformation de la réalité

• L'embellissement, qui fait rêver : romans sentimentaux « à l'eau de rose », qui suppriment toute notion de malheur, de contingences, et présentent une fin invariablement heureuse (rappelant les contes de fées). Ils nourrissent l'imaginaire d'illusions, « divertissent » au sens où l'entend Pascal (font oublier la réalité et peut-être la mort) [exemples].

• La fantaisie : un monde où se passent des événements étranges : dans *Les Fleurs bleues*, Queneau mélange toutes les époques ; dans *l'Écume des jours* (Boris Vian), les animaux parlent, les objets s'animent, un nénuphar pousse dans la poitrine de Chloé.

• Le merveilleux, qui plonge le lecteur dans un monde irréel : romans fantastiques : œuvres de Tolkien, la saga *Harry Potter* ; science-fiction : Verne, *Vingt Mille Lieues sous les mers*.

• L'humour : *Trois hommes dans un bateau*, de Jérôme K. Jérôme…

[Transition] « Une des fonctions du roman est donc bien de satisfaire un désir, légitime, de rêve et d'évasion. Mais est-ce uniquement cela que les lecteurs recherchent dans le roman ? La lecture d'un roman permet aussi de voir le réel et de connaître le sens de notre vie et des vies de ceux qui nous entourent et que l'hébétude du quotidien nous masque. » (Jean Guitton.)

Conseil
Les parties dans une dissertation ne doivent pas être juxtaposées, mais suivre un fil logique grâce aux transitions qui comportent une conclusion partielle de la partie précédente et une brève annonce de la suivante.

II. Pourquoi et comment le roman doit-il reproduire la réalité et nous permettre de mieux comprendre la vie ?

1. Par sa nature même et par sa variété

• Le roman prend ses racines dans le réel : « Un roman, c'est un miroir qu'on promène le long d'un chemin » (Stendhal).

• La variété des expériences permet de « voir » les bons et les mauvais côtés de la vie. Balzac explique comment il compose ses personnages : « Souvent il est nécessaire de prendre plusieurs caractères semblables pour arriver à en composer un seul […]. La littérature se sert du procédé qu'emploie la peinture, qui […] prend les mains de tel modèle, le pied de tel autre, la poitrine à celui-ci, les épaules de celui-là. » (Avant-propos de *La Comédie humaine*.)

• Le roman se situe dans un cadre vaste et multiple et s'inscrit dans la durée : il présente un monde, une société tout entière. Il permet alors de comprendre et de critiquer les rouages de la société.

2. Par le choix des personnages et la multiplication des points de vue qui en découle

• Les personnages sont souvent des êtres communs (*L'Enfant*, de Vallès + *autres exemples*) que l'on pourrait rencontrer dans la vie.

• Cela permet l'identification : le lecteur se reconnaît dans les personnages (*La Promesse de l'aube*, de Romain Gary + *autres exemples*).

• Cela permet la multiplication des points de vue :

– à travers les personnages : le lecteur appréhende la vie par le regard d'un autre [*exemples personnels*] ;

– à travers le temps : le roman d'apprentissage (*Le Rouge et le Noir*, de Stendhal) ouvre les yeux du personnage mais aussi du lecteur qui comprend l'évolution du personnage.

3. Ainsi, le roman permet de mieux comprendre la vie. Mais de quelle vie s'agit-il ?

• D'abord de la nôtre : psychologie (émotions, sentiments, personnalité) ; tourments de l'amour (*Le Rouge et le Noir*, *Madame Bovary*, textes du corpus…), mais aussi rapports familiaux (*Le Père Goriot*, de Balzac…). Ainsi, pour le lecteur, la lecture d'un roman est recherche de soi-même.

• Mais aussi de celle de ceux qui sont différents de nous : les autres âges (regard sur les adultes, sur les personnes âgées…) ; les autres milieux (la mine dans *Germinal*, de Zola) ; les autres pays (*Balzac et la petite tailleuse chinoise*, de D. Sijie).

• Il permet de découvrir les complexités de l'âme humaine, de s'interroger et, ainsi, de mieux comprendre nos comportements et ceux des autres (*L'Étranger*, de Camus).

• Il permet aussi la réflexion philosophique sur la vie (*La Peste*, de Camus) ; comme l'affirme Zola, « toute l'opération consiste à prendre des faits dans la nature, puis à étudier le mécanisme des faits […] Au bout il y a la connaissance de l'homme […] dans son action individuelle et sociale ».

Info
Constituez-vous une « réserve » de citations d'auteurs en relation avec l'objet d'étude (ici, le roman), qui vous serviront d'arguments d'autorité pour vos dissertations ou votre entretien à l'oral.

III. Ces deux fonctions ne s'opposent pas nécessairement. D'autres fonctions ?

1. En échappant à la réalité, on l'éclaire ; quand on croit la reproduire, on s'en éloigne…

• En nous éloignant de la réalité, le roman ment mais nous fait voir plus vrai que le vrai : l'illusion, la fiction est au service de la réalité (« Le roman est l'art du mentir-vrai », Aragon).

Exemple : *Le Rouge et le Noir* n'est pas la réalité, mais il a pour sous-titre « Chronique de 1830 ».

• Même un monde totalement fantaisiste nous « ouvre les yeux sur la vie » : par comparaison, notamment, avec notre vie. La dimension didactique du roman « irréaliste » : *1984*, de George Orwell, est une sorte d'apologue qui éclaire notre société.

• Cependant, la déformation est inévitable : « On croit dire le vrai de sa vie, mais dès que l'on y réfléchit, on s'aperçoit que tout récit, même le plus intime, a une forme obligée de fiction » (Forest) [*exemples personnels*].

2. Allier les deux fonctions ?

Certains romans remplissent les deux fonctions : *La Princesse de Clèves* (évasion dans le temps, mais image des tourments de l'amour), *Quatrevingt-treize* (dépaysement historique, mais réalité historique et aspect documentaire) ; *1984*, de George Orwell, *Fahrenheit 451*, de Ray Bradbury (science-fiction, mais aussi, indirectement, peinture de notre monde).

3. Ce sont là deux fonctions du roman, mais il peut y en avoir d'autres…

• Le roman engagé qui sert d'arme, qui est action : *L'Espoir*, de Malraux ; *La Ferme des animaux*, de George Orwell.

• Le roman qui illustre une thèse, le roman qui pose des questions : *Voyage au bout de la nuit*, de Céline ; *À la recherche du temps perdu*, de Proust.

Conclusion

Finalement, tout lecteur trouve dans le roman de quoi satisfaire ses attentes : un moyen d'évasion (« divertissement ») pour les uns, un moyen de mieux voir et comprendre la vie et le monde pour les autres. C'est en cela qu'on peut, paradoxalement, le rapprocher de la poésie… Mais, quand le lecteur se plonge dans un « bon roman », se pose-t-il ces questions théoriques ?

SUJET

8

Polynésie française • Juin 2015

Le personnage de roman • 14 points

Le roman évasion

Écriture d'invention

▶ **Vous écrirez la suite du texte de Jules Vallès (texte C). Le « petit pion » frappe à la porte. Le dialogue s'engage avec l'enfant, Jacques, sur le plaisir qu'il prend à la lecture.**

Se reporter au document C du sujet n° 5.

LES CLÉS DU SUJET

Comprendre le sujet

- **Genre** : extrait de roman à la 1re personne, sous forme de dialogue ; « suite du texte » : respectez le statut du narrateur, le temps des verbes et l'emploi des indices personnels.
- **Sujet/thème du texte** : les plaisirs de la lecture.
- **Type de texte** : « frappe à la porte » : le texte doit comporter un passage narratif initial qui pose les circonstances du dialogue ; « sur le plaisir qu'il prend » indique que le texte est argumentatif (éloge de la lecture).
- **Situation d'énonciation** : « dialogue » entre un « pion » et un écolier ; ils peuvent se vouvoyer ou le surveillant tutoie l'enfant qui, lui, le vouvoie.
- **Niveau de langue** : courant, comme celui du texte de Vallès.
- « **Définition** » du texte à produire, à partir de la consigne.

Extrait de roman (*genre*), dialogue qui argumente (*type de texte*) sur l'intérêt et l'agrément de la lecture (*thème*), enthousiaste (*adjectif*), pour justifier le goût de Jacques pour la lecture, expliquer ses avantages (*buts*).

Chercher des idées

- Précisez les **circonstances** qui précèdent le dialogue (l'entrée du « petit pion » et l'émotion de Jacques qui voit s'évanouir son rêve d'aventure).
- Cherchez des **arguments** pour soutenir la thèse implicite de Jacques : « La lecture est agréable et peut aussi être utile ».

- Jacques doit soutenir ses arguments par des **exemples précis** mais antérieurs aux années 1840 (époque de l'anecdote relatée dans le texte).
- La **position du pion** : il peut abonder dans le sens de Jacques et donner d'autres exemples ; être d'accord sur certains points et proposer des contre-arguments sur d'autres.
- Définissez une **progression** du dialogue et donnez-lui un **rythme vif**.
- Précisez les réactions des personnages (interventions du narrateur).
- Le **registre** : il peut être lyrique dans les interventions de Jacques, didactique dans les propos du pion, et même humoristique par endroits…
- Conservez le **style enfantin** de Jacques (ses paroles ne sont pas celles de l'adulte qui écrit mais de l'enfant qu'il était).
- **Attention** à la ponctuation (guillemets, tirets…) et aux anachronismes.

▶ **Pour réussir l'écriture d'invention** : voir guide méthodologique.
▶ **Le roman :** voir mémento des notions.

CORRIGÉ 8

Nous vous proposons le devoir d'un élève qui a composé en temps limité.

Un bruit sec à la porte de l'étude. Je me terre derrière un pupitre, livre en main, prêt à en découdre avec un cannibale armé jusqu'aux dents.

Je suis tout surpris de voir entrer dans l'étude non un ennemi exotique, mais le petit pion. Je dois avoir une posture incongrue, car son air sévère disparaît instantanément, laissant place à la stupéfaction.

> **Observez**
> Si vous devez composer la suite d'un texte, respectez les circonstances, le registre, le niveau de langue et le « style » du texte (ici, les personnages et leur caractère…).

« Hé bien, Jacques ? Qui veux-tu éborgner avec ce livre ? »

Confus, je cache mon butin derrière mon dos, dans l'espoir absurde qu'en cessant de le voir, le pion l'oubliera. C'est un échec : il s'approche pour me le confisquer, visiblement convaincu que je tiens là quelque lecture répréhensible. Mais le voilà encore tout étonné : *Robinson Crusoé* ne correspond pas à l'idée qu'il se fait de mes lectures solitaires de jeune rebelle.

« Pourquoi cachais-tu ce livre, Jacques ? »

Je décide d'être franc :

« Je croyais que vous étiez un cannibale.

– Je te demande pardon ? »

De plus en plus décontenancé, il me regarde ; puis, ses yeux vont de mon visage au livre, pour revenir à moi, lentement.

« Ce livre t'a donc vraiment captivé ?

– Oui. Grâce à lui, je ne me suis pas ennuyé ! »

Je ne devrais peut-être pas me vanter du plaisir inattendu que j'ai tiré de ma punition. Mais il semble que le pion m'ait pardonné la perte de sa fiole.

« Tu t'es donc plu à la lecture de ce livre ? reprend-il avec douceur.

– Oui, répondis-je, plus prudemment.

– Pourquoi ?

– Il faut donner une raison quand on aime un livre ?

– Ça dépend », répond le pion.

Il s'assoit en face de moi, et me considère avec attention.

« Tu vois, Jacques, il y a une différence entre le plaisir qu'un livre peut donner et sa qualité. Ce sont juste deux choses différentes. Tiens, par exemple : si tu donnes beaucoup de bonbons à un enfant, il sera content, mais il se rendra malade à trop en manger. Cela lui fait donc plaisir, mais cela ne lui fait pas du bien. Alors il ne faut pas mélanger les deux quand tu donnes ton avis sur un livre… Explique-toi mieux !

– Hé bien, j'ai aimé le lire, voilà tout ; et j'ai appris des choses. C'était comme si j'ouvrais un atlas, mais cela ne m'ennuyait pas… comme les cours de géographie ! Maintenant je connais l'Orénoque et la baie de tous les Saints… Je sais construire une pirogue… Oui, il m'a appris des choses, c'est cela, mais sans que je m'en aperçoive, et il m'a fait plaisir aussi, parce que j'étais un héros… et il m'a fait du bien aussi… parce que j'ai… oublié un peu la vraie vie…

– Donc si je te demande si c'est un bon livre, il faut que tu me dises pourquoi. Le plaisir de la lecture est intime, il dépend de toi, de tes goûts personnels. Mais la qualité d'un livre, elle, est objective : elle peut être expliquée. Il faut donc que tu me dises pourquoi tu penses que je devrais lire *Robinson Crusoé :* car il ne suffit pas de dire que tu as aimé un livre pour qu'il soit bon. »

Je fronce le sourcil.

« Tu n'arrives pas à trouver une raison ?

– Ce n'est pas ça. C'est plutôt que… Si un livre me plaît, c'est parce qu'il est bon, non ? Les deux ne sont pas liés ? »

« Les deux peuvent l'être, bien sûr. Mais c'est quelque chose qui ne peut venir qu'avec l'âge et l'accumulation des lectures.

– Je ne comprends pas, répliqué-je, buté.

– Quand on est petit, on a tout à découvrir, on n'a pas d'expérience. On peut donc facilement être époustouflé par un livre médiocre, que l'on apprécie parce que la surprise fait son office.

– Alors cela veut dire que les bons livres sont ceux qui m'ennuient et que, si on est vieux, quand on aime un livre, c'est qu'il est bon ?

– Ah non, cela ne vient pas à tout le monde ! s'amuse le pion. Mais plus on lit, plus on trouve de plaisir à lire, et plus on apprend ce qui fait un bon livre. Il y a donc, sans doute, un lien entre les deux.

– Alors ça veut dire qu'on a plus de chances de le faire si on lit beaucoup ?

– En effet. »

Je m'aperçois que je me suis assis face au petit pion, pour mieux réfléchir.

« Ça veut dire aussi qu'il y a plusieurs façons d'aimer un livre ? Par exemple, je peux aimer un livre parce qu'il m'apprend des choses… et en aimer un autre parce qu'il me change les idées… comme *Les Aventures de Tom Pouce* ?

– Tout à fait. Il y a beaucoup de raisons différentes d'aimer un livre.

– Et c'est pour ça qu'il y a des romans d'aventure, des histoires d'amour, des contes, des pièces de théâtre drôles ou tristes, ajouté-je. Parce qu'il en faut pour tout le monde !

– Absolument, conclut le pion. Certains adorent *Robinson Crusoé*, comme toi, d'autres préfèrent les *Fables* de La Fontaine. Le plaisir de lire est universel, mais ce qui le motive est profondément changeant !

– Mais moi, ce que j'aime, c'est partir dans un autre monde… un peu fou, sans toutes ces tracasseries qui m'empêchent de rêver… Tenez, j'ai voyagé avec Pantagruel et j'ai vu des paroles gelées dont certaines se dégelaient et faisaient entendre des sons étranges de bataille… Ce serait bien si on pouvait geler les paroles, non ? Je suis aussi descendu dans le gosier d'un géant… C'est vrai qu'après, j'ai dû retomber sur terre, et ça m'a rendu triste…Vous savez, sur les murs de la classe il y a écrit : « Aimer lire, c'est faire un échange des heures d'ennui contre des heures délicieuses. » C'est un monsieur qui a un drôle de nom qui a écrit cela… Mont… quelque chose…

– Montesquieu ! »

Après un petit silence, il jette un coup d'œil à l'horloge, et se lève.

« Allez, Jacques, tu peux filer. La prochaine fois, tâche de ne pas renverser tout le monde sur ton passage dans la cour.

– Merci m'sieur », dis-je en m'enfuyant le livre sous le bras.

SUJET

9

Polynésie française • Septembre 2014

Le personnage de roman • 6 points

Personnages amoureux

Questions

Documents

A – **Madame de Genlis**, *Mademoiselle de Clermont*, 1802.
B – **Jules Sandeau et Arsène Houssaye**, *Milla*, chapitre 2, 1843.
C – **Louis Aragon**, *Aurélien*, chapitre 1, 1944.

▸ **1. Comment les auteurs présentent-ils la rencontre amoureuse dans les textes du corpus ?** *(2 points)*

▸ **2. Lequel de ces trois extraits vous paraît le plus intéressant ? Dites pourquoi. Vous justifierez votre réponse en prenant appui sur des références précises aux trois textes.** *(4 points)*

Après avoir répondu à ces questions, les candidats devront traiter au choix un des trois sujets n°s 10, 11 ou 12.

DOCUMENT A

À la cour, mademoiselle de Clermont est tombée amoureuse du duc de Melun mais sa première tentative pour lui avouer son amour a échoué. Elle entreprend alors une seconde tentative.

Mlle de Clermont, vivement piquée[1], eut ce jour-là, pendant la lecture, plus d'une distraction ; souvent ses yeux se tournèrent vers le duc de Melun, plus d'une fois ses regards rencontrèrent les siens ; en sortant du cabinet elle résolut de lui parler.

Le soir, à la promenade, elle feignit d'être fatiguée, et pria le duc de Melun de lui donner le bras ; cette distinction parut le surprendre, et Mlle de Clermont, s'éloignant de quelques pas du reste de la compagnie : « J'ai une question à vous faire, dit-elle avec un sourire plein de charmes, et je me flatte que vous y répondrez avec votre sincérité accoutumée. Vous ne manquez pas une de nos lectures : cependant j'ai cru m'apercevoir qu'elles vous causaient du dégoût et de l'ennui ; sans doute que le choix vous en déplaît, et que vous le trouvez trop frivole : je voudrais savoir là-dessus votre manière de penser ; l'opinion de l'ami de mon frère ne peut m'être indifférente. » À ces mots, le duc, étonné, resta un instant interdit, et, se remettant de son trouble : « Je vois sans peine, reprit-il, des gens d'un esprit médiocre et d'une condition ordinaire faire du temps précieux de la jeunesse un usage inutile et vain ; mais cet abus m'afflige vivement dans les personnes que leur rang et leur supériorité élèvent au-dessus des autres. Mademoiselle m'ordonne de lui ouvrir mon cœur, et elle vient d'y lire. » Le duc prononça ces dernières paroles avec émotion. Mlle de Clermont rougit, baissa les yeux, garda le silence quelques moments, ensuite elle appela une des dames qui la suivaient, ce qui termina cette conversation.

Le lendemain, à l'heure de la lecture, on présenta à Mlle de Clermont un roman commencé la veille ; elle le prit, et, le posant sur une table : « Je suis ennuyée des romans, dit-elle en regardant le duc de Melun ; ne pourrions-nous pas faire une lecture plus utile et plus solide ? » On ne manqua pas d'applaudir à cette idée, qui cependant déplut beaucoup en secret à plus d'une femme. On fut chercher un livre d'histoire que Mlle de Clermont commença avec un air d'application et d'intérêt qui n'échappa point à M. de Melun. Le soir, à souper, Mlle de Clermont le fit placer à côté d'elle. Ils gardèrent l'un et l'autre le silence, jusqu'au moment où la conversation générale devint assez bruyante pour favoriser un entretien particulier. « Vous avez vu tantôt, dit Mlle de Clermont, que je sais profiter des conseils qu'on me donne ; j'espère que cet exemple vous encouragera. – La crainte de vous déplaire, répondit le duc, pourrait seule réprimer mon zèle ; autorisé par vous, je sens qu'il n'aura plus de bornes. » Ces paroles, prononcées avec effusion[2], attendrirent Mlle de Clermont ; un regard plein de sentiment fut sa seule réponse.

Madame de Genlis, *Mademoiselle de Clermont*, 1802.

---

1. Piquée : vexée.
2. Effusion : avec une forte émotion.

DOCUMENT B

Raoul de Kermadec voyage en Italie à la suite d'une déception. Il a entendu parler d'une jeune femme surnommée Milla et se promène dans les environs de l'endroit où elle demeure.

Le soleil, ainsi que disent les poètes, était au milieu de sa carrière ; les arbres n'avaient plus d'ombre. Or, il n'est point de désespoir amoureux, quel qu'il soit, qui puisse empêcher un jeune et gentil garçon qui s'est levé avec l'aube, d'éprouver, sur le coup de midi, quelque chose de pareil à la faim, surtout si le jeune éploré a battu, durant sept ou huit heures, les coteaux et les vallons. Raoul se sentait au bout de ses forces, disons-le, affamé. Sans s'en douter, il s'était éloigné de Tivoli de plus d'une lieue[1], il tourna autour de lui un regard plein d'anxiété pour voir s'il n'apercevrait pas une ferme où l'on pourrait offrir à son appétit quelques tranches de mortadelle ; pas un toit ne blanchissait dans le paysage, pas un brin de fumée ne tachait l'horizon.

Cependant, il longeait depuis quelques instants un mur d'enceinte qui révélait nécessairement une habitation prochaine. En effet, il s'arrêta bientôt devant une grille de fer qui lui permit de voir, au bout d'une allée de tulipiers et de sycomores[2], une maison d'assez belle apparence, et pouvant, au besoin, passer pour un château. Raoul s'était laissé dire qu'en Italie les châteaux sont peu hospitaliers ; que si l'hospitalité ne s'y vend pas, elle ne s'y donne pas davantage, et qu'enfin, dans leurs salles peintes à fresque, les propriétaires eux-mêmes font parfois assez maigre chère. Il eût frappé, sans hésiter, à la porte d'une ferme modeste ; malgré la faim qui le pressait, il ne toucha point à la sonnette de la grille, et s'éloigna en suivant d'un œil de convoitise la fumée qui montait au-dessus du toit, dans le bleu du ciel. Dans la campagne de Rome, par cette chaude saison, ce ne pouvait être, à coup sûr, que la fumée de la cuisine.

M. de Kermadec se préparait à prendre un sentier qui devait le ramener à Tibur, lorsqu'à l'angle du mur qu'il venait de doubler, il entendit une voix jeune et fraîche qui partait de l'enclos, sous un massif de grenadiers, dont les fleurs rouges regardaient curieusement sur la route. Cette voix chantait sans art et sans attrait, comme on chante dans la solitude, une canzonette florentine qui commence par ces deux vers :

Son' rimasta vedovella
Su la bell' fiore dell' anni miei[3].

L'air était doux, triste et monotone. Raoul s'arrêta charmé ; puis, par je ne sais quelle curiosité d'enfant, il grimpa sur le mur comme un chat sauvage, il écarta les branches des grenadiers, et passa sa tête dans l'enclos.

Au bruit que firent les rameaux sous la main qui les écartait, une jeune fille, qui se tenait assise sur un tertre de gazon, leva les yeux et se prit à sourire, sans trouble et sans effroi, à la blonde tête qui la regardait. Ils restèrent ainsi quelques instants à se contempler l'un l'autre en silence ; puis tout d'un coup, la belle enfant ayant détaché une des fleurs, moins fraîches que son frais sourire, elle la jeta par-dessus le mur et s'enfuit comme une gazelle ; c'était la signorina Naldi Camilla, Milla, Milleta.

Raoul ne trouva pas un mot pour la retenir. Tant qu'il put apercevoir sa blanche robe qui glissait, comme un lys, à travers le feuillage, ses bruns cheveux que soulevait la folle brise, le jeune homme resta sur le mur, le col tendu, l'œil rivé sur l'apparition fugitive. Enfin, lorsqu'elle eut disparu au détour d'une allée, il sauta à terre, releva la fleur de grenadier et la porta machinalement à ses lèvres, sans se dire que le moindre grain de mil ferait bien mieux son affaire. Il avait oublié sa faim.

Sans trop savoir pourquoi, sans trop se demander comment, M. de Kermadec s'en revint d'un pied léger, d'un cœur presque content ; tout avait changé d'aspect autour de lui : les ombrages étaient plus verts, l'air plus embaumé, le soleil plus indulgent.

Jules Sandeau et Arsène Houssaye, *Milla*, chapitre 2, 1843.

---

1. Une lieue : environ 4 kilomètres.
2. Tulipier : arbre originaire d'Amérique dont la fleur ressemble à une tulipe ; sycomore : figuier originaire d'Égypte dont les fruits sont comestibles.
3. « Je suis restée une jeune veuve dans la fleur de mon âge » (vers italiens du début du XIXe siècle).

DOCUMENT C

Voici les premières pages du roman qui se passe dans les années vingt, et décrit le grand amour que le lieutenant Aurélien Leurtillois, célibataire oisif, encore hanté par les souvenirs du front, éprouve pour une jeune provinciale, Bérénice Morel, femme mariée, venue à Paris pour quelques jours.

La première fois qu'Aurélien vit Bérénice, il la trouva franchement laide. Elle lui déplut, enfin. Il n'aima pas comment elle était habillée. Une étoffe qu'il n'aurait pas choisie. Il avait des idées sur les étoffes. Une étoffe qu'il avait vue sur plusieurs femmes. Cela lui fit mal augurer[1] de celle-ci qui portait un nom de princesse d'Orient sans avoir l'air de se considérer dans l'obligation d'avoir du goût. Ses cheveux étaient ternes ce jour-là, mal tenus. Les cheveux coupés, ça demande des soins constants. Aurélien n'aurait pas pu dire si elle était blonde ou brune. Il l'avait mal regardée. Il lui en demeurait une impression vague, générale, d'ennui et d'irritation. Il se demanda même pourquoi. C'était disproportionné. Plutôt petite, pâle, je crois... Qu'elle se fût appelée Jeanne ou Marie, il n'y aurait pas repensé, après coup. Mais Bérénice. Drôle de superstition. Voilà bien ce qui l'irritait.

Il y avait un vers de Racine que ça lui remettait dans la tête, un vers qui l'avait hanté pendant la guerre, dans les tranchées, et plus tard démobilisé. Un vers qu'il ne trouvait même pas un beau vers, ou enfin dont la beauté lui semblait douteuse, inexplicable, mais qui l'avait obsédé, qui l'obsédait encore :

Je demeurai longtemps errant dans Césarée[2]...

En général, les vers, lui... Mais celui-ci lui revenait et revenait. Pourquoi ? C'est ce qu'il ne s'expliquait pas. Tout à fait indépendamment de l'histoire de Bérénice... l'autre, la vraie... D'ailleurs il ne se rappelait que dans ses grandes lignes cette romance, cette scie[3]. Brune alors, la Bérénice de la tragédie. Césarée, c'est du côté d'Antioche, de Beyrouth. Territoire sous mandat. Assez moricaude[4], même, des bracelets en veux-tu en voilà, et des tas de chichis, de voiles. Césarée... un beau nom pour une ville. Ou pour une femme. Un beau nom en tout cas. Césarée... *Je demeurai longtemps*... je deviens gâteux. Impossible de se souvenir : comment s'appelait-il, le type qui disait ça, une espèce de grand bougre ravagé, mélancolique, flemmard, avec des yeux de charbon, la malaria[5]... qui avait attendu pour se déclarer que Bérénice fût sur le point de se mettre en ménage, à Rome, avec un bellâtre[6] potelé, ayant l'air d'un marchand de tissus qui fait l'article, à la manière dont il portait la toge. Tite[7]. Sans rire. Tite.

Je demeurai longtemps errant dans Césarée...

Ça devait être une ville aux voies larges, très vide et silencieuse. Une ville frappée d'un malheur. Quelque chose comme une défaite. Désertée. Une ville pour les hommes de trente ans qui n'ont plus de cœur à rien. Une ville de pierre à parcourir la nuit sans croire à l'aube. Aurélien voyait des chiens s'enfuir derrière les colonnes, surpris à dépecer une charogne. Des épées abandonnées, des armures. Les restes d'un combat sans honneur.

Louis Aragon, *Aurélien*, chapitre 1, © Éditions Gallimard, 1944.

---

1. Augurer : présager. 2. Césarée : ce vers est tiré de la tragédie de Racine, *Bérénice* (1670), où Bérénice et Titus, reine de Palestine et empereur de Rome épris l'un de l'autre, ne peuvent s'épouser. 3. Scie : rengaine. 4. Moricaude : personne au teint très brun. 5. Malaria : maladie infectieuse due à un parasite. 6. Bellâtre : bel homme prétentieux et niais. 7. Tite : autre nom de Titus dans *Bérénice*, de Racine.

LES CLÉS DU SUJET

■ Comprendre les questions

Question 1

• « **Comment** » renvoie aux **choix d'écriture des auteurs** : point de vue du narrateur (objectif ou subjectif), évocation des circonstances, présence de descriptions, choix des personnages et de leur attitude, registre, présence de paroles ou de pensées rapportées…

• Dans ces caractéristiques d'écriture, cherchez des « **points d'accroche** » **importants** qui constitueront la base de chaque paragraphe de votre réponse et confrontez les textes sur ces points.

• Ne traitez pas les textes successivement, mais adoptez un **plan synthétique.**

Question 2

• « **Lequel… le plus intéressant** » implique que vous **confrontiez** les textes et les moyens utilisés pour rendre compte d'une rencontre amoureuse. Ne juxtaposez pas l'analyse des textes, mais procédez synthétiquement.

• Puis **choisissez le texte** qui vous semble le plus intéressant, à vous, un lecteur *de notre époque* ; donnez précisément les **raisons de votre choix.**

• **Ces raisons peuvent être** : l'enjeu du texte ; son contexte ; l'atmosphère de la rencontre, les réactions des personnages ; l'implication de l'auteur ; les faits d'écriture ; la différence avec la tradition littéraire… ou le tempérament du lecteur (le vôtre).

• Accompagnez chaque remarque d'**exemples précis.**

• Encadrez votre réponse d'une **introduction** et d'une brève **conclusion.**

▶ **Pour réussir les questions** : voir guide méthodologique.

▶ **Le roman** : voir mémento des notions.

CORRIGÉ 9

Les titres en couleur et les indications entre crochets servent à guider la lecture mais ne doivent pas figurer sur la copie.

▶ Question 1

[Problématique et présentation du corpus] La rencontre amoureuse est un thème fréquent de la littérature romanesque et les textes du corpus offrent des variations originales sur ce thème. Au début du XIXe siècle, Mme de Genlis, dans son roman *Mademoiselle de Clermont*, donne à sa rencontre une retenue qui rappelle celle de *La Princesse de Clèves*. Quelque quarante ans plus tard, le héros de *Milla*, roman de Sandeau et Houssaye, se comporte avec l'ardeur d'un héros romantique. Un siècle plus tard, le début d'*Aurélien*, roman d'Aragon, a de quoi déconcerter les attentes du lecteur en matière de rencontre amoureuse. Comment ces romanciers présentent-ils le thème traditionnel de la rencontre amoureuse ?

1. Des circonstances différentes

• Mlle de Clermont ne laisse rien au hasard et se montre fine stratège pour se ménager, « feign[an]t d'être fatiguée », un moment d'intimité avec le duc de Melun. C'est elle qui prend l'initiative du changement de programme de lecture pour montrer au duc, qu'elle « [fait] placer à côté d'elle », l'attention qu'elle porte à ses jugements.

• Ce n'est pas non plus fortuitement que Raoul de Kermadec se promène auprès de l'endroit où demeure Milla, mais leur rencontre, elle, est le fruit du hasard. C'est par « curiosité » qu'il essaie d'apercevoir celle dont il n'entend que le chant, mais c'est Milla qui, avant de s'enfuir, lui jette une fleur.

• Quant à la rencontre d'Aurélien et de Bérénice, vu les impressions négatives qu'en a retirées le jeune homme, elle n'aurait pas dû connaître de lendemain.

2. Des modes de narration variés

• Mme de Genlis raconte en narrateur omniscient. Elle fait parler directement ses personnages qui s'expriment avec une élégance et une sobriété tout aristocratiques (les aveux ne se devinent que par « un regard plein de sentiment »). Le cadre de cette rencontre est à peine esquissé.

• Sandeau, toujours en narrateur omniscient, multiplie au contraire les détails pittoresques sur les lieux, les précisions sur la faim de son héros et s'attendrit, tout en s'en moquant un peu, sur l'émotion qui saisit le jeune homme à la vue de la jeune fille. Plus que les paroles, c'est le comportement du jeune homme qui révèle son trouble.

• Aragon adopte un point de vue original. Il est à la fois narrateur omniscient (Aurélien « la trouva franchement laide »), puis il laisse la parole à son personnage, avec du discours indirect libre (« les cheveux coupés, ça demande des soins constants ») et du discours direct (« Plutôt petite, pâle, je crois »). Le morcellement du texte, le découpage inhabituel des phrases, parfois sans verbe, rendent compte du malaise d'Aurélien.

Conclusion

Les différences dans la façon de présenter la rencontre amoureuse s'expliquent par le contexte d'écriture des trois textes : l'un encore marqué par le XVIIe siècle classique, le deuxième par les élans passionnés du romantisme et le troisième par l'évolution des relations dans le couple au XXe siècle.

▸ Question 2

[Problématique] Il peut sembler difficile de décider quel est « le plus intéressant » de ces trois textes ou même de formuler un jugement sur leur intérêt respectif à partir de quelques lignes, d'autant que le choix dépend de la personnalité et des goûts du lecteur. Cependant il en est un qui se distingue par son originalité : celui d'Aragon.

1. Deux textes très marqués par leur contexte

• Un lecteur qui aura aimé *La Princesse de Clèves* sera sensible à l'atmosphère aristocratique de la rencontre de Mlle de Clermont et du duc de Melun, où la force des sentiments s'exprime à travers des jeux de « regards » et des rites sociaux très formels (« lecture », « promenade », « souper »). La discrétion dans l'expression de l'émotion fait apprécier l'analyse psychologique des méandres de l'âme, mais cette retenue répond à des codes qui peuvent aujourd'hui nous paraître assez artificiels.

• La fougue de Raoul de Kermadec semble annoncer la folie des héros stendhaliens comme Fabrice del Dongo, le héros de *La Chartreuse de Parme,* et la jeune Mella peut faire penser à Clélia dont Fabrice tombe amoureux au premier regard. Ce récit de rencontre peut trouver des résonances chez un lecteur jeune et passionné. Cependant, on a un peu de mal à croire à ce coup de foudre que les auteurs nous racontent avec une distance amusée.

> **Conseil**
> N'utilisez pas les expressions « texte A, texte B… », mais des tournures comme « le portrait de Raoul de Kermadec » ou « Aragon dans son récit », etc.

2. Un texte plus original

• L'indifférence voire l'antipathie d'Aurélien à l'égard de Bérénice prend à rebours ce que le lecteur attend du récit d'une rencontre amoureuse : il l'a d'abord trouvée « laide » et elle lui « déplut ». Or, cette aversion est trop forte pour ne pas se transformer en son contraire, ce qui, naturellement, suscite l'intérêt du lecteur. Il y a là quelque chose d'« inexplicable » pour Aurélien mais aussi pour le lecteur.

• On a l'impression d'entendre Aurélien penser à haute voix quand il essaie de démêler ses impressions ; il mélange le souvenir d'un « beau vers » de Racine qui l'obsède, le prénom de cette femme qui rappelle celui d'une héroïne de tragédie, et il s'efforce de mettre entre cette fascination et ses impressions négatives une forme de distance ironique en se moquant de lui (« je deviens gâteux ») et des héros tragiques (« grand bougre », « bellâtre potelé »).

• On sent bien qu'Aurélien est complexe et que les tranchées l'ont marqué. On devine chez lui un besoin de « beauté » (trois fois le mot « beau » dans le texte), un vide que seule une vraie passion pourra combler s'il arrive à exorciser les démons de ses souvenirs d'ancien combattant.

Conclusion

Les situations romanesques récurrentes (ou topoi) comme la rencontre amoureuse traversent les siècles parce qu'elles ont un intérêt humain mais, pour leur garder cet intérêt, les romanciers doivent les adapter au contexte d'écriture et au goût esthétique des lecteurs.

Polynésie française • Septembre 2014
Le personnage de roman • 14 points

Personnages amoureux

Commentaire

▸ Vous ferez le commentaire du texte de Jules Sandeau et Arsène Houssaye (texte B), en vous aidant du parcours de lecture suivant :
– la manière dont l'évocation du cadre met en valeur la rencontre ;
– le regard que porte le narrateur sur le personnage.

Se reporter au document B du sujet n° 9.

LES CLÉS DU SUJET

Trouver les idées directrices

• Servez-vous des pistes données dans le sujet, dont les **mots essentiels** sont : « évocation du cadre » et « regard du narrateur sur le personnage ».
• Mais faites aussi la « **définition** » du texte pour trouver les axes (idées directrices).

Extrait de roman (*genre*) qui raconte (*type de texte*) la rencontre amoureuse et le coup de foudre d'un jeune homme (*thème*), lyrique, un peu ironique (*registre*), théâtralisé, pittoresque, détaillé, un peu caricatural, amusé, distancé (*adjectifs*), pour présenter le héros et rendre compte de ses sentiments (*buts*).

Pistes de recherche

Première piste : une mise en place précise et pittoresque du cadre de la rencontre

• Imaginez **visuellement** la scène et les personnages pour mieux en *voir* les éléments.
• Relevez et classez les **éléments du décor**. Quelle impression créent-ils ?

• Expliquez d'où vient le **pittoresque** de la description du cadre et du moment de la rencontre.
• Quelle **image de l'Italie** le narrateur donne-t-il ?

Deuxième piste : le regard complice et amusé du narrateur sur son personnage

• Relevez les **expressions** qui marquent le jugement du narrateur sur les personnages.
• Quel **regard** le narrateur porte-t-il sur son héros ?
• Analysez rapidement le **personnage de Raoul** : s'agit-il d'un héros ?
• Montrez que le narrateur **mélange** le lyrisme amoureux et des considérations très terre à terre.

▶ **Pour réussir le commentaire** : voir guide méthodologique.
▶ **Le roman :** voir mémento des notions.

CORRIGÉ 10

Les titres en couleur et les indications entre crochets servent à guider la lecture mais ne doivent pas figurer sur la copie.

Introduction

[Amorce] La rencontre amoureuse constitue un des moments clés de nombreux romans et chaque auteur met en place cette scène obligée selon sa sensibilité et souvent en tenant compte de l'attente de ses lecteurs. [Présentation du texte] Quand les coauteurs Jules Sandeau et Arsène Houssaye font se rencontrer leurs protagonistes, Raoul de Kermadec et Milla, ils savent que leurs lecteurs, nourris de romans et de poésie romantiques, souhaitent s'évader vers une destination exotique et suivre les amours idéales de personnages jeunes, beaux, aristocratiques… La rencontre se fait donc dans une Italie assez convenue, conforme à l'idée qu'un lecteur de cette époque peut s'en faire. [Annonce des axes] S'ils s'acquittent avec sérieux de la description du cadre et des circonstances de cette rencontre [I], les auteurs semblent cependant prendre un peu plus de distance par rapport à leur protagoniste, Raoul de Kermadec, dont ils ne donnent pas une image aussi somptueuse que celle du duc de Nemours entrant dans la salle d'un bal donné à la cour [II].

I. Une mise en place précise et pittoresque du cadre de la rencontre

Les auteurs ne laissent rien ignorer du cadre de la rencontre amoureuse. Ils le peignent avec des touches de couleur locale italienne, faisant de la nature une complice de ce moment privilégié.

1. Une mise en scène très précise

• Les circonstances spatiotemporelles sont définies avec une extrême précision. Il est près de « midi » et la chaleur est intense, les arbres n'offrent plus d'ombre. Le paysage est d'abord décrit dans ses lointains, avec ses « coteaux » et ses « vallons », puis, comme par un effet de zoom, on suit « un mur d'enceinte » jusqu'à la « grille » d'un château au fond « d'une allée », avant que le jeune homme ne reprenne sa marche jusqu'à « l'angle du mur » derrière lequel chante la jeune Milla.

• On a l'impression que l'errance mélancolique – et affamée – de Raoul est sciemment retardée mais on sent bien que, sous l'effet de quelque magnétisme amoureux, il se rapproche, comme par une attraction fatale, de la jeune fille. Milla elle-même apparaît enfin sur « un tertre de gazon » qui la met en valeur comme sur une sorte d'estrade, de piédestal.

• De nombreux verbes de mouvement, à l'imparfait ou au passé simple, précisent dans la durée les déplacements, les attitudes de Raoul de Kermadec (« longeait depuis quelque temps un mur d'enceinte », « grimpa sur un mur », « écarta les branches » « passa sa tête »), avant qu'il ne s'immobilise sous le coup de la surprise (« il resta sur le mur, le col tendu… »). Qui voudrait transposer cette scène au cinéma trouverait là un scénario tout prêt !

2. Des lieux personnifiés

• Le décor lui-même se met à l'unisson de cette rencontre amoureuse, dans un phénomène de sympathie au sens propre. Raoul se déplace d'abord dans un paysage vide, comme l'est son cœur désespéré (« pas un toit […] pas un brin de fumée »), dans une chaleur accablante : l'heure ardente est à l'unisson de l'embrasement amoureux qui va enflammer le jeune homme.

• Quand Raoul se rapproche du lieu stratégique, comme dans le monde enchanté des contes, la nature s'anime par des personnifications bienveillantes : « les fleurs rouges regard[ent] curieusement sur la route », la « folle brise » soulève les cheveux de Milla, l'air est « plus embaumé » et le « soleil plus indulgent ».

3. Le souci de la couleur locale

• L'errance de Raoul de Kermadec dans la campagne italienne est géographiquement définie par quelques noms de lieux emblématiques de l'Italie qui parlent à l'imaginaire du lecteur (« Tivoli », « Rome », « Tibur »).

• L'atmosphère italienne est aussi rendue par des détails pittoresques sur la végétation de « tulipiers », de « sycomores », les « fleurs rouges » des « grenadiers ». Le ciel est « bleu », l'air est « embaumé » et la chaleur est écrasante à ce moment de la journée, comme on peut s'y attendre dans cette région méditerranéenne.

• L'allusion aux châteaux avec « leurs salles peintes à fresque » mais occupés par des hôtes parfois désargentés, quelques mots (« canzonette ») et deux vers d'une chanson en italien complètent le décor. On a même un rappel de la gastronomie italienne avec ces « quelques tranches de mortadelle » dont rêve le jeune marcheur.

II. Le regard complice, un peu distant, un peu amusé du narrateur sur son personnage

Tout en peignant avec exactitude et pittoresque la campagne italienne, le romancier semble jouer avec son personnage, à la fois en le menant, comme un aveugle, vers l'endroit où il veut le conduire et en portant un regard distancié, quoique affectueux, sur ce jeune homme désœuvré et la métamorphose qu'exerce sur lui cette rencontre provocatrice.

1. Ventre affamé n'a pas de… cœur

Les auteurs ne semblent pas prendre très au tragique le « désespoir amoureux » de ce « jeune éploré ».

• En mettant en parallèle les déceptions amoureuses de Raoul et les exigences de la « faim qui le press[e] », ils relativisent ses états d'âme et, comme un leitmotiv ironique, ils soulignent prosaïquement son « appétit », son désir de quelques tranches « de mortadelle », l'« œil de convoitise » avec lequel il guette les fumées de « cuisine ». Bref, ventre affamé n'a pas de cœur !

• La rencontre de Milla aura d'ailleurs un effet miraculeux : le voilà « presque content » ; oublieux de sa fatigue, il repart le « pied léger » et surtout, il a « oublié sa faim ».

2. Une narration distanciée

Les narrateurs prennent d'ailleurs le lecteur à témoin, s'invitent dans leur récit et commentent leur propre narration (« disons-le »).

• Raoul n'est pas un superhéros, c'est un « jeune et gentil garçon », avec « je ne sais quelle curiosité d'enfant ». C'est un esprit impressionnable et il y a un vrai contraste entre la fascination exercée par le chant sur Raoul – air qui correspond à sa mélancolie, « doux, triste et monotone » – et la grâce de la jeune fille, peu farouche, avec son charme de « belle enfant » et son « sourire » enjôleur.

• On a remarqué précédemment que la nature était personnifiée ; paradoxalement, les deux protagonistes, eux, sont animalisés par des comparaisons assez plates : Raoul se hisse sur le mur comme « un chat sauvage », et Mella s'enfuit, vive comme « une gazelle ».

Conclusion

Les dés sont désormais jetés : le hasard a donné la première impulsion, l'amour fera le reste. Même si l'on peut, avec du recul, remarquer les procédés assez visibles dont les auteurs se sont servis sans grande retenue, cette rencontre ne manque pas de fraîcheur, de spontanéité et l'Italie de carte postale qu'ils nous décrivent n'est pas sans charme. [Ouverture] Elle n'atteint cependant pas la délicatesse et la finesse des scènes de rencontres amoureuses stendhaliennes, comme celle de Fabrice del Dongo et Clélia dans *La Chartreuse de Parme*, roman paru quelques années plus tôt.

SUJET

11

Polynésie française • Septembre 2014

Le personnage de roman • 14 points

Personnages amoureux

Dissertation

▶ **Les personnages de roman doivent-ils tomber amoureux pour susciter l'intérêt du lecteur ? Vous répondrez en vous appuyant sur les textes du corpus, les œuvres étudiées en classe et vos lectures personnelles.**

Les textes du corpus sont reproduits dans le sujet n° 9.

LES CLÉS DU SUJET

Comprendre le sujet

- « **tomber amoureux** » : le corpus suggère qu'il s'agit d'**amour-passion** (entre deux personnes).
- Le sujet propose la **thèse** : *Les personnages de roman ne sont intéressants que s'ils tombent amoureux*. Cela présuppose que les personnages qui ne tombent pas amoureux ne sont pas intéressants.
- La formulation « **doivent-ils…** » implique une **prise de position** de votre part et suggère deux réponses possibles (« oui » ou « non »). Elle vous met aussi sur la voie d'un **plan dialectique** qui dépasse cette alternative.
- Reformulez le sujet avec vos propres mots : *Est-il nécessaire que les personnages tombent amoureux / qu'un roman comporte une histoire d'amour pour intéresser le lecteur ?*

Chercher des idées

- Subdivisez cette question en **sous-questions** :

– ***Pourquoi** les personnages amoureux sont-ils intéressants ? **Quel(s) intérêt(s)** présente un personnage amoureux ? **Qu'apporte** la présence de personnages amoureux à un roman ?*

– Mais aussi : ***Quel intérêt** un personnage qui* ne *tombe* pas *amoureux peut-il présenter ? **Par quels autres aspects** un personnage peut-il susciter l'intérêt ?*

• Faites une **liste d'exemples**. Répertoriez les **romans** que vous connaissez et qui reposent presque entièrement sur une **histoire d'amour**. Classez-les, selon des critères que vous aurez choisis. Par exemple : un amour heureux (Cosette et Marius dans *Les Misérables*, de Hugo) ; un amour malheureux (*La Princesse de Clèves*, de Madame de La Fayette) ; un amour funeste (Mme de Rênal dans *Le Rouge et le Noir*, de Stendhal ; *Madame Bovary*, de Flaubert) ; un amour fait de sacrifices (*Don Quichotte*, de Cervantès ; *Manon Lescaut,* de l'abbé Prévost) ; un amour vénal (*Splendeurs et Misères des courtisanes*, de Balzac ; *Nana*, de Zola) ; un amour platonique (*Le Lys dans la vallée*, de Balzac)…

• Essayez d'**élargir en réfléchissant à la notion d'amour-passion**. Cela suggère la question : *Quels autres types d'amour peuvent donner de l'intérêt à un roman ? de quel amour peut-il s'agir ?*

Par exemple : l'amour maternel (Mme de Rênal dans *Le Rouge et le Noir*, de Stendhal ; Fantine dans *Les Misérables*, de Hugo), paternel (*Le Père Goriot*, de Balzac), filial (*Eugénie Grandet*, de Balzac), l'amour de la patrie (*Guerre et Paix*, de Tolstoï ; *L'Espoir*, de Malraux), l'amour de l'humanité (*À l'ouest rien de nouveau*, de Remarque), l'amour de Dieu (*Le Journal d'un curé de campagne*, de Bernanos)…

▶ **Pour réussir la dissertation** : voir guide méthodologique.
▶ **Le roman :** voir mémento des notions.

CORRIGÉ 11

Dans ce corrigé, certains exemples sont développés à titre de modèles, mais vous devez illustrer votre devoir de vos propres exemples. Les titres en couleur et les indications entre crochets servent à guider la lecture mais ne doivent pas figurer sur la copie.

Introduction

[Amorce] L'amour occupe une place essentielle dans l'art en général, notamment dans la littérature, et plus particulièrement dans le roman. [Problématique] Est-ce à dire qu'il est nécessaire que les personnages de roman tombent amoureux ? [Annonce des axes] Certes, une histoire d'amour séduit et intéresse le lecteur [I], mais elle est aussi pour le romancier un atout pour la construction de son roman et pour faire comprendre sa vision du monde [II]. Cependant le romancier ne dispose-t-il pas d'autres moyens pour intéresser son lecteur [III] ?

I. Pourquoi les personnages qui tombent amoureux donnent-ils de l'intérêt à un roman ?

1. Du point de vue de l'action et de la variété dans l'économie du roman : un puissant ressort dramatique

• L'amour-passion est générateur d'action, il enrichit et complique l'intrigue. Il entraîne des scènes clés : la rencontre, l'aveu, la trahison, l'infidélité, la rupture, la réconciliation [*exemples personnels*]. Les rivalités amoureuses sont source de conflit.

• L'histoire d'amour obéit nécessairement à une progression, avec des étapes qui donnent un fil conducteur au roman [*exemple personnels*].

• L'amour introduit de la variété dans l'intrigue mais aussi dans les personnages. Il existe en effet diverses formes d'amour (voir les exemples ci-dessus), donc différentes sortes de personnages : amour-désir avec les prostituées et les concubines [*exemples*] ; perpétuation de la famille et de ses valeurs avec l'épouse [*exemples*] ; plénitude de l'amour à égalité entre l'homme et la femme dans le cadre du mariage [*exemples*] ; plus tard, l'amour libre de toute contrainte sociale (qui « tient » par lui-même, purement sentimental et non régi par un pacte)…

• L'histoire d'amour introduit aussi une part de mystère dans le cours du roman, car c'est un sentiment inexplicable (pourquoi tombe-t-on amoureux ? penser au coup de foudre) et imprévisible (un amoureux a des réactions qu'il ne contrôle pas toujours) [*exemples*].

2. Du point de vue de la psychologie des personnages : un puissant révélateur

• L'amour est un sentiment universel. Tout lecteur peut se reconnaître dans le(s) personnage(s) amoureux.

• L'histoire de personnages amoureux donne accès au cœur humain. C'est le lieu privilégié de l'investigation psychologique. L'amour est source de nombreux autres sentiments : jalousie, admiration, bonheur, malheur (*Pierre et Jean*, de Maupassant) ; qui dit amour, dit souvent haine. L'histoire d'amour permet une large palette de sentiments corollaires.

• En ce sens, le roman est particulièrement apte à exploiter cet aspect car l'existence d'un narrateur permet l'incursion dans l'âme des personnages et fait mesurer l'effet de l'amour sur ces derniers : amour destructeur, amour qui grandit, amour qui permet de supporter les aléas de la vie… La focalisation interne permet de mesurer le retentissement de l'amour sur le comportement.

• La passion amoureuse est révélatrice des rapports qu'on entretient avec autrui : rapports hommes-femmes, rapports familiaux. Par exemple, dans l'amour vénal et l'amour infidèle : les sentiments humains et l'autre sont sans valeur, l'amour est une sorte de marchandise [*exemples*].

3. L'histoire d'amour révèle une société et traduit une vision du monde

• L'histoire d'amour révèle une société : les relations amoureuses sont au cœur de la société (ne serait-ce que pour sa survie). Autour de l'histoire d'amour dans le roman gravite tout un monde extérieur, des personnages qui réagissent à cet amour et le jugent. L'amour entraîne une interaction émotionnelle et révèle les personnages par la façon ils se comportent face à l'autre (l'aimé, le rival…) [*exemples*]. S'il est contrarié, par la société et par les mœurs, il en révèle les valeurs (*Le Rouge et le Noir*, de Stendhal).

• Autre exemple : *L'Éducation sentimentale*, de Flaubert. Frédéric Moreau est partagé entre une bourgeoise vertueuse, Mme Arnoux, avec laquelle il vit un amour idéal jamais consommé, et Rosanette, femme aux mœurs légères qui lui fait découvrir les plaisirs de l'amour sensuel. Créant une galerie de personnages autour des aventures amoureuses de Frédéric, Flaubert brosse une fresque de la société parisienne du milieu du XIXe siècle et révèle ainsi le vice sous le masque de la vertu.

• L'histoire d'amour traduit aussi une vision du monde. Être amoureux, dans le roman comme dans la vie, change la vision du monde et des autres, l'amour donne sa couleur au monde. Exemples : un amoureux heureux voit le monde « en rose » (début de *Manon Lescaut*, de l'abbé Prévost ; texte de Jules Sandeau dans le corpus). À l'inverse, un personnage amoureux malheureux voit tout « en noir » : « Un seul être vous manque et tout est dépeuplé » (Lamartine), l'univers semble insupportable et hostile (texte d'Aragon dans le corpus).

• Ainsi, le passage d'un amour heureux à un amour malheureux modifie la vision de l'homme et du monde (*La Princesse de Clèves*, de Mme de La Fayette). La peinture de la fidélité amoureuse suggère que les sentiments humains sont précieux, que l'autre est un égal à respecter. L'amour révèle des valeurs de vie.

II. Cependant, est-il *nécessaire* que les personnages tombent amoureux pour intéresser le lecteur ?

1. L'amour-passion n'est pas une recette infaillible. Précautions à prendre

Cependant, il ne suffit pas que les personnages romanesques « tombent amoureux » pour qu'un roman captive le lecteur. Le romancier ne peut y voir une recette infaillible, un ingrédient miracle. Il lui faut prendre des précautions.

• L'histoire d'amour ne doit pas envahir le roman, elle doit être menée avec de la finesse dans l'analyse. Ainsi, ce que l'on appelle les « romans à l'eau de rose » mettent en scène des personnages auxquels on ne croit pas, qui n'ont pas de profondeur, comme les héroïnes crédules et niaises ou le stéréotype du prince charmant qui s'expriment dans un style ampoulé et mièvre.

• Les romans à succès de Delly dans les années 1930, aux « ficelles » littéraires éprouvées mais simplistes, donnent une vision idéaliste de l'amour et du couple, à la limite de l'ingénuité. Ils présentent une fausse image de la vie et altèrent le goût des lecteurs. Ils sont à la « vraie » littérature ce que la restauration rapide est à la gastronomie !

2. D'autres types d'amour et d'autres sentiments peuvent susciter l'intérêt du lecteur

Par ailleurs, un personnage de roman peut susciter l'intérêt par d'autres formes d'amour que l'amour-passion. De nombreux romans sont construits autour d'un héros guidé par un amour qui n'est pas la passion amoureuse.

• L'amour d'autrui – amour maternel, paternel, filial – qui habite et conduit un personnage est un ressort dramatique puissant pour un roman, il peut captiver le lecteur et révéler une vision du monde (effets de l'amour du père Goriot pour ses filles).

• Il en va de même pour l'amour de la patrie, qui amène le personnage à se dépasser, à se sacrifier parfois, et révèle la primauté de la valeur de la solidarité [*exemples*]. Ainsi, à des moments où des enjeux plus graves que l'amour personnel prévalent – temps de guerre, d'épidémie… –, ce n'est plus l'amour qui occupe le devant de la scène mais d'autres mobiles ou aspects des personnages : le courage, la solidarité… [*exemples*].

• L'amour d'une idée (de la justice sociale dans *La Condition humaine,* de Malraux), ce qu'on appelle l'« idéal », l'amour de Dieu (*Le Journal d'un curé de campagne*, de Bernanos) sont aussi de puissants ressorts pour intéresser le lecteur.

• Enfin, certains personnages mus par l'amour de soi présentent un intérêt. Ces héros ambitieux (Rastignac chez Balzac, Bel-Ami chez Maupassant) nous intéressent autant par leur soif de pouvoir, leur goût pour le mal que par les éventuelles aventures amoureuses qui ne manquent pas du reste de leur arriver ou qu'ils suscitent à dessein pour satisfaire leur amour-propre ou arriver à leurs fins.

• Ces autres sentiments qui peuvent donner au personnage un intérêt tout aussi captivant que l'amour-passion, ont aussi un retentissement sur l'intrigue et donnent lieu au récit d'autres moments clés de la vie : naissance, mort, initiation au travail…

3. Des romans sans amour peuvent-ils susciter l'intérêt ?

Et quand il n'y a pas d'amour ? Les romans sans amour existent-ils ? Sont-ils pour autant plats et fades ?

• Certes, ils sont rares, mais ils n'en sont pas pour autant dénués d'intérêt ni surtout de sens. Ils révèlent en effet une conception du monde et de l'homme. Ainsi, chez Mauriac, pas de passion amoureuse dans *Thérèse Desqueyroux* – et encore moins dans *La Fin de la nuit* : le monde est un désert amoureux. Thérèse quitte tout et pourtant l'on suit avec intérêt et curiosité son parcours qui révèle une vision du monde.

• Camus, dans *L'Étranger*, met en scène un personnage qui n'aime rien, indifférent à tout. Mais il nous intéresse car il rend compte de l'angoisse de Camus devant l'étrangeté du monde : il montre que, pour l'écrivain, nous n'avons pas de prise sur le monde, que notre autonomie nous échappe. Le roman de Camus pose aussi la question du libre arbitre.

• Dans son roman *Monsieur Ouine* (1946), Bernanos invente un univers de personnages qui ne s'aiment pas (autour de l'histoire du meurtre d'un petit vacher), univers qui gravite autour de M. Ouine, correct professeur retraité, mais en fait maître des âmes, démon du village. Aucun amour dans ce roman qui justement donne une valeur symbolique à cette absence d'amour (à moins que ce ne soit l'amour du mal), révélateur du désespoir de Bernanos.

Ainsi, l'intérêt d'un personnage peut résider dans d'autres aspects : courage, vice et même… absence d'amour.

Conclusion

L'amour est essentiel dans presque toutes les œuvres qui comportent une histoire et des personnages (roman ou théâtre, cinéma…), parce que c'est une composante primordiale de la vie réelle. La façon de vivre l'amour révèle une vision de l'autre et du monde. Et la façon de le raconter tout autant. [Ouverture] Le Nouveau Roman a cru pouvoir se débarrasser de cette dimension, mais la production romanesque moderne ainsi que le cinéma, populaire ou non, font rarement l'économie du sentiment amoureux.

SUJET

12

Polynésie française • Septembre 2014

Le personnage de roman • 14 points

Personnages amoureux

Écriture d'invention

▶ **Imaginez la suite du texte A : poursuivez l'« entretien particulier » (ligne 35) qui se développe entre Mlle de Clermont et M. de Melun au sujet des lectures les plus utiles. Cet entretien leur permet aussi d'exprimer leur sentiment amoureux sans se l'avouer directement.**

Se reporter au document A du sujet n° 9.

LES CLÉS DU SUJET

Comprendre le sujet

- **Genre** : « suite du texte A » / « entretien » : extrait de roman qui comporte des paroles rapportées directement. Respectez le statut du narrateur, le temps des verbes et l'emploi des indices personnels.
- **Sujet/thème du texte** : explicitement : « les lectures les plus utiles » ; implicitement : le « sentiment amoureux ».
- **Type de texte** : les propos des deux personnages sont à teneur argumentative.
- **Situation d'énonciation / niveau de langue** : les mêmes que dans le texte du corpus.
- **Registre** suggéré par la consigne : identique à celui du texte.
- « **Définition** » du texte à produire, à partir de la consigne.

Extrait de roman essentiellement dialogué (*genre*), qui argumente sur (*type de texte*) les lectures utiles/frivoles (*thème*), émouvant, réaliste (*adjectifs*), pour définir ce qu'est une « lecture utile », pour faire sentir l'attirance des personnages (*but apparent/implicite des personnages*), pour rendre compte de leur gêne à exprimer leur amour (*but de l'auteur*).

Chercher des idées

Le fond, les arguments

• Mlle de Clermont plaide pour des lectures que le duc considère comme « frivole(s), inutiles », c'est-à-dire les romans et notamment les **romans d'amour**. Elle doit donc en montrer l'**utilité** : connaissance du cœur humain, qualité de l'expression…

• Le duc doit en montrer les **défauts** : longueur, inutilité, naïveté…

Les exemples

• Les personnages doivent appuyer leurs arguments sur un ou deux **exemples** de lectures « sérieuses » ou « frivoles » de l'époque.

• Attention : évitez les anachronismes ! Récapitulez vos références de romans d'amour (du XVIIe siècle), et d'œuvres argumentatives des Lumières antérieures à 1807 (Montesquieu par exemple).

Les moyens implicites d'expression de l'amour

• Les **réactions** : jeux des regards, expressions du visage, gestes furtifs…

• Les **paroles** : imitez la **façon dont s'expriment** les deux personnages dans le texte de Mme de Genlis (termes mélioratifs pour qualifier l'interlocuteur, images précieuses, périphrases un peu compliquées, vocabulaire affectif…).

▶ **Pour réussir l'écriture d'invention :** voir guide méthodologique.

▶ **Le roman :** voir mémento des notions.

CORRIGÉ 12

Nous vous proposons un extrait d'un devoir d'élève composé en temps limité.

Mlle de Clermont poussa son avantage pour ne pas laisser la conversation retomber après un si beau début : « Vous n'éprouverez donc plus guère de réserves et daignerez vous justifier auprès de moi de votre aversion pour les lectures frivoles. Je pense vous avoir fait assez d'ouverture, pour que vous voyiez que vous pouvez être parfaitement franc avec moi ; car j'ai forcé notre cercle à changer de lecture sans aucun égard pour la compagnie, et seulement parce que cela vous plaisait.

> **Observez**
> Si vous devez composer la suite d'un texte, respectez les circonstances, le registre, le niveau de langue et le « style » du texte de base (ici, les personnages en présence et leur caractère).

– Je suis à votre entière disposition, Mademoiselle, répondit chaleureusement M. de Melun. Je n'ai que trop conscience de votre bonté envers moi et aurais fort mauvaise grâce à ne pas vous obéir. Posez-moi donc toutes les questions qu'il vous plaira, et je vous dirai tout uniment mon sentiment. Vous verrez que vous complaire sera mon seul but. »

L'hommage de M. de Melun fit rosir Mlle de Clermont avec une grâce infinie. Elle s'empressa de poursuivre l'entretien, consciente qu'après le souper, ils n'auraient guère l'occasion de le faire, observés et sollicités qu'ils seraient de toutes parts : « Pourquoi avez-vous tant d'aversion, Monsieur, pour les lectures légères ? Ne sont-elles pas infiniment plaisantes ?

– Elles le sont, en vérité, Mademoiselle. Croyez-moi, ce n'est pas tant leur frivolité que je décrie, que la perte de temps qu'elles impliquent que je déplore. Serions-nous immortels, je ne blâmerais aucunement la lecture d'un ouvrage futile : car nous aurions l'éternité devant nous pour nous instruire...

– Mais hélas, compléta Mlle de Clermont, nous ne sommes pas éternels. *Memento mori* !

– Sans doute ! Les secondes s'égrènent, les minutes filent... L'homme est fait pour progresser : comment le faire en lisant des ouvrages creux et sans intérêt ? C'est se complaire dans la médiocrité, voire la niaiserie. J'eusse été fort malheureux de devoir supporter des heures de lecture du *Grand Cyrus* de Mlle de Scudéry ...

> **Info**
> *Memento mori* est une formule latine signifiant : « Souviens-toi que tu dois mourir. »

– Permettez-moi d'être franche à mon tour, l'interrompit vivement Mlle de Clermont. Vous voici de mauvaise foi ! Ce roman-fleuve a certes quelque chose d'excessif et de vain dans ses histoires d'amour rocambolesques. Mais n'apprend-on réellement rien en le lisant ? Ne peut-on y voir aussi une belle étude de la nature humaine ? Romancée, je n'en disconviens point ; mais je ne serais pas aussi sévère que vous. *Le Grand Cyrus* nous montre des caractères très riches et très vivants : ce n'est pas parce qu'il s'agit d'un roman que sa lecture en est tout à fait vaine, et ses défauts n'éclipsent pas ses qualités. On y apprend beaucoup sur l'amour...

– Je bats donc ma coulpe, Mademoiselle, sourit le duc. Me voilà pris en faute, car vous avez raison : les romans peuvent nous instruire et nous présenter le miroir de notre nature humaine. Mais mon exemple était mal choisi ; car vous conviendrez que bien d'autres ouvrages dont on voit se multiplier les lectures dans nos salons ne peuvent prétendre aux qualités du *Grand Cyrus* et de *L'Astrée*.

> **Notez bien**
> *L'Astrée* d'Honoré d'Urfé est un roman-fleuve pastoral, très en vogue des années 1607 à 1627. *Le Grand Cyrus* est un roman héroïque des années 1640-1660, qui raconte les exploits épiques de héros historiques poussés par l'amour. Les références littéraires donnent de l'efficacité à une écriture d'invention et témoignent de vos connaissances en littérature.

– Je vous le concède, répartit Mlle de Clermont. Mais voyons un peu ce qu'est, exactement, pour vous, une lecture utile. Car vous usez du mot sans l'avoir préalablement défini, M. de Melun ! »

M. de Melun lui jeta un regard indéchiffrable. Puis il reprit son souffle : « Voyez-vous, Mademoiselle, pour moi, une lecture est utile lorsqu'on en sort changé. Comme après une conversation avec une personne qui nous est chère, à qui on vient de livrer son âme tout entière. On commence une lecture dans une disposition particulière, on vient y chercher un avis, un témoignage, une réponse ; et on le quitte l'esprit plein de nouvelles considérations auxquelles on n'aurait jamais pensé seul. J'ai fait cette expérience avec le traité de M. de Montesquieu, *L'Esprit des lois*…

> **Observez**
> La suite de texte reprend des éléments du texte de base. Ici, le thème du regard, très présent dans le texte de Mme de Genlis (texte A, l. 2, 3, 23, 27, 41).

– Mais alors le livre risque de penser à notre place !

– Non pas, Mademoiselle, répliqua M. de Melun en souriant. Vous voulez me donner le change, et me tendez un piège auquel vous ne croyez pas vous-même !

– Il est vrai, admit Mlle de Clermont en lui rendant son sourire. Car j'ai fort bien saisi ce que vous vouliez dire : on quitte son livre l'esprit rempli de pensées nouvelles, mais il convient de rentrer en soi-même après la lecture et de prendre du recul pour ajuster son propre jugement. Ai-je mal traduit votre pensée ?

– Je n'aurais pu mieux l'exprimer moi-même, répondit galamment M. de Melun. Vous êtes donc satisfaite de ma définition ? »

Mlle de Clermont plongea son regard dans le sien et prit quelques instants avant de lui répondre : « En vérité, M. de Melun, il me semble que je le suis. Mais me laisserez-vous prendre du recul sur notre conversation, comme sur un livre utile, pour ajuster mon jugement ?

– Ah, mais notre conversation, je l'espère, n'aura pas été seulement utile ? demanda M. de Melun, légèrement déçu.

– Assurément non, le rassura vivement Mlle de Clermont. Elle l'a été, certainement ; mais justement, vous n'êtes pas sans savoir que, pour les personnes bien nées, l'utilité fait aussi le plaisir. Ainsi ai-je eu un plaisir infini à converser avec vous et j'espère avoir avec vous d'autres occasions comme celle-ci ! Que de beaux livres pourrions-nous faire de nos conversations… »

M. de Melun, l'air transporté, allait répondre, mais il s'aperçut que, le souper touchant à sa fin, le ton des conversations s'était apaisé alentour. Il ne put donc qu'adresser un regard pénétrant à Mlle de Clermont qui, en se levant de table, s'appuya plus que nécessaire sur son bras avant de sortir de la salle, parfaitement consciente que le duc la suivait des yeux.

SUJET 13

France métropolitaine • Septembre 2014

Le texte théâtral et sa représentation • 6 points

Théâtre et passion

Questions

Documents

A – **Jean Racine**, *Bajazet,* acte IV, scène 4, 1672.
B – **Max Rouquette**, *Médée*, scène 5, 1992.
C – **Laurent Gaudé**, *Salina*, « Le sang des femmes », « – 8. Le récit de Salina – », 2003.

▸ 1. Quelle(s) fonction(s) remplit chacun des monologues ? Justifiez votre réponse. (*3 points*)

▸ 2. Quels sont les sentiments éprouvés par les trois personnages et comment sont-ils mis en évidence dans chacun de ces textes ? (*3 points*)

Après avoir répondu à ces questions, les candidats devront traiter au choix un des trois sujets n°s 14, 15 ou 16.

DOCUMENT A

Pour obtenir le trône de Byzance, le prince Bazajet fait croire à Roxane, favorite du sultan Amurat, qu'il partage sa passion alors qu'il est secrètement amoureux d'Atalide. Or, Roxane découvre ce mensonge et décide de se venger des deux amants.

Acte IV, scène 4

ROXANE, *seule.*

Ma rivale à mes yeux s'est enfin déclarée.
Voilà sur quelle foi je m'étais assurée.
Depuis six mois entiers j'ai cru que nuit et jour
Ardente elle veillait au soin de mon amour.
Et c'est moi qui du sien ministre[1] trop fidèle
Semble depuis six mois ne veiller que pour elle,
Qui me suis appliquée à chercher les moyens

De lui faciliter tant d'heureux entretiens,
Et qui même souvent prévenant son envie
Ai hâté les moments les plus doux de sa vie.
Ce n'est pas tout. Il faut maintenant m'éclaircir,
Si dans sa perfidie[2] elle a su réussir.
Il faut… Mais que pourrais-je apprendre davantage ?
Mon malheur n'est-il pas écrit sur son visage ?
Vois-je pas au travers de son saisissement[3],
Un cœur dans ses douleurs content de son amant ?
Exempte des soupçons dont je suis tourmentée,
Ce n'est que pour ses jours qu'elle est épouvantée.
N'importe. Poursuivons. Elle peut comme moi
Sur des gages trompeurs[4] s'assurer de sa foi[5].
Pour le faire expliquer tendons-lui quelque piège.
Mais quel indigne emploi moi-même m'imposé-je[6] ?
Quoi donc ! à me gêner[7] appliquant mes esprits
J'irai faire à mes yeux éclater ses mépris ?
Lui-même il peut prévoir et tromper mon adresse.
D'ailleurs l'ordre, l'esclave, et le vizir me presse[8].
Il faut prendre parti, l'on m'attend. Faisons mieux,
Sur tout ce que j'ai vu fermons plutôt les yeux.
Laissons de leur amour la recherche importune[9].
Poussons à bout l'ingrat, et tentons la fortune[10].
Voyons, si par mes soins sur le trône élevé,
Il osera trahir l'amour qui l'a sauvé.
Et si de mes bienfaits lâchement libérale[11]
Sa main en osera couronner ma rivale.
Je saurai bien toujours retrouver le moment
De punir, s'il le faut, la rivale, et l'amant.
Dans ma juste fureur[12] observant le perfide
Je saurai le surprendre avec son Atalide.
Et d'un même poignard les unissant tous deux,
Les percer l'un et l'autre, et moi-même après eux.
Voilà, n'en doutons point, le parti qu'il faut prendre,
Je veux tout ignorer.

Jean Racine, *Bajazet,* acte IV, scène 4, 1672.

---

1. Ambassadeur, émissaire. 2. Trahison. 3. Bouleversement, stupeur. 4. Preuves mensongères. 5. Promesse de fidélité et d'engagement. 6. Comprendre : « suis-je en train de m'imposer ». 7. Me mettre au supplice. 8. Accord verbal de proximité, à la place de « L'ordre, l'esclave et le vizir me pressent ». 9. Incommode, déplacée. 10. Le sort, le hasard. 11. Qui donne avec largesse et générosité. 12. Colère intense et démesurée qui vire à la folie.

LE THÉÂTRE

DOCUMENT B

Médée a trahi son père, a tué son propre frère pour aider Jason, l'homme qu'elle aime, à s'emparer de la Toison d'or. Depuis, elle erre avec lui et leurs deux enfants jusqu'à ce que, lassé d'elle, il décide d'épouser la princesse Créuse, fille de Créon, roi de Corinthe. Ce dernier condamne Médée à l'exil.

Scène 5

MÉDÉE. – Ainsi se referme le piège. J'ai trompé un Roi[1] pour avoir un mâle. J'ai fui la maison paternelle. J'ai tué mon frère. J'ai laissé ma patrie pour la terre sans bornes et la liberté sans clé. Les gens ne le pardonnent pas. Peut-être attendais-tu le pardon, Médée ? Tout ce que j'ai trompé, tout ce que j'ai abandonné, se retourne, vipère furieuse, pour sa revanche. Pour me prendre mon mâle, un autre roi[2] se lève. Une fille, semblable à la jeune Médée, vient au-devant de l'homme et le prend au filet de sa toison d'or. Ainsi mon temps s'achève. Ainsi se coucherait mon astre, parce qu'un autre soleil me pousserait dans les ténèbres… Oh, comment se peut-il que je me sente comme apaisée ? Jusqu'à maintenant, je doutais, j'allais de l'espoir à la faiblesse. Maintenant c'est fini. Je me sais abandonnée. Ma force naît de cette paix.

Mer de plomb unie par son poids, qui n'est que poids et qui se tait, sans mouvement, par-dessus tout cela qui s'agite dans la plaine, et que d'un seul coup, elle balaiera. Et l'autre, la vierge[3] stupide, qui croit que le héros lui est dû, et que, douce et tremblante, la Médée se contentera de s'éloigner, comme une gitane rejetée au bord du chemin. Mon chemin, mon vieux chemin de sang et de larmes, je suis encore capable de l'ouvrir à nouveau, avec tout l'élan d'un vaisseau qui laboure les champs de la mer.

Médée, après un temps d'observation du côté de la ville, se tourne doucement et repasse derrière la couverture[4].

[…]

Max Rouquette, *Médée*, scène 5, 1992.

---

1. Il s'agit du roi Éétès, son père.
2. Il s'agit de Créon, roi de Corinthe, père de Créuse.
3. Elle parle de la jeune princesse Créuse.
4. Dans la didascalie initiale on trouve cette précision sur le décor : « *Sur un côté et en oblique, une corde tendue où on a mis à sécher une grande couverture rouge, qui cache une bonne partie de la scène. Ce fil, avec sa couverture rouge, peut être, si l'on veut, tout le décor.* »

DOCUMENT C

Salina, une jeune fille, est forcée de s'unir à Saro Djimba, un homme qu'elle déteste et dont elle aime le frère cadet. C'est le soir de son mariage.

[…]
C'est lorsque tout le monde avait pris sa place au banquet de mes noces que la nouvelle éclata.
Les barbares fondaient sur nous.
Ils étaient à nos portes.
Nous entendions déjà le martèlement des sabots.
C'était un immense galop de rage relayé par mille clameurs guerrières.
Ils étaient là.
Je souriais sous mes voiles.
En une minute, tous les hommes quittèrent le banquet.
Ils étaient tous en armes sous leurs habits d'apparat.
En une minute, ce fut la guerre et le feu.
Les femmes, comme un essaim de mouches, se collèrent à moi et m'emmenèrent à l'abri.
Elles chantaient pour tenter de couvrir le bruit des combats.
Mais rien n'y faisait.
J'entendais, moi, les cris que l'on poussait dehors.
Je sentais l'odeur des incendies qui s'allumaient çà et là et embrasaient nos maisons.
Je sentais la poudre et j'entendais les détonations.
Les barbares étaient sur nous
Et je priais pour que leurs armes soient bien aiguisées,
Que leurs balles trouvent sans peine leur cible.
Je priais pour qu'ils soient plus nombreux et plus agiles que nos guerriers.
Je voulais qu'ils se concentrent tous sur un seul homme.
Je voulais sortir et leur crier en montrant Saro du doigt :
« C'est celui-là, celui-là seul qu'il faut tuer ! »
Les femmes étaient là qui m'entouraient et me pressaient de mille murmures attentionnés.
Je ne pus me contenir.
J'éclatai de rire.
Et durant tout le temps que dura la bataille, je ris aux éclats sans parvenir à m'arrêter.
Elles tentèrent de me calmer.
Je continuais à rire.

Je pensais que je serais peut-être veuve ce soir.
Mariée et libérée la même nuit.
Veuve et vierge,
Épouse intacte.
C'était là le plus beau mariage dont je pouvais rêver.
J'allais être une Djimba sans être à Saro.
Je ne cessai de penser à ce qui arriverait si Saro mourait.
La famille me donnerait pour époux le frère cadet
Comme cela est l'usage.
Il suffisait d'un coup, d'un seul, pour me libérer.
Un cheval qui piétine Saro dans la mêlée,
Une balle qui le fauche,
Une lance qui l'éventre,
Il suffisait d'une pierre qui le fasse déraper au moment du combat
Pour que mon malheur se change en douceur.
Je riais pour implorer le sort.
Mais il fut sourd à ma voix.
Les barbares furent repoussés.
Les hommes revinrent au banquet,
Titubant d'alcool et de frayeur.
Je ne reconnus pas Saro.
Il avait le visage couvert de sang.
Il se figea devant moi et me sourit.
[…]

Laurent Gaudé, *Salina*, « Le sang des femmes »,
« – 8. Le récit de Salina – », 2003.

LES CLÉS DU SUJET

■ Question 1

- « fonctions » signifie « **rôles** », « **utilité** ». Vous devez dire à quoi servent ces monologues.
- Le **point de vue** à adopter est à la fois celui de l'auteur, du spectateur, et peut-être du personnage qui parle.
- L'**intérêt** de ces monologues : informatif ? psychologique ? dramatique ?
- Observez le **paratexte** pour situer les monologues dans l'intrigue et pour bien en comprendre les enjeux.

■ Question 2

- **Nommez les sentiments.**
- Servez-vous des pistes du commentaire et du sujet de dissertation.
- Mais surtout identifiez les **moyens** (les **faits d'écriture**) mis en œuvre pour rendre compte de ces sentiments.
- Encadrez votre réponse d'une **introduction** et d'une brève **conclusion.**
- Accompagnez chaque remarque d'**exemples précis** tirés des différents textes.

▶ **Pour réussir les questions :** voir guide méthodologique.
▶ **Le théâtre :** voir lexique des notions.

CORRIGÉ 13

Les titres en couleur et les indications entre crochets servent à guider la lecture mais ne doivent pas figurer sur la copie.

▶ Question 1

Introduction

[Problématique et présentation du corpus] Le monologue est une convention théâtrale qui assure des fonctions diverses. Ainsi, au XVIIe siècle, dans *Bazajet*, de Racine, Roxane, favorite du sultan, s'interroge sur la trahison du prince Bazajet ; trois siècles plus tard, Max Rouquette dans sa réécriture de *Médée* prête à son héroïne un monologue ; Salina, l'héroïne de Laurent Gaudé, vient faire au début de la pièce un long récit du soir de son mariage.

Observez
Au début de la réponse présentez le corpus en le reliant à la question et en évitant les listes.

1. Le rôle informatif du monologue quant à l'action

- En début de pièce, le monologue peut avoir un rôle d'exposition : ainsi, Salina, comme dans une scène d'exposition, fait resurgir le passé dans le récit du soir de son mariage.

- Le personnage peut aussi raconter des événements qui se sont déroulés « hors scène » ou rappeler certains faits déjà connus du public. Roxane revient sur ses illusions et ses erreurs durant « six mois entiers », Médée sur ses divers crimes et les malheurs qui ont jalonné son « vieux chemin de sang et de larmes ». Les trois héroïnes retracent le passé. Le monologue est alors une source d'information mais aussi l'occasion d'un bilan.

2. Une projection dans l'avenir, une anticipation

• Le monologue, en suspendant l'action, fait un arrêt sur le présent, comme en témoignent l'adverbe « maintenant » (« Il faut maintenant... », dit Roxane ; « maintenant c'est fini », constate Médée) et l'usage du présent (« quel emploi [...] m'imposé-je ? » ; « ma force naît... »).

• Le monologue marque alors un moment crucial de délibération qui met en relief les enjeux de l'intrigue : Roxane se demande s'il faut « tendre quelque piège » ou attendre encore pour se venger ; Médée hésite entre « espoir » et « faiblesse ». De cette délibération va naître une décision.

3. La peinture des personnages et la création d'un registre

• Ce moment de délibération est l'occasion pour l'héroïne de libérer ses sentiments, de permettre l'expression lyrique de sa douleur.

• Par là, elles dévoilent leur personnalité. Roxane et Médée, amoureuses, révèlent leur jalousie vengeresse (Roxane, dans sa « fureur », veut « punir » sa « rivale » et son « amant » ; Médée qualifie sa rivale de « vierge stupide » ; Salina crie « C'est celui-là [...] qu'il faut tuer »). Le monologue permet de comprendre les mobiles et les mouvements affectifs que les personnages ne peuvent dévoiler face aux autres personnages.

4. Une fonction de dénonciation

Le monologue peut avoir une fonction dénonciatrice implicite.

• Le récit de Salina est un témoignage sur son propre « malheur », mais aussi sur les mariages forcés, le cri de révolte de toutes les femmes opprimées contre le poids de la « famille ». Par son récit et son rire, elle traduit son violent désir d'être « libérée ».

• Derrière les paroles de Médée, l'auteur stigmatise l'exclusion de l'étrangère, de « la gitane rejetée », contrainte à l'exil hors de la « ville ».

▶ Question 2 [sous forme de plan]

Introduction

[Problématique] Quels sont les sentiments qu'expriment les trois héroïnes dans leur monologue ?

1. Un amour passionné

Roxane et Médée sont des amoureuses passionnées.

• Amour sensuel, charnel, presque sauvage chez Médée (expressions crues : « [mon] mâle » ; « une fille », « l'homme », la « vierge »).

• Chez Roxane : deux fois le mot « amour » (v. 4 et 29).

2. L'espoir, la déception, la désillusion et la douleur

Les trois femmes se sentent trahies dans leur amour et expriment leur déception, leur désillusion et la douleur extrême qu'elles leur causent.

• Roxane : long retour sur son erreur (« Et c'est moi qui… », v. 5-10), mots forts (« saisissement », « tourmentée », « épouvantée » à la rime), rythme ample (v. 5-10) ou au contraire heurté (v. 13, 27, 41) des vers.

• Médée : métaphores saisissantes (« vipère furieuse », « chemin de sang et de larmes » l. 6 et 19).

• Salina exprime aussi sa forte déception par l'expression lyrique du « rêve » d'un autre mariage (v. 29-43) qui contraste avec la réalité (« Mais il fut sourd à ma voix », v. 46).

3. La jalousie, le mépris et la haine

• Roxane et Médée : à la suite de cette trahison, l'amour se transforme en haine pour l'être aimé et en jalousie pour leur rivale : mots violents et péjoratifs (Roxane : « rivale » « perfidie », « perfide », « *son* Atalide », « ingrat » ; Médée : « l'autre, vierge stupide »).

• Salina n'exprime pas de jalousie, mais sa haine est féroce, presque hystérique qui prend la forme de la jouissance (motif du rire) que lui procure le tableau imaginaire des blessures et de la mort possibles de Saro (mots très crus : « mourait, coup, piétine, éventre » ; mention des armes : « balle, lance, pierre ») ; anaphores (je voulais/je voulais », je priais/je priais »).

4. Un désir de vengeance

Leur désir de vengeance s'exprime diversement.

• Roxane, affolée par l'urgence de la situation, en « fureur », veut aussi « punir », prendre une décision (répétition de « il faut », nombreux impératifs), mais elle se débat et lutte (nombreuses questions) et finit par reporter sa vengeance.

• Médée, elle, se rebiffe avec « force » et détermination : interrogations d'indignation (« Ainsi se coucherait mon astre ? », l. 9), phrases brèves (« Maintenant, c'est fini », l. 12), futurs qui marquent sa résolution, métaphores épiques. Mais elle reste froidement lucide (« Ma force naît de cette paix », l. 13).

• Salina revit avec intensité son amertume de ce soir-là devant la destruction de son rêve. Elle ne se projette pas encore dans le futur, tout à sa stupéfaction de voir Saro vivant (modes verbaux en contraste : conditionnel/indicatif).

Conclusion

Ces trois héroïnes expriment des passions extrêmes, hors du commun, rendues par des faits d'écriture divers.

SUJET **14**

France métropolitaine • Septembre 2014
Le texte théâtral et sa représentation • 14 points

Théâtre et passion

Commentaire

▸ Vous ferez le commentaire du texte B (Max Rouquette), en vous aidant du parcours de lecture suivant :
a) Comment ce monologue dresse-t-il le portrait d'une héroïne qui se sent trahie ?
b) Comment le désir de vengeance de l'héroïne est-il exprimé et mis en scène ?

Se reporter au document B du sujet n° 13.

LES CLÉS DU SUJET

Trouver les idées directrices

• Appuyez-vous sur les pistes données dans le sujet.
Les **mots essentiels** sont : *portrait / trahie ; désir de vengeance.*

• Faites la « **définition** » du texte pour trouver les axes (idées directrices).

Monologue de théâtre de Médée (*genre*) qui raconte (*type de texte*) son passé (*thème*), qui rend compte de (*type de texte*) ses sentiments (*thème*), lyrique (*registre*), violent et calme à la fois, poétique (*adjectifs*), pour exprimer sa souffrance, sa détermination (*buts de Médée*), compléter son portrait, pour créer le tragique (*buts de Max Rouquette*).

Pistes de recherche

Première piste : une héroïne amoureuse, trahie et pathétique

• Analysez le **mouvement du monologue** : quelles informations son début donne-t-il ? Pourquoi font-elles comprendre que Médée se sent trahie ?

• Comment Médée montre-t-elle qu'elle a été injustement humiliée ?

• Par **quels moyens** Max Rouquette rend-il compte de la souffrance, du mépris de Médée ? Analysez le portrait qu'elle dresse de ses « ennemis ».

Deuxième piste : un violent désir de vengeance

- Qu'est-ce qui déclenche le désir de vengeance de Médée ?
- Par **quels moyens** l'auteur rend-il compte de l'apaisement de l'héroïne et de sa détermination ?
- Analysez d'où vient la violence de Médée.
- En quoi Médée est-elle une **héroïne épique** ? Étudiez notamment les images auxquelles elle recourt.

▶ **Pour réussir le commentaire :** voir guide méthodologique.
▶ **Le théâtre :** voir lexique des notions.

CORRIGÉ 14

Les titres en couleur et les indications entre crochets servent à guider la lecture mais ne doivent pas figurer sur la copie.

Introduction

[Amorce] Les dramaturges du XXe siècle (Anouilh, Giraudoux, Camus…) ont souvent trouvé leur inspiration dans les mythes antiques qu'ils ont adaptés au monde moderne. Max Rouquette, en 1992, réécrit pour la scène l'histoire de Médée, la princesse magicienne qui aida Jason à s'emparer de la Toison d'or. [Présentation du texte] Trahie par celui qu'elle a sauvé et qui l'a abandonnée pour un nouvel amour, Médée, exilée, pleine d'amertume, médite sur son « vieux chemin de sang et de larmes » et sur sa vengeance. [Problématique] Les principales fonctions de ce monologue sont de dévoiler les sentiments intimes de Médée. [Annonce des axes] Elle y exhale sa douleur et suscite la pitié [I]. Mais, véritable héroïne épique et tragique à la fois, elle révèle aussi sa détermination à se venger [II].

I. Une héroïne amoureuse, trahie et pathétique

C'est une héroïne blessée dans son amour et déçue dans son « espoir » qui s'exprime.

1. Le retour sur un « chemin de sang et de larmes »

• Le premier mouvement du monologue est un rappel du passé qui retrace les divers crimes et violences qu'elle a commis. Dans une succession de phrases brèves, sans ornements, elle rappelle les faits avec des termes péjoratifs, violents, au passé composé, comme pour mieux montrer la permanence dans son présent de ces souvenirs affreux : « j'ai trompé [deux fois], j'ai fui, j'ai tué, j'ai laissé, j'ai abandonné... ».

• Mais elle donne une explication, sinon une justification, de ses crimes : elle a été poussée par une passion qu'elle exprime de façon très directe, sensuelle, presque sauvage, « pour avoir un mâle » ; elle a aussi obéi à un fort désir de « liberté » – qu'elle qualifie métaphoriquement de « sans clé » – par rapport aux divers obstacles, notamment celui de la famille (son père le « Roi », la « maison paternelle », la « patrie », « [s]on frère »).

• Elle souligne par là l'importance des sacrifices qu'elle a dû faire par amour : elle est devenue un monstre.

2. Le récit dramatique d'une humiliation injuste

• Après une réflexion générale tragique par son ton assertif qui enlève tout espoir (« les gens ne le pardonnent pas ») et une question rhétorique qu'elle se pose à elle-même à la 2ᵉ personne, comme par un dédoublement (« peut-être attendais-tu le pardon, Médée ? »), sans autre transition, elle récapitule les étapes de l'humiliation passée qu'elle a subie, mais elle le fait au présent, comme si elle le vivait encore (« une fille vient au-devant de l'homme... »).

• Ce rappel la mène jusqu'à son « maintenant » : « mon temps s'achève » est au présent d'énonciation et non plus de narration. La constatation, amère et poignante, marque sa lucidité, soulignée par le verbe de certitude : « je me *sais* [abandonnée] » et l'expression tragique : « Maintenant c'est fini. »

• La cruauté de cette trahison est soulignée par la mise en évidence des similitudes entre Médée elle-même et la « fille » qui lui a volé Jason : elle est, elle aussi, fille d'un « roi », « vierge » ; c'est elle qui, comme Médée, fait les premiers pas ; la métaphore du « filet de sa toison d'or » (sa chevelure) rappelle étrangement le trésor que Jason a conquis grâce à Médée. Par la double métaphore de « l'astre », qui représente Médée, et de « l'autre soleil », qui désigne Créuse, les deux femmes sont assimilées à des éléments cosmiques. L'abandon de Jason n'en apparaît que plus injustifié : cette « fille » est « semblable à la jeune Médée ». Qu'a-t-elle de plus sinon sa jeunesse ?

3. L'expression de la douleur et du mépris

• La souffrance pathétique causée par cette trahison a été annoncée par deux métaphores : celle du « piège » tragique qui « se referme », suggérant la blessure d'un animal, et la métaphore suggestive, animale également, de la « vipère furieuse ». Elle est aussi soulignée par la reprise du verbe « abandonnée », mais cette fois appliqué à Médée (« J'ai abandonné » / « je me sais abandonnée »). Médée, sur laquelle pèse un destin implacable, suscite alors la pitié chez le spectateur.

• Au fil du monologue, la douleur se transforme en mépris : si elle se nomme elle-même à deux reprises, au point de se dédoubler, elle ne nomme pas ses « ennemis » ; elle les laisse dans l'anonymat (« *un* Roi, *un* mâle, *un* autre roi, *une* fille, *un* autre soleil » ou, pire encore, « Tout ce que… tout cela »). Si elle les désigne, elle recourt à des termes péjoratifs (« [vierge] stupide »).

II. Un violent désir de vengeance : une héroïne tragique

1. L'humiliation comme moteur du désir de vengeance

• Les conditionnels « ainsi se coucherait », « me pousserait » révèlent le refus indigné de Médée devant toute soumission. Et l'exclamation « Oh », suivie de la question « comment se peut-il […] ? », marque son étonnement devant la rapidité de sa décision du « chemin » à prendre.

• C'est l'humiliation qui agit comme ressort de ce désir et lui fait refuser de « s'éloigner » en silence. En effet, elle, fille de « Roi », ne supporte pas d'être traitée « comme une gitane rejetée au bord du chemin », comme une victime « douce et tremblante », pleine de « faiblesse » ; elle ne supporte pas le mépris de l'article défini « la » qu'accole dédaigneusement sa rivale à son nom de princesse « Médée ».

2. La paix et la détermination : Médée assume et choisit son « chemin »

Ainsi, toute « faiblesse » est rejetée dans le passé par l'imparfait (« je doutais ») : désormais Médée trace son propre futur avec calme et détermination.

• Sa tranquillité après la tempête délibérative se marque par le vocabulaire de la sérénité (« apaisée », paix ») et la mention répétée du « poids », du « plomb » – métal solide et dur –, par l'absence de « mouvement » et de paroles (« qui se tait »). Son attitude « *d'observation du côté de la ville* » sonne comme un défi.

• Le passage au futur de certitude « balaiera », le nom « force » et la didascalie qui précise le mouvement de Médée (« *[elle] se tourne doucement et repasse derrière la couverture* ») pour détourner son regard de la ville comme pour la rejeter dans le néant marquent la fermeté de sa décision.

3. Vengeance et violence d'une héroïne épique

• Néanmoins, ce calme cache mal la violence de la vengeance méditée. Le discours de Médée prend à la fin des accents épiques qui font d'elle une vraie héroïne. Les phrases prennent de l'ampleur, rebondissent sur des répétitions éloquentes (« au bord du chemin. Mon chemin, mon vieux chemin ») qui créent l'amplification.

• Médée recourt à un faisceau de diverses métaphores qui s'entrecroisent et s'emboîtent, le plus souvent relatives aux forces naturelles, cosmiques et

LE THÉÂTRE

marines : Médée était un « astre » face à un « nouveau soleil », puis sa force devient une « mer de plomb » en furie (« balaiera ») ; elle revient enfin à « son « vieux chemin » – métaphore du destin accepté : la boucle est fermée –, car elle se transforme en un vaisseau qui soumet les éléments, la « mer » même, qu'elle « laboure » (terme violent), elle qui a traversé les mers pour suivre Jason. Métaphore double : la mer est elle-même transformée en « champs » et Médée en laboureur. La langue « terrienne » de Médée prend des accents poétiques et épiques. Langage de l'imaginaire, qui exclut toute raison.

• Face à cette force invincible, Médée évoque, en contraste, le tableau de la ville en contrebas, dans la « plaine », avec son agitation stérile, qu'on imagine déjà « balayée » « d'un seul coup », dans une vision apocalyptique sur le fond rouge « sang » de la couverture qui divise la scène. C'est le tableau prophétique d'un combat épique, brutal et soudain (« d'un seul coup »), qui se répercute dans tout l'univers.

Conseil
Lorsque vous citez une expression du texte, qualifiez-la, caractérisez-la en précisant le procédé de style utilisé et commentez-la (principe ICQ, voir guide méthodologique).

• À travers son monologue, Médée s'est démultipliée (elle passe du « je » au « tu », puis à la 3e personne : « la Médée ») ; en véritable héroïne, elle prend son sort en main et réaffirme sa toute-puissance (« je suis encore capable de l'ouvrir à nouveau ») ; à ces « gens » qui ne pardonnaient pas, Médée ne pardonne pas non plus : la vengeance appelle la vengeance.

• Après ce déchaînement, la didascalie finale souligne la majesté de Médée : elle « *repasse derrière la couverture* », comme une reine de théâtre quitte la scène, majestueuse et déterminée.

Conclusion

La Médée de Max Rouquette s'inscrit dans la longue lignée de celles qui l'ont précédée, à la fois victimes et criminelles, monstres féminins capables de sacrifier leurs enfants pour se venger. Mais Max Rouquette en donne sa propre vision, qu'il modernise, notamment en en faisant une « canaque » : ainsi, dans son monologue, elle apparaît, plus que comme une criminelle, comme une femme blessée et révoltée qui, héroïquement, « se dresse » et prend en main son destin, [ouverture] au point que Jean-Louis Martinelli, dans sa mise en scène au Théâtre des Amandiers en 2003, en fait une « figure de rébellion face à l'état du monde, l'image de la femme africaine ». Le mythe s'étend alors dans le temps mais aussi dans l'espace, d'une culture à l'autre.

SUJET

15

France métropolitaine • Septembre 2014
Le texte théâtral et sa représentation • 14 points

Théâtre et passion

Dissertation

▸ **Le théâtre se prête-il particulièrement à la représentation des passions extrêmes et hors du commun ?**

Vous appuierez votre développement sur les textes du corpus et les textes étudiés pendant l'année, ainsi que sur vos lectures personnelles.

Les textes du corpus sont reproduits dans le sujet n° 13.

LES CLÉS DU SUJET

Comprendre le sujet

- « se prêter à » signifie « être adapté à », « être efficace pour ».
- « extrêmes » signifie « très intenses, exceptionnelles, extraordinaires ».
- Le **présupposé** du sujet est : « Le théâtre est efficace pour représenter les passions hors du commun. »
- La forme interrogative de la consigne permet une **discussion.**
- La **problématique** peut être reformulée ainsi : « Le théâtre est-il efficace pour représenter les passions exceptionnelles ? »

Chercher des idées

- **Scindez cette problématique en plusieurs sous-questions** : « ***Pourquoi** le théâtre permet-il de représenter des passions très fortes ?* » ; « ***Par quels moyens** les représente-t-il ?* » ; en élargissant : « *Le théâtre n'a-t-il pas d'autres fonctions ? Existe-t-il un théâtre qui ne mettrait pas en jeu des passions ?* »
- « **particulièrement** » suggère que l'on peut faire une brève comparaison avec les autres genres, ce qui implique les questions : « ***En quoi** le théâtre est-il plus efficace pour cela que les autres genres ?* » ; « ***En quoi d'autres genres** sont-ils aussi propres à représenter les passions extrêmes ?* »

• Faites-vous **une liste** de pièces dont les personnages sont « hors du commun », soumis à des passions : identifiez ces passions.
• Identifiez pour chaque exemple : la nature de la passion, ses manifestations, les moyens utilisés pour en faire sentir l'intensité.
• Comme vous aurez à faire souvent référence à la notion d'« extrême » constituez-vous une **réserve de mots** : *excessif*, *immodéré*, *exceptionnel*, *extraordinaire*, *exagéré/exagération*, *dépasser la norme*…

▶ **Pour réussir la dissertation :** voir guide méthodologique.
▶ **Le théâtre :** voir lexique des notions.

CORRIGÉ 15

La partie II se présente sous forme de plan détaillé que vous pouvez vous exercer à rédiger et à nourrir d'exemples, sur le modèle des autres parties.

Les titres en couleur et les indications entre crochets servent à guider la lecture mais ne doivent pas figurer sur la copie.

Introduction

[Amorce] Dans *Le Retour du tragique* (1967), Jean-Marie Domenach définit ainsi notre intérêt pour le théâtre : « Vivre une vie plus intense dans un monde où se produisent des événements et des passions extraordinaires, tel est sans doute le ressort classique de la fascination théâtrale. » [Problématique] Le théâtre se prête-t-il particulièrement à la représentation de ces mouvements de l'âme hors du commun ? Pourquoi et comment les dramaturges nous font-ils partager les passions de leurs héros ? [Annonce du plan] La nature même du texte théâtral s'accommode bien de ces mouvements violents [I]. Mais la représentation elle aussi permet de les mettre en valeur [II]. Cependant, est-ce là le seul type de sentiments que le théâtre puisse dépeindre ? Existe-t-il un théâtre sans passions ? Enfin, le théâtre est-il le seul genre littéraire capable de représenter les passions [III] ?

I. Le texte théâtral est apte à représenter les passions

Le théâtre foisonne d'exemples de représentations de passions extrêmes qui font souffrir ceux qui les vivent. Exemples : l'amour pour Chimène qui déchire Rodrigue, car il entre en conflit avec sa piété filiale (*Le Cid*, de Corneille) ; la passion de Médée pour Jason, qui lui fait trahir son pays et tuer sa famille puis se retourne en vindicte aveugle contre lui (*Médée*, de Max Rouquette).

1. Pourquoi le théâtre se prête-t-il à cette représentation ?

• Par son origine religieuse. Dans la Grèce antique, le théâtre est conçu comme une célébration en l'honneur des divinités. Comment les sentiments représentés pourraient-ils dès lors être ceux du commun des mortels ? Les souffrances des personnages des pièces antiques sont d'ailleurs souvent infligées par les dieux. C'est la fatalité, divine, qui entraîne Œdipe malgré lui, dans *Œdipe roi*, de Sophocle, à tuer son père et à épouser sa mère, puis, dès qu'il l'apprend, à se crever les yeux, par honte.

• Par le but qu'on lui assigne. On prête fréquemment au théâtre une vocation cathartique : il permet au spectateur de prendre conscience de ses propres passions puis de s'en purifier. Pour cela, il est nécessaire que les sentiments représentés frappent l'imagination. André Gide dit : « C'est une extraordinaire chose que le théâtre. Des gens comme vous et moi s'assemblent le soir dans une salle pour voir feindre par d'autres des passions qu'eux n'ont pas le droit d'avoir. » Après avoir dépeint des passions interdites, le dramaturge veille à ce que le protagoniste soit puni pour ses actes (*Dom Juan*, de Molière). Le théâtre devient moralisateur, il a pour mission d'instruire.

• Par sa nature même. Le théâtre est aussi action, le plus souvent conflictuelle. Pascal, au XVIIe siècle, affirme : « Les scènes contentes [c'est-à-dire où les personnages sont en harmonie] ne valent rien. » Plus les passions sont exacerbées, plus le spectateur est pris. La représentation de passions extrêmes répond à une demande du public, qui attend du spectaculaire.

2. Par quels moyens le théâtre peut-il représenter les passions ?

• Par le choix même des personnages. Dans la tragédie classique, ils sont nobles et évoluent donc dans un contexte hors du commun (Roxane, dans *Bajazet*, est la favorite du sultan ; Phèdre est reine, fille de roi et même petite-fille de Minos et de Pasiphaé, petite-fille de Zeus). À d'autres époques également, des dramaturges ont fait le choix de personnages exceptionnels : dans *Salina*, Laurent Gaudé met en scène une princesse africaine.

L'imaginaire collectif prête aux personnes hors du commun des sentiments exceptionnels. Ainsi, il est parfaitement crédible que le désir de vengeance de Médée soit effroyable et que Salina désire violemment la mort de son époux.

• Par la condensation de l'action. Au théâtre, temps et lieu sont concentrés : la vie est jouée en accéléré, la crise resserrée « jusqu'à l'incandescence ». Les sentiments, plus concentrés eux aussi, deviennent passion.

• Par le travail sur la langue. Enfin, au théâtre, on ne parle pas comme dans la vie. Le langage aussi y est concentré, plus direct et plus fort (force des vers dans le théâtre de Hugo, images de Médée et de Salina dans le corpus + *exemples personnels*).

II. La représentation rend compte des passions

Mais l'expérience théâtrale est aussi spectacle et la mise en scène concourt à représenter les élans de l'âme les plus intenses. Pour Ionesco, « tout est langage au théâtre : les mots, les gestes, les objets. Il n'y a pas que la parole ».

1. Des passions incarnées

• Au théâtre, genre incarné, les passions ne sont pas abstraites, elles ont un visage, un corps, elles vivent à travers des acteurs.

• Elles sont, au sens propre, « représentées » par le jeu de l'acteur qui leur prête sa voix, ses gestes… et en deviennent plus frappantes (exemples des grandes tragédiens, Mouney Sully, Rachel, la Champmeslé…).

2. Les ressources de la mise en scène

La mise en scène révèle la violence de l'état psychologique d'un personnage.

• Le jeu avec l'espace [*exemples personnels*].

• Les costumes aussi [*exemples personnels*]. Dans une mise en scène de *Phèdre*, de Racine, la protagoniste apparaît presque sans habits sur scène, montrant ainsi son extrême dénuement psychologique.

• Les objets et accessoires représentent symboliquement les passions : la « cassette » pleine d'écus d'Harpagon révèle son avarice exacerbée ; épées et poignards chez Shakespeare…

3. Les ressources de la scénographie

Les ressources techniques de la scénographie permettent de mettre en valeur les passions les plus violentes.

• Le décor. Exemple : la couverture rouge dans la *Médée* de Rouquette, qui divise la scène en deux ; abondance de portes avec des serrures et des clés énormes dans *L'Avare*.

• La bande-son (cris, clameurs dans *Salina*).

• Les éclairages (valeur symbolique des couleurs) [*exemples*].

• Les effets spéciaux (projections en fond de scène) [*exemples personnels*].

On peut ainsi dire avec Ionesco que « le théâtre est dans l'exagération extrême des sentiments, exagération qui disloque la plate réalité quotidienne ».

III. Est-ce uniquement le rôle du théâtre ?

1. Le théâtre ne représente pas que des passions extrêmes

• Le théâtre peut représenter des sentiments autres que des passions extrêmes. Pour Shakespeare « le théâtre a pour objet d'être le miroir de la nature ». Les sentiments montrés sur scène sont alors proches des sentiments humains communs. Dans *Le roi se meurt*, Ionesco prête au roi, personnage exceptionnel par sa longévité et ses actes, une peur très humaine de la mort.

• Quand le théâtre a pour fonction la critique politique et sociale, il n'a pas besoin de représenter des passions hors du commun. Dans *Le Mariage de Figaro*, Beaumarchais met en scène des personnages tout à fait communs, voire légers : de l'amour, certes, mais léger et bon vivant. L'objectif du dramaturge est alors autre : dénoncer les inégalités dans la société de la fin du XVIIIe siècle.

• Enfin, le théâtre, essentiellement destiné à divertir, ne s'appuie pas nécessairement sur des passions extrêmes. Dans *La Dame de chez Maxim's*, de Feydeau, c'est le comique de situation qui est central : il s'appuie davantage sur les ressorts de l'intrigue que sur les sentiments des personnages.

2. Les ressources des autres genres

Le théâtre n'est pas le seul genre apte à représenter des passions extrêmes.

• Les romans et les nouvelles. Nombre d'entre eux reposent sur l'analyse des passions. L'abbé Prévost décrit dans *Manon Lescaut* la passion dévastatrice du chevalier des Grieux, qui l'entraîne vers sa perte. Leurs atouts : leur dimension qui permet d'approfondir l'analyse des passions ; la présence d'un narrateur qui retrace l'évolution de ses personnages et les diverses focalisations [*exemples*] ; les interactions entre les personnages en conflit…

• La poésie. Le lyrisme en poésie se caractérise par l'expression exaltée des émotions. La poésie épique (l'*Iliade et* l'*Odyssée*), les chansons de geste médiévales font le récit d'actions héroïques de personnages mus par des passions extrêmes (sens du devoir chez Roland, haine d'Achille dans l'*Iliade*…). Ses atouts : brièveté qui condense l'expression des passions ; images fortes ; diversité de ses formes (mise en page, ressources du vers…).

Conclusion

Le théâtre, par l'expression directe des passions, les représente plus intensément. Mais il peut aussi rendre compte de sentiments moins extrêmes. [Ouverture] Cependant, la représentation des passions ne se limite pas à la littérature. La musique, la peinture, tous les arts peuvent remplir ce rôle, avec des moyens différents. En ce sens, ce serait sans doute le cinéma qui se rapprocherait de nos jours le plus du théâtre pour rendre compte des passions.

SUJET

16

France métropolitaine • Septembre 2014

Le texte théâtral et sa représentation • 14 points

Théâtre et passion

Écriture d'invention

▶ Une jeune troupe de théâtre a choisi de représenter « Le récit de Salina » (texte C), extrait de la pièce de Laurent Gaudé. Le metteur en scène débat, avec la comédienne choisie pour interpréter le rôle de Salina, de l'intérêt de représenter un tel monologue aujourd'hui, mais aussi des choix de mise en scène et d'interprétation (jeu du personnage principal, costumes, décors, éclairages, son). Rédigez ce dialogue, en une trentaine de lignes au minimum.

Se reporter au document C du sujet n° 13.

LES CLÉS DU SUJET

Comprendre le sujet

- **Sujet du texte :** « le récit de Salina » ; la perspective à adopter sur ce thème est « intérêt » et « choix de mise en scène / d'interprétation ».
- **Forme du texte :** « dialogue ». Respectez-en les caractéristiques (style direct, adresse des interlocuteurs l'un à l'autre, ponctuation…).
- **Type de texte :** « débat », « l'intérêt », « choix de mise en scène / interprétation » impliquent une prise de parti : le texte sera **argumentatif**.
- **Thèse :** l'intérêt et la mise en scène d'un monologue.
- **Situation d'énonciation :** « le metteur en scène » s'adresse à « la comédienne » qui incarne « Salina ». Ils collaborent, mais l'un « dirige » l'autre.
- **Niveau de langue :** correct, avec des termes techniques du théâtre.
- **Registre :** non précisé, mais « débat » suggère l'enthousiasme.
- « **Définition** » du texte à produire, à partir de la consigne.

Dialogue (*genre*), qui argumente sur (*type de texte*) le monologue / la mise en scène / l'interprétation du rôle (*thème*), enthousiaste (*registre*), pour défendre des choix, une mise en scène, une interprétation (*buts*).

Chercher des idées

Le fond

- **Analysez le texte** (comme un metteur en scène) ; cherchez-y les expressions qui suggèrent une mise en scène (à imaginer). Pensez à **tous les aspects d'une mise en scène** : décor, costumes, éclairages, jeu de l'actrice, progression. Il faut s'appuyer sur le texte avec précision.
- Vous devez montrer l'**actualité de l'enjeu** du monologue.
- Comme il s'agit d'un débat, proposez pour certains éléments deux suggestions, l'une du metteur en scène, l'autre de l'actrice.

La forme

- Votre texte doit être **vivant** et les répliques s'enchaîner logiquement.
- Le débat doit rendre sensible la **nature des liens** entre le metteur en scène et l'actrice (conflit ? entente ? confiance ?).

▶ **Pour réussir l'écriture d'invention :** voir guide méthodologique.
▶ **Le théâtre :** voir mémento des notions.

CORRIGÉ 16

Toscane L. S., jeune actrice d'origine africaine, joue Salina dans la pièce de Gaudé. Le metteur en scène Raphaël D. fait le point sur son monologue.

« Je n'ai pas voulu t'influencer et je t'ai laissée apprendre ton texte, mais maintenant que nous commençons les répétitions, j'aimerais parler de ton monologue, tu sais le récit de Salina le soir de son mariage… Qu'est-ce qu'il t'a inspiré ?

– Des élans féministes ! Une poussée de révolte, une tension intérieure qui m'a envahie, comme si Salina, c'était moi…

– Oui, je pense que cette violence est très actuelle, tout comme la réflexion sur la place de la femme dans la société, et cette question du mariage forcé.

– C'est sans doute pour ça que Gaudé a choisi de placer l'action en Afrique.

– Mais bien sûr ! Je pense qu'avec cette pièce, nous touchons au politique, au social. Cette pièce sera une arme et un outil de réflexion… Tout en partant d'éléments réalistes, en ancrant l'action dans un pays où la femme est mariée de force, il faut montrer que l'histoire de Salina dépasse ce cadre et symbolise la condition de chaque femme, noire ou blanche, soumise à une tyrannie.

– Ambitieux comme projet ! Mais alors, que dire à la costumière ?

– J'ai déjà des idées… comme le voile que tu porteras.

– Mais alors je dois porter du blanc, puisque c'est le jour de mon mariage ?

– À vrai dire, j'avais plutôt en tête du noir, pour faire ressortir le tragique et l'idée que Salina porte le deuil de sa liberté.

– Mais en Afrique, la couleur du deuil, c'est justement le blanc !

– D'accord ! mais ici, en Europe, pour nos spectateurs, c'est le noir ! Nous devons nous adapter à notre public.

– Tu as raison. D'autant plus que ma couleur de peau indiquera assez clairement que nous sommes en Afrique ; le vêtement noir suggérera que nous sommes aussi… en Europe. D'ailleurs, je me rappelle que, dans un entretien, Farid Paya, qui a monté la pièce au Théâtre du Lierre, avait choisi des costumes résultant d'un mélange : il appelait cela des « costumes syncrétiques ».

– Oui, c'est aussi mon idée… Et en ce sens il rendait parfaitement compte des intentions de Gaudé qui veut que « l'univers de *Salina* [soit] un territoire imaginaire, composé d'éléments appartenant à des civilisations différentes : la tragédie grecque, les terres du désert saharien, l'univers africain de l'épopée ».

Observez
Pour les travaux d'écriture sur le théâtre, toute référence à une vraie mise en scène a valeur d'argument d'autorité.

– Je vois… Donc j'imagine que pour mon récit, nous ne respecterons pas la bienséance et que nous aurons de la violence à n'en plus pouvoir ?

– N'exagérons rien ! Mais, oui, j'ai pensé à représenter sur scène la « guerre et le feu », avec les « hommes en armes ». Ma première idée, c'était que tu sois, toi, seule sur le plateau comme narratrice en retrait, et que des images de l'action soient projetées, ensanglantant la scène. Mais je préfère incarner ces combats sur scène, quitte à scinder l'espace scénique en deux, pour le passé (le soir des noces) et pour le présent (ton récit).

– Oui, mais dans ce cas, il nous faudrait une deuxième Salina pour…

– Ah pas mal ! C'est exactement l'idée qui m'est venue : tu pourrais raconter l'action pendant que ton double – le visage caché – la subirait sur scène.

– Pourquoi pas mettre en valeur ce côté noir et la solitude de Salina, mais sans *aucune* violence sur scène ? La violence serait seulement *suggérée*.

– Non ! Je pense que le public vient au théâtre pour *voir*… Et c'est cela que toi et moi, nous devons leur donner. Gaudé avait d'ailleurs conscience de la difficulté – et pour l'acteur et pour le metteur en scène – de sa pièce quand il dit : « Je n'ai pas écrit *Salina* en pensant à ce qui pourrait être réalisable ou non sur un plateau […]. Nous sommes dans la démesure. *Salina* n'est pas une pièce impossible à monter. C'est une pièce qui, je crois, nécessite que l'on invente les outils avec lesquels on va s'en emparer. » Bon, je m'égare… Montre-moi ton rire, tu sais quand tu dis : « J'éclatai de rire ».

– *Ah ! Ah ! Ah !*

– Ah non ! Beaucoup trop discret ! Le rire est la seule arme qui te reste. Tu es face à un destin et c'est ton dernier cri de liberté, c'est la folie tragique qui t'emporte ! Comme dans les tragédies antiques.

– Donc tu me veux déchaînée sur scène ?

– Exactement ! D'ailleurs j'utiliserai un stroboscope pour souligner ton rire.

– Je crains que cela ne nuise à l'action : on aura du mal à y voir… Et puis je dois ménager une progression : elle dit d'abord qu'elle « souriai[t] sous ses voiles » ; ce n'est qu'ensuite qu'explose ce rire. En même temps, c'est un rire qui « implore le sort », presque soumis. Ton idée de stroboscope me semble noyer tout cela… J'ai une autre idée pour l'éclairage : lumière blanche pour le début, puis progressivement, la scène s'assombrit jusqu'à ma réplique : « Il avait le visage couvert de sang » ; là, lumière rouge, symbolique du sang et de la colère…

– Pas mal… Mais il ne faut pas que ce soit trop sombre, car il y aura du monde sur scène, je ne veux pas d'accident avec la table et les chaises.

– Il y aura une table et des chaises ?

– Bien sûr ! Une table garnie de mets, et des chaises toutes simples ; cela suffira pour suggérer le mariage. Pas trop de décor… Gaudé lui-même dit : « L'espace nu du plateau contient toutes les réponses. Il n'est besoin de rien d'autre que le corps des comédiens. Leur présence. Et la lumière. »

– Oui, mais « c'est un peu court » pour rendre compte du cadre africain…

– Ces accessoires ont valeur de symbole… la nappe, les plats exotiques…

– Mais, pour cela, on pourrait aussi ajouter un fond sonore : une musique traditionnelle, une sorte de mélopée qui soulignerait le ton lyrique et par moments élégiaque de ce long récitatif.

– Oui, une bande-son qui mêlerait cette musique à l'unisson avec les sentiments de Salina et des sons réels, cris et bruits de combat.

– Oui mais pas trop fort… Il ne faudra pas que cela couvre ma voix…

– Ne t'inquiète pas ! D'ailleurs, pour tes derniers vers, nous aurons un silence de plomb pour souligner cette tension, comme un point d'orgue.

– C'est vrai, le silence a parfois plus d'efficacité que la musique ou les mots.

– Écoute, il est tard, on verra ça aux premières répétitions demain. »

SUJET **17**

Polynésie française • Septembre 2013
Le texte théâtral et sa représentation • 6 points

Un divertissement complet

Questions

Documents

A – **Molière**, *Les Fourberies de Scapin*, acte I, scène 1, 1671.
B – **Beaumarchais**, *Le Mariage de Figaro,* acte I, scène 1, 1784.
C – **Eugène Ionesco**, *Les Chaises*, 1951.
D – **Eugène Ionesco**, *Notes et contre-notes,* « Sur *Les Chaises.* Lettre au premier metteur en scène », 1966.

▸ **1. Dans les textes A, B et C, quelles fonctions les trois scènes remplissent-elles pour le spectateur ? (*4 points*)**

▸ **2. Quels sont les rôles des didascalies dans les textes A, B et C ? (*2 points*)**

Après avoir répondu à ces questions, les candidats devront traiter au choix un des trois sujets nos 18, 19 ou 20.

DOCUMENT A

La scène est à Naples.

Acte 1, scène 1
OCTAVE, SILVESTRE.

OCTAVE. – Ah ! fâcheuses nouvelles pour un cœur amoureux ! Dures extrémités où je me vois réduit ! Tu viens, Silvestre, d'apprendre au port, que mon père revient ?
SILVESTRE. – Oui.
OCTAVE. – Qu'il arrive ce matin même ?
SILVESTRE. – Ce matin même.
OCTAVE. – Et qu'il revient dans la résolution de me marier ?
SILVESTRE. – Oui.

OCTAVE. – Avec une fille du seigneur Géronte ?

SILVESTRE. – Du seigneur Géronte.

OCTAVE. – Et que cette fille est mandée de Tarente ici pour cela ?

SILVESTRE. – Oui.

OCTAVE. – Et tu tiens ces nouvelles de mon oncle ?

SILVESTRE. – De votre oncle.

OCTAVE. – À qui mon père les a mandées par une lettre ?

SILVESTRE. – Par une lettre.

OCTAVE. – Et cet oncle, dis-tu, sait toutes nos affaires.

SILVESTRE. – Toutes nos affaires.

OCTAVE. – Ah ! parle, si tu veux, et ne te fais point, de la sorte, arracher les mots de la bouche.

SILVESTRE. – Qu'ai-je à parler davantage ? Vous n'oubliez aucune circonstance, et vous dites les choses tout justement comme elles sont.

OCTAVE. – Conseille-moi, du moins, et me dis ce que je dois faire dans ces cruelles conjonctures.

SILVESTRE. – Ma foi ! je m'y trouve autant embarrassé que vous, et j'aurais bon besoin que l'on me conseillât moi-même.

OCTAVE. – Je suis assassiné par ce maudit retour.

SILVESTRE. – Je ne le suis pas moins.

OCTAVE. – Lorsque mon père apprendra les choses, je vais voir fondre sur moi un orage soudain d'impétueuses réprimandes.

SILVESTRE. – Les réprimandes ne sont rien ; et plût au Ciel que j'en fusse quitte à ce prix ! Mais j'ai bien la mine, pour moi, de payer plus cher vos folies, et je vois se former de loin un nuage de coups de bâton qui crèvera sur mes épaules.

OCTAVE. – Ô Ciel ! par où sortir de l'embarras où je me trouve ?

SILVESTRE. – C'est à quoi vous deviez songer, avant que de vous y jeter.

OCTAVE. – Ah ! tu me fais mourir par tes leçons hors de saison.

SILVESTRE. – Vous me faites bien plus mourir par vos actions étourdies.

OCTAVE. – Que dois-je faire ? Quelle résolution prendre ? À quel remède recourir ?

Molière, *Les Fourberies de Scapin*, acte I, scène 1, 1671.

DOCUMENT B

Le théâtre représente une chambre à demi démeublée ; un grand fauteuil de malade est au milieu. Figaro, avec une toise[1]*, mesure le plancher. Suzanne attache à sa tête, devant une glace, le petit bouquet de fleurs d'orange, appelé chapeau de la mariée.*

Acte I, scène 1

FIGARO, SUZANNE.

FIGARO. – Dix-neuf pieds sur vingt-six.

SUZANNE. – Tiens, Figaro, voilà mon petit chapeau ; le trouves-tu mieux ainsi ?

FIGARO *lui prend les mains.* – Sans comparaison, ma charmante. Oh ! que ce joli bouquet virginal, élevé sur la tête d'une belle fille, est doux, le matin des noces, à l'œil amoureux d'un époux !…

SUZANNE *se retire.* – Que mesures-tu donc là, mon fils ?

FIGARO. – Je regarde, ma petite Suzanne, si ce beau lit que Monseigneur nous donne aura bonne grâce ici.

SUZANNE. – Dans cette chambre ?

FIGARO. – Il nous la cède.

SUZANNE. – Et moi, je n'en veux point.

FIGARO. – Pourquoi ?

SUZANNE. – Je n'en veux point.

FIGARO. – Mais encore ?

SUZANNE. – Elle me déplaît.

FIGARO. – On dit une raison.

SUZANNE. – Si je n'en veux pas dire ?

FIGARO. – Oh ! Quand elles sont sûres de nous !

SUZANNE. – Prouver que j'ai raison serait accorder que je puis avoir tort. Es-tu mon serviteur, ou non ?

FIGARO. – Tu prends de l'humeur contre la chambre du château la plus commode, et qui tient le milieu des deux appartements. La nuit, si Madame est incommodée, elle sonnera de son côté ; zeste, en deux pas tu es chez elle. Monseigneur veut-il quelque chose : il n'a qu'à tinter du sien ; crac, en trois sauts me voilà rendu.

SUZANNE. – Fort bien ! Mais quand il aura *tinté* le matin, pour te donner quelque bonne et longue commission, zeste, en deux pas, il est à ma porte, et crac, en trois sauts…

FIGARO. – Qu'entendez-vous par ces paroles ?

SUZANNE. – Il faudrait m'écouter tranquillement.

FIGARO. – Eh, qu'est-ce qu'il y a ? bon Dieu !

SUZANNE. – Il y a, mon ami, que, las de courtiser les beautés des environs, monsieur le comte Almaviva veut rentrer au château, mais non pas chez sa femme ; c'est sur la tienne, entends-tu, qu'il a jeté ses vues, auxquelles il espère que ce logement ne nuira pas. Et c'est ce que le loyal Bazile[2], honnête agent de ses plaisirs, et mon noble maître à chanter, me répète chaque jour, en me donnant leçon.

FIGARO. – Bazile ! Ô mon mignon, si jamais volée de bois vert appliquée sur une échine, a dûment redressé la moelle épinière à quelqu'un…

SUZANNE. – Tu croyais, bon garçon, que cette dot qu'on me donne était pour les beaux yeux de ton mérite ?

FIGARO. – J'avais assez fait pour l'espérer.

SUZANNE. – Que les gens d'esprit sont bêtes !

FIGARO. – On le dit.

SUZANNE. – Mais c'est qu'on ne veut pas le croire.

FIGARO. – On a tort.

SUZANNE. – Apprends qu'il la destine à obtenir de moi secrètement certain quart d'heure, seul à seule, qu'un ancien droit du seigneur[3]… Tu sais s'il était triste.

FIGARO. – Je le sais tellement, que si monsieur le Comte, en se mariant, n'eût pas aboli ce droit honteux, jamais je ne t'eusse épousée dans ses domaines.

SUZANNE. – Eh bien, s'il l'a détruit, il s'en repent ; et c'est de ta fiancée qu'il veut le racheter en secret aujourd'hui.

Beaumarchais, *Le Mariage de Figaro*, acte I, scène 1, 1784.

---

1. Toise : instrument de mesure, mètre. À cette époque, les longueurs se mesurent en pieds, et non en mètres.
2. Bazile : maître de clavecin de la comtesse, maîtresse de Suzanne.
3. Suzanne fait allusion à un ancien droit féodal qui autorisait le seigneur d'une terre à précéder le mari auprès de la jeune mariée dans le lit conjugal.

DOCUMENT C

Décor

Murs circulaires avec un renfoncement dans le fond.
C'est une salle très dépouillée. À droite, en partant de l'avant-scène, trois portes. Puis une fenêtre avec un escabeau devant ; puis encore une porte. Dans le renfoncement, au fond, une grande porte d'honneur à deux battants et deux autres portes se faisant vis-à-vis, et encadrant la porte d'honneur : ces deux portes, ou du moins l'une d'entre elles, sont presque cachées

LE THÉÂTRE

aux yeux du public. À gauche de la scène, toujours en partant de l'avant-scène, trois portes, une fenêtre avec escabeau et faisant vis-à-vis à la fenêtre de droite, puis un tableau noir et une estrade. Pour plus de facilité, voir le plan annexé.
Sur le devant de la scène, deux chaises côte à côte.
Une lampe à gaz est accrochée au plafond.

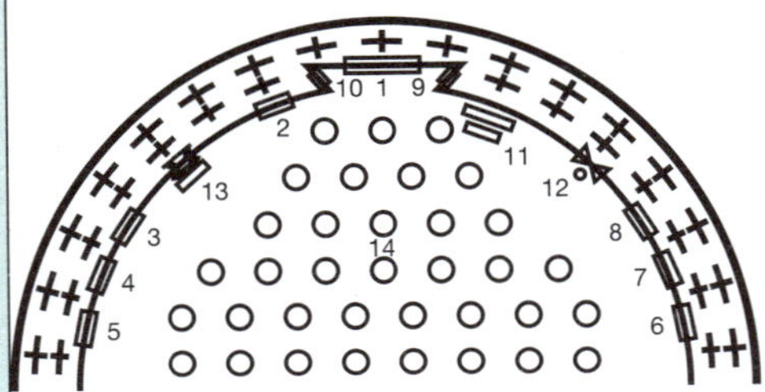

1. — Grande porte du fond, à deux battants.
2, 3, 4, 5. — Portes latérales droites.
6, 7, 8. — Portes latérales gauches.
9, 10. — Portes cachées dans le renfoncement.
11. — Estrade et tableau noir.
12, 13. — Fenêtres (avec escabeau) gauche, droite.
14. — Chaises vides.
\+ + +. — Couloir (en coulisses).

Le rideau se lève. Demi-obscurité. Le Vieux est penché à la fenêtre de gauche, monté sur l'escabeau. La Vieille allume la lampe à gaz. Lumière verte. Elle va tirer le Vieux par la manche.

LA VIEILLE. – Allons, mon chou, ferme la fenêtre, ça sent mauvais l'eau qui croupit et puis il entre des moustiques.

LE VIEUX. – Laisse-moi tranquille !

LA VIEILLE. – Allons, allons, mon chou, viens t'asseoir. Ne te penche pas, tu pourrais tomber dans l'eau. Tu sais ce qui est arrivé à François Ier. Faut faire attention.

LE VIEUX. – Encore des exemples historiques ! Ma crotte, je suis fatigué de l'histoire française. Je veux voir ; les barques sur l'eau font des taches au soleil.

LA VIEILLE. – Tu ne peux pas les voir, il n'y a pas de soleil, c'est la nuit, mon chou.

LE VIEUX. – Il en reste l'ombre.

Il se penche très fort.

LA VIEILLE, *elle le tire de toutes ses forces.* – Ah !... tu me fais peur, mon chou... viens t'asseoir, tu ne les verras pas venir. C'est pas la peine. Il fait nuit...

Le Vieux se laisse traîner à regret.

LE VIEUX. – Je voulais voir, j'aime tellement voir l'eau.

LA VIEILLE. – Comment peux-tu, mon chou ?… Ça me donne le vertige. Ah ! cette maison, cette île, je ne peux m'y habituer. Tout entourée d'eau… de l'eau sous les fenêtres, jusqu'à l'horizon…

La Vieille et le Vieux, la Vieille traînant le Vieux, se dirigent vers les deux chaises au-devant de la scène ; le Vieux s'assoit tout naturellement sur les genoux de la Vieille.

Eugène Ionesco, *Les Chaises*, © Éditions Gallimard, 1952.

DOCUMENT D

Dans une lettre adressée durant l'hiver 1952 au premier metteur en scène des Chaises, *Ionesco regrette d'avoir fait des concessions sur la mise en scène qu'il souhaitait. Il lui écrit pour revenir sur ces concessions.*

Cher Ami, je me suis aperçu après votre départ, que nous avons fait fausse route, c'est-à-dire que je me suis laissé entraîner par vous à faire fausse route et que nous sommes passés à côté de la pièce. Je vous ai suivi et je me suis éloigné avec vous, je me suis perdu de vue. Non, décidément, vous ne m'avez pas tout à fait compris dans *Les Chaises ;* ce qui reste à comprendre est justement l'essentiel. Vous avez voulu tout naturellement tirer la pièce à vous alors que vous deviez vous y abandonner ; le metteur en scène doit se laisser faire. Il ne doit pas vouloir quelque chose de la pièce, il doit s'annuler, il doit être un parfait réceptacle. […]

Soumettez-vous, je vous en supplie, à cette pièce. Ne diminuez pas ses effets, ni le grand nombre des chaises, ni le grand nombre de sonneries qui annoncent l'arrivée des invités invisibles, ni les lamentations de la vieille qui doit être comme une pleureuse de Corse ou de Jérusalem, tout doit être outré, excessif, caricatural, pénible, enfantin, sans finesse. La faute la plus grave serait de modeler la pièce comme de modeler le jeu de l'acteur. Pour celui-ci, il faut appuyer sur un bouton pour le faire démarrer : dites-lui tout le temps de ne pas s'arrêter en chemin, d'aller jusqu'au bout, à l'extrême de lui-même. De la grande tragédie il faut et de grands sarcasmes. Laissez-vous, pour un temps, modeler par la pièce.

Eugène Ionesco, *Notes et contre-notes*, « Sur *Les Chaises.* Lettre au premier metteur en scène », © Éditions Gallimard, 1966.

LE THÉÂTRE

LES CLÉS DU SUJET

■ Question 1

- On vous demande de dire **à quoi servent les trois scènes** pour un spectateur qui les découvre.
- Interrogez-vous sur **leur place dans la pièce** (quel acte ? quelle scène ?) et sur leur intérêt (est-il **informatif** ? **psychologique** ? **dramatique** ?).

■ Question 2

- Commencez par **surligner** les didascalies des trois scènes.
- **Classez**-les selon leur **nature** (lieux, mouvements, attitudes…), indiquez leur **rôle** et leur **effet**.
- **Structurez vos réponses** : encadrez-les d'une **introduction**, qui situe les textes et reprend la question, et d'une brève **conclusion**.
- N'étudiez pas les textes séparément et accompagnez chaque remarque d'**exemples précis**.

▶ **Pour réussir la question :** voir guide méthodologique.
▶ **Le théâtre :** voir mémento des notions.

CORRIGÉ 17

Les titres en couleurs et les indications entre crochets servent à guider la lecture mais ne doivent pas figurer sur la copie.

▸ Question 1

[Introduction] Les scènes initiales des *Fourberies de Scapin* de Molière, du *Mariage de Figaro* de Beaumarchais et des *Chaises* de Ionesco sont des scènes d'exposition où l'auteur doit faire comprendre la situation, préciser l'identité des personnages et leurs relations, et éveiller l'intérêt du spectateur.

- L'action est mise en place, les personnages sont définis : l'exposition répond aux questions qui ? quoi ? où ? quand ? Chez Molière, il est question d'un père revenant marier son fils contre le gré du jeune homme. Chez Beaumarchais, l'action démarre aussi sur un mariage imminent mais voulu, cette fois-ci, entre deux serviteurs qui emménagent dans un château ; l'obstacle vient de leur maître qui convoite la fiancée. Enfin, chez Ionesco, nous découvrons un vieux couple enfermé sur une île malsaine dont l'homme cherche à sortir.

• Ces scènes évoquent le passé mais aussi un avenir sur lequel le spectateur s'interroge : que va faire Octave pour « sortir de l'embarras » ? Comment Figaro et Suzanne vont-ils faire échouer le projet du Comte ? Le Vieux dans les *Chaises* va-t-il sauter par la fenêtre ?

• Enfin ces scènes donnent à la pièce sa coloration, son registre. La pièce de Molière s'annonce comique. Celle de Beaumarchais colore le comique (la gaieté du couple) d'une teinte sombre (la figure menaçante du Comte). La pièce de Ionesco installe une atmosphère dérangeante et absurde.

[Conclusion] La scène d'exposition obéit à deux impératifs contradictoires : expliquer et intriguer. Elle donne l'information et la retient, la distille. Il appartient au dramaturge de réaliser ce subtil dosage.

▸ Question 2

[Introduction] Les didascalies font partie du texte théâtral écrit. Quasi absentes des *Fourberies de Scapin* de Molière, plus fournies dans *Le Mariage de Figaro* de Beaumarchais, elles envahissent *Les Chaises* de Ionesco.

• Elles indiquent le cadre de l'action. Molière nous transporte à Naples et suggère un « port ». Ce décor de plein air contraste avec l'espace clos du *Mariage de Figaro* où, dans le château d'un seigneur, se prépare un déménagement (« chambre à demi démeublée »). Chez Ionesco, les didascalies situent l'action dans une « salle très dépouillée », où la précision est si maniaque (nombre de « portes », « fenêtres »...) qu'on se sent étouffer.

Conseil
Au cours de votre lecture, surlignez en couleur dans les textes du corpus les mots qui prouveront ce que vous avancez.

• Les costumes ou les accessoires mentionnés éclairent le statut des personnages. Ils sont en rapport avec le mariage prochain de Suzanne et Figaro (chapeau et toise). Chez Ionesco, les « chaises côte à côte » matérialisent le lien entre deux êtres, la « fenêtre » et « l'escabeau » suggèrent un danger.

• Déplacements et gestes renseignent sur la psychologie des personnages : Figaro qui « prend les mains » de Suzanne est un parfait amoureux ; Suzanne qui « attache [...] le « chapeau de la mariée » fait preuve de coquetterie. Le manège du Vieux qui, « monté » sur l'escabeau, « se penche très fort » indique sa volonté de s'évader ; la Vieille qui « tire de toutes ses forces » son compagnon révèle son désir de le garder près d'elle ; lui, en se laissant « traîner à regret » et en « s'asseyant tout naturellement sur [ses] genoux », manifeste à la fois sa mauvaise volonté et sa résignation infantile.

[Conclusion] Utiles pour les acteurs et le metteur en scène, les didascalies installent aussi le spectateur dans l'atmosphère de la pièce.

SUJET

18

Polynésie française • Septembre 2013

Le texte théâtral et sa représentation • 14 points

Un divertissement complet

Commentaire

▸ Vous ferez le commentaire du texte de Beaumarchais (texte B). Vous pouvez vous inspirer du parcours de lecture suivant :

a) Analysez les relations entre les personnages présents ou évoqués dans cet extrait.
b) Comment Beaumarchais parvient-il, dans le début de cette pièce, à intéresser et séduire le spectateur ?

Se reporter au document B du sujet n° 17.

LES CLÉS DU SUJET

Trouver les idées directrices

• Appuyez-vous sur les pistes données dans le sujet. Les **mots essentiels** des pistes de lecture sont : *relations entre les personnages, intéresser* et *séduire.* Vous pouvez intervertir l'ordre de ces pistes.

• Faites aussi la « définition » du texte.

> Scène d'exposition (*genre*) qui informe (*type de texte*) sur le mariage imminent d'un couple de serviteurs (*thème*), humoristique, (*registre*), vivante, rythmée, caractéristique du XVIIIe siècle (*adjectifs*), pour mettre en place l'action, dessiner les traits des personnages, intéresser et amuser le spectateur (*buts*).

• **Surlignez** – de deux couleurs différentes – les expressions du texte qui illustrent chaque axe.

■ Pistes de recherche

Première piste : une scène d'exposition qui intéresse le spectateur

En quoi cette scène joue-t-elle pleinement son rôle d'exposition ? Que révèle-t-elle sur :

– les personnages (présents ou absents) et leur identité (qui ?), leurs rapports de force (quels « clans » se forment ?) ;

– la situation et l'action (quoi ? où ? quand ?) ;

– le registre (quel effet sur le spectateur ?) ?

Deuxième piste : un couple d'amoureux fort spirituels

- Comment s'expriment les deux personnages ?
- Quelles relations ont-ils entre eux ? avec les autres personnages ?
- Qui mène la discussion ?
- Tenez compte du contexte (le XVIIIe siècle, dit siècle des Lumières).

▶ **Pour réussir le commentaire :** voir guide méthodologique.
▶ **Le théâtre :** voir mémento des notions.

CORRIGÉ 18

Les titres en couleurs et les indications entre crochets servent à guider la lecture mais ne doivent pas figurer sur la copie.

Introduction

[Amorce] Au siècle des Lumières, le théâtre est un genre propre à traiter de questions sociales pour un large public, tout en le faisant rire. Beaumarchais fait de Figaro – personnage principal de sa première comédie, *Le Barbier de Séville* – le protagoniste de son *Mariage de Figaro*. [Présentation du texte]. Le rideau s'ouvre alors que, accompagné de Suzanne, il prend les dimensions d'une pièce « à demi démeublée ». [Annonce des axes] Très vite, le dialogue de cette scène d'exposition séduit le public, plongé en pleine action, il le met au courant de la situation [I] et lui découvre le tempérament de deux serviteurs pleins de vie et d'esprit [II].

I. Une scène qui joue pleinement son rôle d'exposition

L'auteur y fournit au spectateur tous les éléments nécessaires à la compréhension de l'intrigue.

1. Les repères spatio-temporels

• Les didascalies précisent le cadre de la pièce et permettent au spectateur de se repérer : la discussion se déroule « dans une chambre » en plein emménagement, avec un « grand fauteuil de malade » énigmatique. La « toise » avec laquelle Figaro mesure indique qu'il prendra bientôt possession des lieux.

Les didascalies internes révèlent qu'il s'agit de « la chambre du château la plus commode et qui tient le milieu des deux appartements » de « Madame » et de « Monseigneur » ; ceci indique que les deux serviteurs sont au service l'un du Comte, l'autre de la Comtesse.

Le décor que le spectateur découvre sera sans doute un lieu de passage important, peu propice à l'intimité.

> **Attention**
> Les didascalies internes sont les informations sur la mise en scène données dans les répliques mêmes des personnages.

• C'est jour de fête au château. Le couple du valet amoureux et de sa « fiancée », qui va devenir sa « femme », évolue parmi les symboles de l'amour consacré par le mariage (« beau lit », « bouquet de fleur d'orange », « chapeau de la mariée »). Tout annonce l'imminence de la cérémonie. Jusqu'alors au théâtre, le mariage – en général entre les maîtres – clôt la comédie, où tout est bien qui finit bien. Le mariage des valets en ouverture de la pièce est donc une proposition novatrice, elle amorce une comédie d'un genre nouveau.

2. La présentation des personnages essentiels

La scène joue son rôle d'exposition en présentant aussi des personnages encore absents mais qui semblent devoir jouer, par la suite, un rôle important.

• Autour d'un inquiétant absent, l'action se noue. « Monseigneur », homme de « plaisirs » qui n'aime plus sa femme, se révèle un obstacle redoutable au bonheur du couple : il « courtise » Suzanne et il est prêt à user de l'antique « droit » de cuissage. La « dot » qu'il offre est en fait un moyen d'acheter les faveurs de la fiancée. Ce « troisième » personnage, même absent, ternit la gaieté ambiante.

• Deux « clans » se préparent à s'affronter. D'un côté, les victimes : Figaro, Suzanne et « Madame », la Comtesse, délaissée par un mari volage. De l'autre, le Comte représente le pouvoir, la fortune (il a des « domaines », il offre une « dot ») et l'immoralité (il veut revenir sur l'abolition d'un « droit » injuste). Il est secondé par Bazile, « l'agent de ses plaisirs », que Suzanne qualifie ironiquement de « loyal », « honnête » et « noble ». Il y a inégalité de forces entre le camp de la puissance, de l'hypocrisie (deux hommes dont l'un est un puissant seigneur), et celui de l'innocence et du bonheur, qui compte deux femmes.

3. Un air de comédie

Dès l'exposition la tonalité de la pièce nous est donnée.

• Sur la scène, le comique passe par les gestes. Suzanne, coquette, tourne autour de son fiancé pour qu'il admire sa toilette : « Tiens, Figaro, voilà mon petit chapeau : le trouves-tu mieux ainsi ? » Figaro fait des acrobaties pour mesurer la pièce. Les gestes d'amour sont simples (Figaro « lui prend les mains »). Mimiques et sauts accompagnent les onomatopées (« zeste », « crac »).

• Le comique passe aussi par le langage. Le dialogue est enlevé : les répliques rebondissent les unes sur les autres, avec parfois des effets d'écho (« en deux pas tu es chez elle/il est à ma porte […] en trois sauts me voilà rendu » ; « tinter/tinté »). Le vocabulaire est familier, les apostrophes sont prononcées avec une emphase ironique (« ô mon mignon »), les menaces de Figaro contre Bazile sont très imagées (« une volée de bois vert […] a dûment redressé la moelle épinière ») et donnent de l'humour à l'échange. Suzanne multiplie les sous-entendus (« certain quart d'heure… »).

[Transition] Sous son apparente légèreté, la scène d'exposition remplit pleinement son rôle informatif et retient dès le début l'attention. Mais elle dépasse la simple fonction informative ; elle donne au couple de serviteurs un relief nouveau, une épaisseur psychologique plus marquée que chez les valets du XVIIe siècle.

> **Conseil**
> Vous n'êtes pas tenu de « lier » les axes entre eux par une transition, mais il est préférable de donner de la cohérence à votre commentaire par des transitions entre les parties de votre commentaire.

II. Des serviteurs singuliers

1. Un couple d'amoureux

• L'échange verbal porte les marques du discours amoureux. Figaro et Suzanne se tutoient. Parfois, l'emploi de la troisième personne introduit une solennité presque courtoise qui permet de glisser un compliment : « la tête *d'une belle jeune fille* », « *l'œil amoureux* d'un époux » (métonymie par laquelle Figaro se désigne lui-même), « ta fiancée » à la place de « moi ».

• Tendres et passionnés, les deux personnages ponctuent leurs phrases de termes affectueux imités du discours précieux (« es-tu mon serviteur ? », « ma charmante »). Figaro est tellement « enfiévré » qu'il se voit déjà « époux », il voit là déjà le « beau lit » alors que le meuble n'est pas encore.

2. Un valet de comédie peu contestataire

Dans cette scène où le couple se livre une joute verbale, se font face un fiancé naïf et une jeune femme au franc-parler, bien émancipée… Figaro a gardé certains traits traditionnels du valet de comédie du XVIIe siècle. En aucun cas il ne mène la scène.

LE THÉÂTRE

• Il est dévoué à son maître dont il ne discute pas la supériorité. Il est toujours prêt à accéder à ses moindres désirs (« me voilà rendu »). Mais il s'échauffe, s'emporte et il lui arrive de jurer : « bon Dieu », lance-t-il.

• Il a une conception traditionnelle du couple, comme en témoigne son aparté plein d'emphase, mais stéréotypé : « Oh ! quand elles [= les femmes] sont sûres de nous [= les hommes] !... »

• Il est naïf et manque d'esprit critique : il n'a pas compris les intentions de son maître. Mais sa bonne humeur est indéfectible, c'est un « bon garçon » qui imprime à la scène son rythme enlevé.

3. L'émancipation de la femme au sein du couple

Suzanne est une jeune femme vive, en harmonie avec son siècle. Le spectateur pressent qu'elle mènera ses affaires comme elle mène le dialogue.

• Elle est émancipée. Elle tient tête avec obstination à son futur mari (« Et moi, je n'en veux point. », « Je n'en veux point. »). Elle répète à l'envi le verbe « vouloir » sous la forme impérieuse « je veux » (et non pas atténuée « je voudrais »). Elle multiplie les reproches (« Es-tu mon serviteur ou non ? ») quelquefois voilés mais clairs (« Que *les gens* [= Figaro !] d'esprit sont bêtes ! »)

• Elle mène la scène : elle emploie le ton didactique du maître qui rappelle à l'ordre son élève (« Il faudrait m'écouter »). Elle détrompe Figaro (« tu croyais... ») et lui fait partager son savoir (« apprends que... »). Elle recourt à des phrases aux allures de maximes, avec de belles antithèses (« Prouver que j'ai raison serait accorder que je puis avoir tort »).

• Mais elle le fait avec humour et ironie, ton caractéristique du XVIIIe siècle. Elle reprend des propos de Figaro pour se moquer de lui (« zeste, en deux pas il est à ma porte et crac en trois sauts... »). Elle utilise des apostrophes un peu condescendantes : « mon fils », « bon garçon ». Enfin, l'image « les beaux yeux de ton mérite » est d'une ironie savoureuse (comme si le Comte était tombé amoureux... de Figaro !).

Conclusion

Conduite suivant un élan joyeux, cette scène d'exposition met le spectateur au courant de la situation tout en peignant le caractère des personnages principaux. Le couple qui ouvre la pièce ne bouleverse pas fondamentalement l'image du valet de théâtre ; c'est seulement plus tard dans la pièce que Figaro se révélera un serviteur contestataire, voire agressif face à un maître qui s'est « donné la peine de naître, et rien de plus ».

SUJET

19

Polynésie française • Septembre 2013

Le texte théâtral et sa représentation • 14 points

Un divertissement complet

Dissertation

▸ Selon un auteur contemporain, le théâtre est le divertissement le plus complet, car il associe le plaisir du texte à celui du jeu des acteurs et à celui des décors. Qu'en pensez-vous ?
Vous développerez votre argumentation en vous appuyant sur les documents du corpus et sur les pièces que vous avez lues et vues durant l'année.

Les textes du corpus sont reproduits dans le sujet n° 17.

LES CLÉS DU SUJET

Comprendre le sujet

• Les mots « texte » et « jeu des acteurs/décors » rappellent la dualité du genre théâtral : texte écrit par un auteur et représentation par une troupe.
• Le mot « plaisir » incite à chercher ce qui est agréable dans le théâtre.
• La **problématique** est : *quels plaisirs peuvent apporter le texte théâtral ? la représentation ? la combinaison de ces deux composantes ?*
• « Qu'en pensez-vous » n'invite pas ici à discuter de l'expression « ***le plus*** complet » (par rapport à d'autres « divertissements »), mais à montrer que le théâtre est un genre riche, à la fois une œuvre littéraire et un spectacle.

Chercher des idées

• **Scindez cette problématique en plusieurs sous-questions** que vous essaierez de varier en modifiant les mots interrogatifs :
« Peut-on trouver du plaisir à lire une pièce sans assister à sa représentation ? » ; « Que gagne une pièce à être représentée (ou vue) ? » ; « Quels éléments le spectacle ajoute-t-il au texte théâtral ? »
• Comme vous aurez à faire souvent référence à l'idée de « plaisir », constituez une réserve de mots pour éviter les répétitions : *plaire*, *plaisant* ;

agrément, agréable ; *réjouir, réjouissant* ; *satisfaction* ; *divertir, divertissant, divertissement* ; *distraire, distraction, distrayant* ; *bienfait*...

• Utilisez les textes du corpus et constituez-vous un **répertoire d'exemples** de pièces que vous avez lues ou vues.

▶ **Pour réussir la dissertation :** voir guide méthodologique.

▶ **Le théâtre :** voir mémento des notions.

CORRIGÉ 19

Le corrigé se présente sous forme de plan et ne comporte que quelques exemples. Vous devez le compléter avec des exemples personnels.

Les titres en couleurs et les indications entre crochets servent à guider la lecture mais ne doivent pas figurer sur la copie.

Introduction

[Amorce] « Je ne fais pas de la littérature. Je fais une chose tout à fait différente ; je fais du théâtre », affirme Eugène Ionesco. Par cette boutade provocatrice, il souligne une spécificité qui fait de ce genre [Problématique] un divertissement très complet. [Annonce du plan] Sa particularité est d'être un genre « double » qui mêle texte et représentation, et dont chaque composante apporte des plaisirs distincts et complémentaires.

I. Les plaisirs du théâtre lu ou entendu

1. Le plaisir de lire une pièce

Musset au XIXe siècle a composé *Spectacle dans un fauteuil*, recueil composé de pièces destinées à être lues. Quels sont donc les plaisirs particuliers qu'offre la lecture d'une pièce ?

• Le texte théâtral fournit l'essentiel pour comprendre et apprécier la dynamique de la pièce, son intrigue, ses rebondissements, imaginer les personnages, leur caractère, leur physique *[exemples personnels]*.

• Les didascalies externes – fréquentes dans les pièces modernes – permettent d'imaginer les décors, les mouvements et les gestes des personnages, leurs mimiques et leurs intonations *[exemples personnels]*.

• Lire une pièce ménage un espace de liberté : on fragmente sa lecture, on revient en arrière, on relit un passage qu'on a aimé. On se représente librement les personnages, leurs aspects, leurs voix... *[Exemples personnels]*

• Lire une pièce procure le plaisir d'une participation active à la création : on se met dans la peau d'un interprète, on prend plaisir à imaginer soi-même la mise en scène *[exemples personnels]*.

2. La spécificité du texte théâtral, « poème dramatique »

Le texte théâtral n'est pas un texte banal. C'est un texte littéraire.

• Une pièce repose sur un texte assez réduit (par rapport à d'autres genres littéraires) donc dense. Il mobilise des sentiments, des passions plus intenses que dans la vie. Sa charge passionnelle – notamment dans les tragédies – crée une émotion particulière *[exemples personnels]*.

• Le texte théâtral, fruit d'un travail artistique, procure un plaisir esthétique. Parfois proche de la poésie, il enchante l'imagination : exemples des images poétiques chez Musset ou Giraudoux ; la définition d'un baiser par Cyrano dans la pièce de Rostand.

• Il est aussi beau à entendre, comme dans un enregistrement : exemples la musicalité du vers dans la tirade de Bérénice de Racine : « Dans un mois, dans un an… » ; les imprécations de Camille dans *Horace* de Corneille.

[Transition] Mais une pièce de théâtre est faite pour être jouée ; plaisir du texte, certes, mais associé au plaisir de la représentation.

II. Le plaisir de la représentation

1. Le théâtre, un spectacle vivant

Victor Hugo a dit du théâtre : « Il y a des cœurs humains sur la scène, des cœurs humains dans la coulisse, des cœurs humains dans la salle. »

• La présence du public procure le plaisir de s'intégrer à un groupe qui vibre à l'unisson et de participer à la création collective du spectacle. Ionesco compare le spectacle de théâtre à un match, où la présence d'un public amplifie ce qui se passe sur scène.

• La représentation est une fête pour les sens : décors, costumes et éclairages sont source de plaisir esthétique [*exemples personnels*]. Les acteurs qui incarnent « en chair et en os » des personnages leur donnent une voix (inflexions, beauté des timbres…), une présence : « Il n'y a pas de théâtre sans incarnation » (Mauriac).

• Le plaisir de ressentir des émotions fortes, de l'illusion théâtrale : le théâtre se vit, il ne se pense pas. L'illusion théâtrale a une grande force émotive ; elle permet de représenter un spectacle plus vrai que le réel.

• Une représentation de théâtre n'est jamais la même, l'œuvre est chaque jour réinterprétée. Le théâtre vivant apporte le plaisir de la variété.

LE THÉÂTRE

2. La position privilégiée du spectateur

Le spectateur a un statut privilégié, qui lui procure un plaisir peu commun.

• Le texte théâtral a ceci de particulier (par rapport à la vie réelle) qu'il est fondé sur une double énonciation : le personnage s'adresse aux autres personnages mais aussi au public. Grâce aux apartés, aux monologues qui ne produisent leur effet qu'à la représentation, le spectateur se sent impliqué, intégré à la représentation comme un personnage *[exemples personnels]*.

• Le spectateur exerce un privilège qu'il n'a pas dans la vie : sans pouvoir intervenir sur scène, il sait tout, voit tout, plus que les personnages eux-mêmes *[exemples personnels]*.

• Il vit en direct et de l'intérieur les émotions et sentiments, il « compatit » au sens étymologique *[exemples personnels]*.

3. La rencontre d'un texte et de son interprétation

La mise en scène est une interprétation du texte.

• La représentation donne la satisfaction de mieux comprendre l'œuvre, de découvrir des aspects que l'on n'avait pas saisis à la lecture (les décors éclairent l'époque, des gestes et des objets symboliques aident à mieux comprendre un personnage…) *[exemples personnels]*.

• Les choix du metteur en scène ouvrent des pistes inattendues pour le sens de la pièce, ce qui offre le plaisir de la nouveauté. Par exemple, la transposition de l'action à une autre époque : Ariane Mnouchkine fit en 1995 de Tartuffe un intégriste musulman.

• Enfin, le texte est unique, la représentation multiple – chaque metteur en scène apporte sa vision personnelle. En comparant différentes interprétations, le spectateur goûte au plaisir de la diversité *[exemples personnels]*.

Conclusion rédigée

[Synthèse] Lire une pièce est divertissant, mais la voir représentée apporte encore plus de plaisir car le spectacle donne à une pièce toute sa dimension. Les deux expériences se complètent et s'enrichissent mutuellement pour le plus grand plaisir du public. [Ouverture] Cependant, le théâtre n'est-il que « divertissement » ? Molière, qui avait pour but d'amuser son public, entendait aussi le faire réfléchir ; les auteurs de tragédies veulent susciter des émotions chez les spectateurs mais ils exploitent aussi la vertu cathartique de leurs œuvres. Le théâtre est un genre complet parce qu'à la fois il « instruit et plaît ».

Attention
Pour terminer votre conclusion par un élargissement de la problématique, faites appel à vos connaissances scolaires mais aussi extrascolaires (autres arts, actualité…).

SUJET

20

Polynésie française • Septembre 2013

Le texte théâtral et sa représentation • 14 points

Un divertissement complet

Écriture d'invention

▸ Un metteur en scène désapprouve la conception trop directive des interventions de Ionesco dans la mise en scène des *Chaises* (textes C et D). Dans une lettre adressée à un collègue fidèle aux indications de Ionesco (texte D), il défend sa propre conception de la mise en scène et sa liberté par rapport aux auteurs. Il s'appuie sur des exemples précis d'autres représentations. Rédigez cette lettre.

Le candidat peut s'appuyer sur les textes du corpus reproduits dans le sujet n° 17.

LES CLÉS DU SUJET

Comprendre le sujet

Une analyse précise de la **consigne** permet d'en dégager les **contraintes**.

- **Sujet/thème du texte :** « la mise en scène des *Chaises* » et, plus généralement, des pièces où les auteurs multiplient les directives (didascalies notamment) ;
- **Perspective sur le thème :** « conception […] directive… » ou « liberté » d'interprétation.
- **Genre :** « lettre ». Il faut en respecter les caractéristiques : formule d'adresse, implication de l'auteur et du destinataire (la 1re et 2e personnes).
- **Type de texte :** « désapprouve », « défend sa conception » indiquent que le texte est argumentatif.
- **Situation d'énonciation** : qui ? « un metteur en scène » ; à qui ? « un collègue », c'est-à-dire un metteur en scène.
- **Niveau de langue :** correct ou soutenu.
- **Le registre** : « Il défend » suggère un ton enthousiaste, voire polémique.

• « Définition » du texte à produire.

Lettre (*genre*), qui argumente sur (*type de texte*) la marge de liberté à laisser à la troupe par un auteur (*thème*), ? (*registre*), pour défendre sa part dans la création théâtrale (*buts du locuteur*).

■ Chercher des idées

• **La problématique** est : *Faut-il ou non suivre les directives de l'auteur d'une pièce* ? **Deux thèses** s'opposent :

– celle du collègue : *l'auteur de théâtre a le droit d'imposer aux acteurs leur interprétation, c'est lui le vrai créateur de la pièce*. C'est la thèse de Ionesco (document D) : elle n'est pas à soutenir dans votre devoir, mais le metteur en scène doit y faire référence pour la réfuter.

– celle du **metteur en scène** : *Les metteurs en scène doivent être libres d'interpréter une pièce, ils ont leur part dans la création d'une pièce* ».

• Il s'agit en fait d'une sorte de dissertation déguisée… en lettre.

• Il faut chercher des **arguments** et des **exemples** (voir la dissertation).

• **Les arguments**

– La pièce n'appartient plus à l'écrivain après qu'il l'a écrite.

– Il faut adapter la pièce au contexte, à la sensibilité du public.

– On a le droit de moderniser une pièce, sans quoi elle tombe dans l'oubli.

• **Le choix des exemples** : Puisez-les dans la scène des *Chaises*, le document D mais aussi dans des pièces que vous avez lues et vues.

▶ **Pour réussir l'écriture d'invention :** voir lexique méthodologique.

▶ **Le théâtre :** voir lexique des notions.

CORRIGÉ 20

Le corrigé n'est pas entièrement rédigé. Des indications en rouge entre crochets suggèrent comment le développer. Un devoir trop court est pénalisé.

Cher confrère,

Je viens d'assister à votre mise en scène des *Chaises* de Ionesco. Je n'ai pu en discuter avec vous de vive voix [donner une raison]. Je vous écris donc pour vous donner mon sentiment. Par respect pour notre amitié, je serai franc : je n'ai pas apprécié votre travail. Pour moi, « mettre en scène » exige une véritable réflexion, une *interprétation*. Or, vous vous êtes borné à suivre les indications maniaques de Ionesco. Une pièce de théâtre est comme une partition. C'est le metteur en scène, ce sont les interprètes qui la rendent vivante, lui donnent son souffle, son rythme, son atmosphère. Nous sommes des êtres de chair, pas des haut-parleurs désincarnés. Je refuse de « m'annuler », de me « laisser modeler par la pièce », comme dit Ionesco !

Je sais bien qu'il défend ses didascalies [utiliser le document D]. Je conçois que ses « chaises » aient une portée hautement symbolique. J'ai consulté le schéma scénographique qu'il a dessiné pour noter les 35 chaises à disposer et j'ai constaté que vous aviez *scrupuleusement* respecté ce nombre. Qu'il y ait des chaises, soit, mais qu'importe combien… Sans compter que le respect rigoureux des didascalies vous a posé un gros problème pratique : les chaises empêchaient vos acteurs d'évoluer à leur aise [exemples de ce qui s'est produit sur scène]. En suivant à la lettre les indications de Ionesco, vous avez commis une erreur parce que vous ne disposiez pas du même type d'espace que lui quand il a créé la pièce.

Pour moi, *adapter* est le mot-clé ! La mise en scène ne doit pas être servile. L'auteur, avec son texte, a indiqué une « façon de faire » mais c'est à chaque mise en scène de recréer chaque soir la pièce. Une fois écrite, elle n'appartient plus à son auteur. Ainsi je voudrais qu'on puisse dire : « J'ai vu *Les Chaises* de Luc Robin en 2013 » [développer sur le thème : une création marquée de son empreinte par le metteur en scène]. Racine, lui, a eu la sagesse de n'écrire pratiquement aucune directive pour ses interprètes. Cela a permis de multiplier les *Phèdre,* au gré du metteur en scène ou de l'interprète et des sensibilités [exemples de différentes *Phèdre*]. Aujourd'hui, vous le savez comme moi, nous sommes confrontés à des auteurs tatillons qui veulent tout contrôler. Ainsi j'ai vu une vidéo où Samuel Beckett supervisait, à Berlin, les répétitions d'un de ses ouvrages : le passage du texte écrit au texte joué devenait un rituel étouffant [évoquer l'absence de liberté des comédiens].

Bien sûr, je ne défends pas les inventions absurdes de metteurs en scène ou d'acteurs qui opèrent de graves déformations et tombent dans le contresens [donner des exemples de mises en scène qui trahissent un texte]. Ma conviction est que le metteur en scène doit faire la synthèse entre deux exigences : le respect de l'œuvre et sa recréation vivante sur le plateau. L'équilibre est difficile à trouver mais là est la beauté de notre métier !

J'espère, cher confrère, que vous prendrez ma lettre comme un appel sincère à dialoguer sur ce qui nous passionne tous deux : l'art de la mise en scène. Venez donc à ma première du *Misanthrope* et passez me voir après la représentation. Vous me direz avec la même franchise que moi ce que vous en aurez pensé.

Bien cordialement,

Luc Robin

SUJET

21

France métropolitaine • Juin 2013

Écriture poétique et quête du sens • 6 points

La chambre

Questions

Documents

A – **Théophile Gautier**, « La Bonne Soirée », *Émaux et Camées*, 1872.
B – **Max Jacob**, « Petit Poème », *Le Cornet à dés*, deuxième partie, 1917.
C – **Joë Bousquet**, « À cette ronde d'enfants… », *La Connaissance du soir*, « Pensefables et Dansemuses », 1947.
D – **Vincent Van Gogh**, *Lettres à son frère Théo*, 1873-1890.

▸ 1. Quel lieu intime est évoqué dans les documents A, B et C ? En quoi cette évocation est-elle poétique ? *(3 points)*

▸ 2. À quelles impressions, agréables ou désagréables, ce lieu est-il, selon vous, associé dans chacun des quatre documents ? *(3 points)*

Après avoir répondu à ces questions, les candidats devront traiter au choix un des trois sujets n° 22, 23 ou 24.

DOCUMENT A **La Bonne Soirée**

Quel temps de chien ! — il pleut, il neige ;
Les cochers, transis[1] sur leur siège,
Ont le nez bleu.
Par ce vilain soir de décembre,
Qu'il ferait bon garder la chambre,
Devant son feu !

À l'angle de la cheminée
La chauffeuse capitonnée[2]
Vous tend les bras
Et semble avec une caresse

Vous dire comme une maîtresse,
« Tu resteras ! »

Un papier rose à découpures,
Comme un sein blanc sous des guipures[3],
Voile à demi
Le globe laiteux[4] de la lampe
Dont le reflet au plafond rampe,
Tout endormi.

On n'entend rien dans le silence
Que le pendule qui balance
Son disque d'or,
Et que le vent qui pleure et rôde,
Parcourant, pour entrer en fraude,
Le corridor.

C'est bal à l'ambassade anglaise ;
Mon habit noir est sur la chaise,
Les bras ballants ;
Mon gilet bâille et ma chemise
Semble dresser, pour être mise,
Ses poignets blancs.

Les brodequins[5] à pointe étroite
Montrent leur vernis qui miroite,
Au feu placés[6] ;
À côté des minces cravates
S'allongent comme des mains plates
Les gants glacés.

Il faut sortir ! – quelle corvée !
Prendre la file à l'arrivée
Et suivre au pas
Les coupés[7] des beautés altières[8]
Portant blasons[9] sur leurs portières
Et leurs appas[10].

Théophile Gautier, « La Bonne Soirée », *Émaux et Camées*[11], 1872.

1. Glacés par le froid. 2. Chaise rembourrée et piquée, qui offre un confort douillet près du feu. 3. Dentelles fines et ajourées. 4. De forme ronde, et qui a la couleur du lait. 5. Chaussures couvrant le pied et une partie de la jambe. 6. Placés près du feu. 7. Véhicules fermés généralement élégants, tirés par un ou deux chevaux. 8. Femmes belles et fières. 9. Armoiries d'une famille de la noblesse. 10. Attraits, charmes. 11. Titre du recueil qui évoque des objets d'orfèvrerie recouverts d'émail et des pierres fines sculptées.

LA POÉSIE

DOCUMENT B Petit Poème

Je me souviens de ma chambre d'enfant. La mousseline des rideaux sur la vitre était griffonnée de passementeries[1] blanches, je m'efforçais d'y retrouver l'alphabet et quand je tenais les lettres, je les transformais en dessins que j'imaginais. H, un homme assis ; B, l'arche d'un pont sur un fleuve. Il y avait dans la chambre plusieurs coffres et des fleurs ouvertes sculptées légèrement sur le bois. Mais ce que je préférais, c'était deux boules de pilastres[2] qu'on apercevait derrière les rideaux et que je considérais comme des têtes de pantins avec lesquels il était défendu de jouer.

Max Jacob, « Petit Poème », *Le Cornet à dés*, deuxième partie, 1917.

1. Festons ou galons tissés et brodés.
2. Piliers ou montants utilisés dans une décoration intérieure.

DOCUMENT C À cette ronde d'enfants…

À cette ronde d'enfants[1]
Que tant de peine a suivie
Vous n'étiez vous qu'en passant
Chansons qui fûtes ma vie

Vous dont je fus la clarté
Beaux jours courbés sous leur ombre
J'ai vécu de vous compter
Je mourrai de votre nombre

Possédant ce que je suis
Je saurai sur toutes choses
Que la chambre où je grandis
Dans mon cœur était enclose[2]

Joë Bousquet, « À cette ronde d'enfants… », *La Connaissance du soir*, « Pensefables et Dansemuses », © Éditions Gallimard, 1947.

1. Le texte du poème est imprimé en italique dans l'édition du recueil.
2. Enfermée.

DOCUMENT D

Le peintre Vincent Van Gogh après s'être rendu en Angleterre, en Belgique, dans plusieurs provinces des Pays-Bas ainsi qu'à Paris, s'installe dans la ville d'Arles dont il apprécie la lumière qu'il cherche à capter sur ses toiles. Dans la correspondance qu'il entretient avec son frère Théo tout au long de ses voyages, il rend compte de sa vie quotidienne comme de ses recherches artistiques et de ses motifs d'inspiration, qu'il illustre et transcrit au moyen de nombreux croquis.

Mon cher Théo,

Enfin je t'envoie un petit croquis pour te donner au moins une idée de la tournure que prend le travail. Car aujourd'hui je m'y suis remis.

J'ai encore les yeux fatigués, mais enfin j'avais une nouvelle idée en tête et en voici le croquis. Toujours toile de 30.

C'est cette fois-ci ma chambre à coucher tout simplement, seulement la couleur doit ici faire la chose et en donnant par sa simplification un style plus grand aux choses, être suggestive ici du *repos* ou du *sommeil*[1] en général. Enfin la vue du tableau doit reposer la tête ou plutôt l'imagination.

Les murs sont d'un violet pâle. Le sol est à carreaux rouges.

Le bois du lit et les chaises sont jaune beurre frais, le drap et les oreillers citron vert très clair.

La couverture rouge écarlate.

La fenêtre verte.

La table à toilette orangée, la cuvette bleue.

Les portes lilas.

Et c'est tout – rien dans cette chambre à volets clos.

La carrure des meubles doit maintenant encore exprimer le repos inébranlable.

Des portraits sur le mur et un miroir et un essuie-mains et quelques vêtements.

Le cadre – comme il n'y a pas de blanc dans le tableau – sera blanc.

Cela pour prendre ma revanche du repos forcé[2] que j'ai été obligé de prendre.

J'y travaillerai encore toute la journée demain, mais tu vois comme la conception est simple. Les ombres et ombres portées sont supprimées, c'est coloré à teintes plates et franches comme les crépons[3].

LA POÉSIE

Cela va contraster avec par exemple *La Diligence de Tarascon* et *Le Café de nuit*[4].

Je ne t'écris pas longtemps, car je vais commencer demain fort de bonne heure avec la lumière fraîche du matin, pour finir ma toile.

Comment vont les douleurs ? N'oublie pas de m'en donner des nouvelles.

J'espère que tu écriras de ces jours-ci.

Je te ferai un jour des croquis des autres pièces aussi.

Je te serre bien la main,

t. à t.[5]
Vincent
Arles, 16 octobre 1888.

Vincent Van Gogh, *Lettres à son frère Théo*, 1873-1890.

Croquis inséré par Vincent Van Gogh dans sa lettre pour donner à son frère Théo « au moins une idée de la tournure que prend le travail ».

Coll. Rijksmuseum, Amsterdam

1. Expressions soulignées par l'auteur.
2. La référence au « repos forcé » s'explique par le fait que la semaine précédente, Vincent Van Gogh s'est épuisé à peindre cinq grandes toiles, et qu'il lui a été par ailleurs impossible de sortir pour travailler en raison du mistral.
3. Papiers fins gaufrés utilisés en décoration.
4. Titres de deux toiles célèbres du peintre.
5. Tout à toi.

LES CLÉS DU SUJET

■ Question 1

• C'est le **dessin de Van Gogh** qui donne d'emblée la réponse à la question. Surlignez dans les trois poèmes les mots qui désignent ce lieu.
• Relevez aussi les **éléments caractéristiques de ce lieu** (meubles, objets...) et classez-les par ressemblance.
• Puis montrez ce qui fait de ces textes des **poèmes** : regard nouveau porté sur ce lieu, métamorphose du réel, mais aussi façon de l'exprimer (forme, figures de style, musicalité et jeux sur les rythmes...).

■ Question 2

• Le terme « impressions » est large : impressions **sensorielles, affectives ou intellectuelles / existentielles.**
• Précisez, pour chaque impression, si elle est agréable ou désagréable ; indiquez par quels procédés le poète rend cela sensible.
• Le mot « chacun » laisse entendre que vous pouvez traiter les documents séparément. Cependant, cherchez d'abord leurs **points communs,** groupez-les par ressemblance, ou observez une **progression** entre ces poèmes.
• Accompagnez chaque remarque d'**exemples** tirés des différents textes.

▶ **Réussir les questions :** voir guide méthodologique.
▶ **La poésie :** voir mémento des notions.

CORRIGÉ 21

Les titres en couleurs et les indications entre crochets servent à guider la lecture mais ne doivent pas figurer sur la copie.

▸ Question 1

[Introduction] Les poètes puisent souvent leur inspiration dans une réalité intime. Au XIXe siècle, le parnassien Théophile Gautier dans « La Bonne Soirée », puis au XXe siècle, le surréaliste Max Jacob dans « Petit Poème » et le poète de la douleur, Joë Bousquet, dans « À cette ronde d'enfants » font de leur chambre le sujet de leurs poèmes.

1. Un lieu intime : la chambre

• Le nom « chambre » figure dans les trois textes. Les deux premiers poèmes en mentionnent des éléments caractéristiques : des meubles (« la chauffeuse », « le pendule », « la chaise », « la lampe » chez Gautier ; les « coffres » chez Max Jacob) ou des éléments de décoration (la « cheminée », les « rideaux », « les boules de pilastres »). Le poème de Bousquet y renvoie de façon moins concrète.

• Lieu intime, la chambre est un espace protégé par opposition à l'« extérieur » où il « vent[e] » (Gautier) et dont elle est séparée par la « vitre » (Jacob).

2. Un regard et une évocation poétiques

• Les poètes « transfigurent » la chambre par les images et les animent par les personnifications : la « chauffeuse [...] / Vous tend les bras », le gilet « bâille », le « reflet de la lampe » est « tout endormi » (Gautier) ; Jacob transforme les lettres en « homme assis », les « boules de pilastres » en « têtes de pantins ». C'est tout un monde devenu fantaisiste qui prend vie.

• Le lien étroit que tissent les poètes entre le lieu familier banal et leur paysage intérieur donne à ces textes leur richesse poétique : c'est l'envie de rester dans la chambre et la peur de sortir de Gautier, c'est la remontée des souvenirs qui s'opère à partir du lieu et des objets chez Max Jacob et Bousquet.

3. Une écriture poétique

• La mise en page signale d'emblée l'écriture poétique : Gautier et Bousquet ont choisi les vers, Max Jacob la prose, mais son poème a la brièveté qu'on attend d'un « Petit Poème », compact et ramassé comme la chambre.

• Les trois poètes donnent à leur texte de la musicalité par le choix des sons et des rythmes : les enjambements allongent les vers de Gautier pour leur donner un air de paresse ; le « Petit Poème » de Jacob, avec ses coupes et son accumulation de phrases juxtaposées, prend le rythme sautillant de l'enfance ; l'absence de ponctuation chez Bousquet rend compte de la langueur de sa méditation, mais le parallélisme régulier de la structure des vers 7-8 traduit l'écoulement inexorable du temps…

[Conclusion] La chambre est un tremplin pour la création. Les poètes répondent ainsi à une des fonctions de la poésie : transformer la banalité du monde.

▶ Question 2

La réponse se présente sous la forme d'un plan que vous pouvez rédiger.

[Introduction] Signaler pour les documents un attachement fort de l'artiste à ce lieu intime riche en impressions sensorielles, affectives et existentielles.

1. Pour Gautier et Van Gogh, un nid de sensations agréable

• Pour Gautier, des impressions sensorielles : l'ouïe (« silence ») ; la vue (couleurs symboliques : « rose », « blanc », « laiteux », « or ») ; le toucher (chaleur du « feu »). Impression d'un monde douillet qui incite à la somnolence (« bâille », « s'allongent »).

• Puis des impressions plus existentielles : l'une positive (univers protecteur contre les agressions du dehors), d'autres plus douloureuses : le « pendule qui balance » suscite la conscience du temps.

• La chambre est un univers agréable de bien-être, protecteur, rendu plus agréable par la mention du froid et du dehors qui servent de repoussoir.

• Pour Van Gogh, des impressions sensorielles revigorantes essentiellement visuelles (comme le prouve le « croquis » qui l'accompagne) : mention des « couleurs » vives (« violet », « rouges », « beurre frais », « citron vert très clair »).

• Ces sensations ont un effet sur le corps mais aussi sur la « tête ». Impression de joie de vivre (« *repos* », « reposer », « *sommeil* », « *repos inébranlable* ») et de simplicité (« simple »). Cette impression est rendue par la juxtaposition des groupes nominaux comme des touches de pinceau, par la simplicité des lignes et les objets représentés dans le croquis.

2. Pour Max Jacob et Bousquet, des impressions mitigées

• Pour Max Jacob, les impressions sensorielles (surtout la vue : « dessins », « fleurs sculptées ») sont un tremplin au souvenir, alimentant l'imagination.

• Impressions affectives : une nostalgie agréable, le plaisir suscité par le monde de l'enfance resurgi par bribes, impression de rêve et de voyage dans le temps.

• Seules impressions un peu négatives : efforts nécessaires (« je m'efforçais d'y retrouver ») et surtout rappel de l'interdit des adultes (« défendu de jouer » avec ce qu'il « préférai[t] »).

• Pour Bousquet, nostalgie d'abord, puis réflexion presque philosophique : la chambre permet la connaissance de soi (« je saurai toutes choses »), mais rappelle que le temps passe inexorablement. Beaucoup de mots sont chargés négativement (« peine », « ombre », « mourrai ») ; jeu des temps : le passé simple renvoie les souvenirs dans le passé, le futur donne l'impression de dominer toute une existence déjà « jouée ».

• Impression de douleur existentielle (enfermé dans la vie comme dans la chambre).

[Conclusion] La variété de la sensibilité des artistes « colore » le monde.

LA POÉSIE

SUJET

22

France métropolitaine • Juin 2013

Écriture poétique et quête du sens • 14 points

La chambre

Commentaire

▸ Vous ferez le commentaire du texte de Théophile Gautier en vous aidant du parcours de lecture suivant.
a) L'opposition des lieux décrits (éléments et personnages du décor, sensations et scènes évoquées).
b) Le recours à l'humour et à l'imagination poétique pour suggérer « La Bonne Soirée ».

Se reporter au document A du sujet n° 21.

LES CLÉS DU SUJET

Trouver les idées directrices

- Faites la « **définition** » du texte pour trouver les axes (idées directrices).

Poème en vers *(genre)* qui décrit *(type de texte)* une chambre et une scène extérieure *(sujet)*, humoristique, satirique, ironique *(registres)*, fantaisiste, contrasté, pictural *(adjectifs)*, pour faire part de son état d'âme, pour jeter un regard critique sur le monde, pour faire sourire son lecteur *(buts)*.

Pistes de recherche

Nous avons scindé en deux la réponse à la première piste de la consigne, car elle aurait été trop longue par rapport à la deuxième ; cela rééquilibre le commentaire.

Première piste : deux tableaux en contraste

- **Visualisez** les tableaux « peints » et soulignez-en les contrastes (lieux, atmosphère…).
- Analysez par **quels moyens** (structure du poème, images, vocabulaire…) Gautier souligne cette opposition.
- Cherchez si ces deux lieux n'ont pas quelques **points communs**.

Deuxième piste : croquis et saynètes en contraste

- Analysez les **portraits des différents personnages** qui peuplent ces tableaux ; comment sont-ils désignés ? présentés ?
- Le poète en donne-t-il une image **positive** ou **négative** ?
- Quelles relations entre ces deux types de personnages suggère le poème ?

Troisième piste : imagination poétique et humour

- Quels sont les **traits humoristiques** du poème ? D'où vient sa **fantaisie** ?
- Quel regard porte Gautier sur le monde aristocratique ? sur lui-même ? sur le lecteur ?
- Comment interpréter le **titre du poème** ?

▶ **Pour réussir le commentaire :** voir guide méthodologique.
▶ **La poésie :** voir mémento des notions.

CORRIGÉ 22

Les titres en couleurs servent à guider la lecture mais ne doivent pas figurer sur la copie.

Introduction

[Amorce] La poésie est affaire d'intimité. Peut-on s'étonner alors que la chambre à coucher, lieu intime par excellence, inspire les poètes pour traduire leur état d'âme ? [Problématique] Aux côtés de Hugo (« L'humble chambre a l'air de sourire »), de Rimbaud (« La chambre est pleine d'ombre »), le poète parnassien Théophile Gautier dans « La Bonne Soirée » se décrit dans sa chambre un soir de « décembre »… [Annonce des axes] À travers la peinture de deux lieux en contraste – le dehors et le dedans –, il oppose deux mondes et deux atmosphères [I], fait le portrait de deux types de personnages, ceux du « monde » et lui-même – poète solitaire [II]. Mais loin des accents élégiaques des romantiques, grâce à son imagination poétique, il adopte un ton humoristique et satirique qui fait de son poème une sorte d'art poétique [III].

I. Le décor : deux tableaux en contraste, dehors et dedans

Le poème se structure par « enchâssement » : le tableau intérieur (la chambre) occupe les cinq strophes centrales et est encadré par deux strophes (1 et 7) qui peignent un décor extérieur. La « chambre » est comme protégée à l'intérieur du poème.

1. « Sortir ! » : un monde extérieur inhospitalier

• Dans le premier tableau, les conditions atmosphériques sont hostiles : on est un « vilain soir » (v. 4) de « décembre », il fait un « temps de chien » (v. 1) (connotation familière). Le poète insiste sur les conséquences de ce temps et les sensations désagréables : « transis » (v. 2), et fait un gros plan sur « le nez bleu » (v. 3).

• Ce tableau est peuplé d'un monde officiel, guindé, froid et artificiel : le lieu (« l'ambassade anglaise »), la mention des « blasons », la fierté des femmes aristocratiques « altières » et inaccessibles suggèrent l'officialité et l'insensibilité.

• Toutes ces conditions ne donnent pas envie de « sortir » : le mot « corvée » (v. 37) prend une nuance péjorative forte.

• La versification et la syntaxe concourent à cette impression d'hostilité : les phrases exclamatives, les fortes coupes (v. 1, 37), les rejets (v. 3, 42) marquent l'émotion que suscite cette évocation du dehors.

2. « La chambre » : un « nid » intérieur confortable et rassurant

• Ce lieu intime et clos (« plafond ») est empli d'objets familiers du quotidien précisément nommés : des meubles et des objets de décoration (« cheminée », « chauffeuse », « le pendule », « la lampe »), des vêtements personnels (« habit », « gilet », « chemise », « brodequins », « cravates », « gants »).

• Cet espace clos procure des sensations agréables ; tous les sens sont agréablement sollicités : la vue avec la lampe et la mention de couleurs douces – rose, blanc –, l'ouïe avec le « silence » et le bruit régulier du « pendule », le toucher avec la double mention du « feu » et celle de la cheminée, la « chauffeuse capitonnée » et la « caresse » ; l'odorat avec le « feu »...

• Le vocabulaire mélioratif (« bon », « caresse », « maîtresse ») campe un milieu idyllique, rassurant et envoûtant.

• La versification des strophes 2 à 6 rend compte de cette impression de confort et de sécurité : les multiples enjambements, les nombreuses rimes féminines donnent à cette évocation un rythme lent, alangui.

3. Une sorte de lutte entre ces deux lieux opposés

Mais la séparation n'est pas étanche entre ces deux univers opposés. Il y a quelques traces d'interaction qui provoquent le déchirement du poète.

• Les tentatives d'irruption du « vent » dans le « corridor » qui « rôde » « en fraude » introduisent une menace d'intrusion sonore (« pleure »), et mouvementée (« parcourant »), désagréable et perturbatrice dans ce monde de langueur et de « silence ».

• Certains éléments du décor, par leur aspect guindé ou officiel, rappellent de façon impitoyable l'obligation de « sortir » : « l'habit noir » (austère), les « brodequins à pointe étroite » et « leur vernis qui miroite », les « cravates » et les « gants glacés » forment la panoplie du parfait « dandy ».

II. Croquis et saynètes en contraste : la haute société et le poète solitaire

Le poème est constitué d'une succession de petits croquis en contraste.

1. La réalité et la froideur des personnages mondains

• Les personnages du « dehors » sont bien réels, représentatifs de tous les rangs sociaux, des « cochers » (domestiques) aux aristocrates (« beautés altières »). Ils semblent figés dans leur rôle.

• Les objets et les usages contraignants sont symboliques de cette rigidité officielle : importance des « coupés » (marque de richesse) et gros plans sur « blasons » et « portières » ; usage de « prendre la file » et « suivre au pas » (decorum figé et règles strictes). C'est une sorte de théâtre social qui nécessite un « costume » (v. 26-36).

• Mentionnés au pluriel, ils n'ont aucune identité ni personnalité précise, restent dans le flou et ressemblent à des pantins sans âme.

2. La solitude paresseuse d'un poète un peu dandy

• Le poète est un personnage riche, solitaire et sensuel : en ce sens, il s'oppose aux « cochers » (domestiques), au groupe des mondains, sortes de masques de cire insensibles.

• Il a une identité bien marquée, un caractère individualisé qui s'affirme par les indices de la première personne (« je », « mon ») et le « vous » officiel par lequel il se désigne de façon amusée (v. 9, 11).

• Sa sensualité et son goût du confort, de la paresse (presque « endormi » comme le globe de la lampe), à l'image du laisser-aller de son intérieur, contrastent avec les autres personnages.

3. La métamorphose annoncée : de la liberté du poète au devoir du dandy

• Mais le contraste est éphémère : le poème contient en germe la chronique d'une métamorphose annoncée. Tout est réuni pour que le poète sensuel et solitaire se transforme en aristocrate mondain.

• Le conditionnel « qu'il serait bon… » (irréel du présent), la mention du « bal » au milieu du tableau intime idyllique, la tournure impersonnelle « il faut » qui marque l'obligation sont autant de prémices à cette transformation obligée.

• La disposition de la tenue de soirée – prête à être enfilée – (« l'habit noir », les « brodequins à pointe étroite » et « leur vernis qui miroite », les « cravates » et les « gants glacés ») rappelle au poète qu'il ne pourra pas indéfiniment repousser le moment de s'habiller !

III. Imagination poétique et humour

1. La fantaisie et l'humour d'un monde imaginaire animé

• Le poète solitaire s'amuse, par de plaisantes personnifications des objets qui s'animent, à peupler sa chambre d'une galerie de personnages fictifs qui rappellent, ironiquement, les personnages du monde.

• Ainsi, la « chauffeuse », qui a des « bras » (Gautier joue sur le double sens du mot, propre et figuré), est une « maîtresse » qui le séduit, le tente par son tutoiement et ses mots enjôleurs (v. 12) ; le « vent », comme un rival éconduit, « pleure » et « rôde » ; l'« habit noir » a les « bras ballants » et le « gilet bâille » comme des dandys désœuvrés et fatigués de leur vie mondaine mais semblent attendre le bon vouloir du poète pour sortir ; les « brodequins » montrent leurs attraits comme un élégant en représentation. Tout un monde est reconstitué et annexé à la chambre !

• L'univers de la chambre prend une allure fantastique, avec ces « gants-mains plates » qui semblent autonomes, « s'allongent », ou cette « chemise » animée du désir d'« être mise ».

2. Un érotisme d'un nouveau genre…

• Certains éléments rappellent la tradition artistique et poétique liée au thème de la chambre : la mention du « sein », le « globe », le « disque » du pendule suggèrent les formes féminines d'une Nana (personnage de Zola). La lumière tamisée (v. 16) convient à une scène de séduction. Les dentelles de « guipures » et le verbe « voile à demi » pourraient renvoyer aux vêtements d'une femme qui se dévêt. La « caresse » évoque les jeux amoureux. Les sonorités fluides (« <u>s</u>emble, car<u>esse</u>, maîtr<u>esse</u>, r<u>es</u>teras »…) portent en elles des douceurs amoureuses.

• Mais l'érotisme prend une curieuse tournure : le « papier rose » dévoile un « globe laiteux », évoque une mère allaitante et fait du poète non plus un amant, mais un enfant. Le poème est alors à réinterpréter : la chambre n'est pas le lieu des amours mais un cocon maternel.

3. Autodérision et pointes de satire

D'autres traits traduisent l'esprit frondeur et plaisantin du poète.

• Gautier semble se moquer des conventions poétiques et vouloir créer la surprise : l'intrusion d'un petit tétramètre (vers de quatre syllabes) au milieu des plus solennels octosyllabes, le recours à une langue familière (« Quel temps de chien ! », « quelle corvée ! ») donnent au poème un rythme et un ton alertes. L'humour naît des effets de décalage.

• Le titre enfin est ambigu et peut prendre une nuance ironique : le mot « soirée » laisse attendre l'évocation d'un « bal » brillant réussi, mais l'adjectif « bonne » suggère que ce titre désigne en fait le farniente dans la chambre. Et au total, la soirée n'est pas vraiment bonne : il pleut, il fait froid et le poète se trouve contraint à une sortie qui l'ennuie ! Après avoir lu le poème, le lecteur est invité à une réinterprétation de son titre.

• La bonhomie du poète n'exclut pas la malice ou la férocité du trait : caricature des « cochers » avec un gros plan sur leur « nez bleu », satire plus ironique des femmes mondaines à travers l'association moqueuse des deux compléments du verbe « porter », l'un de sens concret (« blasons », signe d'ostentation) et l'autre de sens abstrait (« appas »), comme pour montrer que ces femmes « exposent » sans pudeur tout ce qui peut les mettre en valeur. La chambre devient une sorte d'observatoire d'où le poète contemple à distance le manège théâtral du monde, ses conventions et sa mascarade hiérarchisée (« prendre la file », « suivre au pas »).

> **Notez bien**
> Le procédé qui consiste à « atteler » deux compléments différents – l'un concret, l'autre abstrait – d'un même verbe s'appelle un « zeugma ». Exemple : « Vêtu de probité (*abstrait : qualité*) candide et de lin blanc (*concret : tissu*) » (Hugo). Il crée la surprise.

• Le poète néanmoins ne s'épargne pas et l'humour prend parfois la forme de l'autodérision. Gautier ne se prend pas au sérieux : paresseux, alangui, rêveur, mais en même temps hyper réactif. L'autoportrait n'est pas très indulgent et l'image pas très flatteuse… Mais malicieusement, le poète associe le lecteur à cette scène et en fait un complice, un « frère », auquel il semble s'adresser à travers la deuxième personne du pluriel ou le pronom indéfini « on ». Gautier renvoie au lecteur son propre portrait et l'invite à observer de sa chambre le théâtre du monde.

Conclusion

Poème apparemment léger et anodin qui prend pour sujet un lieu banal, « La Bonne Soirée » dépasse la simple anecdote. Il montre comment l'inspiration et l'imagination du poète se nourrissent du quotidien et le transfigurent, comment les lieux sont en résonance avec l'univers intime du poète, et comment la poésie exprime le monde. C'est enfin un véritable art poétique qui révèle aux apprentis poètes comment faire de la poésie sur presque rien !

SUJET 23

France métropolitaine • Juin 2013

Écriture poétique et quête du sens • 14 points

La chambre

Dissertation

▶ La création poétique doit-elle s'inspirer du quotidien ou bien puiser sa source dans un univers totalement déconnecté du réel ? Vous appuierez votre réflexion sur les poèmes du corpus mais aussi sur ceux que vous avez étudiés en classe ou rencontrés dans vos lectures personnelles.

Les textes du corpus sont reproduits dans le sujet n° 21.

LES CLÉS DU SUJET

Comprendre le sujet

- Les mots « s'inspirer de » et « puiser sa source dans » renvoient aux thèmes que doit choisir le poète.
- Le sujet propose une **alternative** : la poésie doit prendre sa source dans le quotidien ou bien elle doit se couper du réel.
- Les mots « le quotidien » et « le réel » renvoient au monde qui nous entoure : objets, lieux, phénomènes de la nature, obligations, habitudes imposées par la société, activités de la vie…
- « Déconnecté du réel » suggère l'**idée d'évasion** ou d'imagination et renvoie au rêve, à l'invention, à l'imaginaire.
- La formulation « doit-elle… » laisse entendre une discussion possible, un **plan dialectique**.
- La **problématique** peut être reformulée ainsi : « La poésie doit-elle parler du réel quotidien ou nous en éloigner et nous emmener vers des mondes nés de l'imagination ? »

■ Chercher des idées

Les pistes de recherche

Scindez cette problématique en plusieurs sous-questions, en variant les mots interrogatifs : « Le poète *doit-il* faire rêver le lecteur ? » ; « *En quoi* la poésie permet-elle de rêver ? » ; « *Quel type* de rêve ? » ; « *Comment* la poésie permet-elle de fuir la réalité, de s'en éloigner ? » ; « La poésie *est-elle* évasion ? rêve ? fiction ou imagination ? » ; « *En quoi* la poésie crée-t-elle des visions ? l'illusion ? » ; « *Quelle* doit être la part d'imagination dans la poésie ? »

Les exemples

• **Des poèmes qui prennent leur sujet dans le quotidien** : les choses, les objets (Ponge, *Le Parti pris des choses*) ; des animaux (Claudel, « Le Porc ») ; des lieux réels (*cf.* corpus) ; les situations réelles (Ronsard, « Quand vous serez bien vieille » ; Hugo, « Demain, dès l'aube ») ; les activités de tous les jours (Prévert, « Page d'écriture » ou « Le Cancre »), des éléments très réalistes (Villon, « Ballade des pendus » ; Baudelaire, « Une charogne ») ; les maux du monde (Hugo, « Depuis six mille ans la guerre… » ; Rimbaud, « Le Mal »).

• **Des poèmes qui « déconnectent du réel »** : par le voyage (Baudelaire, « Invitation au voyage », « Parfum exotique ») ; par l'imaginaire (Rimbaud, « Aube ») ; par le rêve (Verlaine, « Mon rêve familier ») ; par l'irrationnel (Rimbaud, *Illuminations,* « Le Bateau ivre » ; les poèmes surréalistes).

• Comme vous aurez affaire souvent référence à la notion de « déconnexion du réel », constituez une **liste de mots** pour éviter les répétitions : *se libérer de*, *libération* ; *s'éloigner* ; *s'évader*, *évasion* ; *imaginaire*, *imagination* ; *ne pas être en contact* ; *se séparer de* ; *rêve*, *rêver* ; *se détacher de* ; *s'enfuir*, *fuite* ; *rompre avec*, *rupture* ; *s'échapper*, *échappatoire*…

▶ **Pour réussir la dissertation :** voir guide méthodologique.
▶ **La poésie :** voir mémento des notions.

LA POÉSIE

CORRIGÉ 23

Nous vous proposons un plan très détaillé dans lequel vous devez rajouter des exemples en fonction de votre expérience personnelle et à partir duquel vous pouvez vous exercer à rédiger quelques parties du devoir.

Introduction

[Amorce] Il est difficile de définir la poésie, son rôle et ses fonctions. Pour certains, la poésie doit s'inspirer du quotidien ; pour d'autres, elle doit plutôt nous « déconnecter » du réel, grâce au pouvoir de l'imagination. Ces attitudes apparemment inconciliables sont pourtant complémentaires. [Problématique] Quelles doivent être les sources d'inspiration de la poésie ? [Annonce du plan] La poésie permet d'échapper à la réalité par l'intermédiaire d'étonnantes prouesses du langage et de l'imagination [I] mais elle ne s'en écarte pas forcément ; au contraire, elle la dévoile et en perce les mystères [II].

I. Intérêt de la poésie qui s'inspire du quotidien et du réel

Un poète latin, Horace, disait que la poésie est une « peinture ». Elle doit nous aider à nous rapprocher du monde réel, à le redécouvrir, à l'aimer.

1. Intérêt de la poésie attentive à la vie quotidienne

La poésie se nourrit du réel.

• La vie dans toute sa crudité : c'est la poésie réaliste et celle des sentiments.

[*Exemples*] Villon, « Ballade des pendus » (« plus becquetés d'oiseaux que dés à coudre) ; Baudelaire, « Une charogne » ; Ronsard, « Quand vous serez bien vieille… ».

• Le quotidien familier, dans ses petits détails qui nous entourent.

[*Exemples*] Poèmes du corpus ; Hugo, « Fenêtres ouvertes ».

• Le poète s'efforce de rendre le quotidien dans toute sa plénitude : poésie des objets, des choses de la vie et, selon le conseil de Reverdy : « considérer toutes choses comme inconnues et […] se promener ou […] s'étendre sous bois ou sur l'herbe, et […] reprendre tout au début ».

[*Exemples*] Ponge, *Le Parti pris des choses* ; Cadou « La maison du poète… ».

2. Intérêt de la poésie attentive au quotidien social, politique…

• La poésie peint le réel pour dévoiler, dénoncer : le poète veut nous faire prendre conscience de la réalité sociopolitique.

• Cette poésie est engagée : elle cherche à agir sur le réel, à l'améliorer pour que les lendemains soient meilleurs, parce que la poésie est une « arme chargée de futur » (Gabriel Celaya).

[*Exemples*] Les difficultés de la vie chez Guillevic (« La vie augmente ») ; la poésie de la liberté de Hugo (« Melancholia » sur le travail des enfants au XIXe siècle ; *L'Année terrible* contre l'analphabétisme) ; les poètes résistants (Desnos, « L'Honneur des poètes » ; Éluard, « Liberté »).

3. Intérêt de la poésie qui fait voir le quotidien sous un jour nouveau

• Le poète fait voir comme pour la première fois une réalité habituelle. La poésie montre « nues, sous une lumière qui secoue la torpeur, les choses surprenantes qui nous environnent et que nos sens enregistraient machinalement » (*Le Secret professionnel*, Cocteau). Comment ? En les mettant dans un autre contexte.

• La poésie fait découvrir les liens secrets entre les éléments du réel : le poète ne crée pas à partir de rien, mais combine, transfigure, transforme les éléments du réel, rapproche des réalités quotidiennes pour créer un nouveau monde.

[*Exemples*] Apollinaire, « Bergère ô Tour Eiffel, le troupeau des ponts bêle » ; Francis Ponge dans *Le Parti pris des choses* tisse des liens étranges entre « le Pain », l'espace et la nature par l'intermédiaire des comparaisons et métaphores surprenantes.

• Le poète « voyant » montre la réalité profonde : la poésie, mode de connaissance, dévoile le monde insoupçonné qui se cache derrière le mur de la rationalité. Elle fait comprendre « Le langage des fleurs et des choses muettes ».

[*Exemple*] Poésie symboliste.

4. La poésie du quotidien en redonnant leur réalité aux mots se rapproche du réel

• Il redonne aux mots du quotidien leur réalité d'origine.

• Elle exploite la multiplicité des sens des mots du quotidien. En poésie, le mot ne recouvre pas une réalité, mais toutes ses réalités, ses possibles. Sartre affirme que la poésie « ne se sert pas des mots comme la prose ; et même elle ne s'en sert pas du tout ; je dirais plutôt qu'elle les sert. [...] Et comme le poète n'*utilise* pas le mot, il ne choisit pas entre des acceptions diverses et chacune d'elles [...] se fond sous ses yeux avec les autres acceptions [...]. Florence est ville et fleur et femme, elle est ville-fleur et ville-femme et fille-fleur tout à la fois » (*Qu'est-ce que la littérature ?*).

[Transition] Mais le poète peut aussi s'éloigner du quotidien.

LA POÉSIE

II. Intérêt de la poésie qui éloigne du réel, fait rêver et imaginer…

1. Le poète et la poésie, par nature, ont un lien avec le rêve

• Le poète est un rêveur : il n'a pas les pieds sur terre. Charles Cros dans « Sonnet » : « Moi, je vis la vie à côté ». Pour Hugo, le poète est un « rêveur sacré », « homme des utopies », entre rêve et réalité, « Les pieds ici, les yeux ailleurs » *(Les Rayons et les Ombres).*

• La poésie parle du monde du rêve, des émotions, de l'indicible : ses thèmes sont le rêve, l'idéal, loin du réel.

• La réalité semble étrangère aux thèmes traités par la poésie : grandeur, beauté, désir d'évasion vers des destinations exotiques ou vers un monde de beauté idéale.

2. Le pouvoir d'évasion de la poésie qui fait oublier le réel

• La poésie permet de s'éloigner d'un lieu bien réel qui n'apporte que tristesse : la poésie de l'exil, de la nostalgie.

[*Exemples*] « Invitation au voyage », « Élévation » de Baudelaire ; « Images à Crusoé » où Saint-John Perse prête à Robinson Crusoé, revenu en Angleterre, le regret que lui-même éprouve des rivages tropicaux.

• Elle permet de s'éloigner d'une situation personnelle douloureuse, en la sublimant. Amour malheureux : « Poèmes à Lou » (Apollinaire) ; perte d'un être cher : « Demain dès l'aube » (Hugo), « Notre vie » (Éluard) ; perte de l'inspiration, doute sur ses talents créateurs : « La Cloche fêlée » (Baudelaire).

• Elle permet de s'éloigner d'un monde hostile et de la dureté de la condition humaine. Baudelaire, déchiré entre le spleen et l'aspiration à l'idéal dans « Élévation », veut s'envoler « bien loin de ces miasmes morbides ». Face à la dureté de la réalité, la poésie introduit le rêve.

[*Exemples*] Baudelaire veut s'évader hors du monde sur le mode serein (« Invitation au voyage »), sur le mode sensuel (« Parfum exotique »), sur le mode philosophique, mystique (« Élévation »).

3. La puissance de la poésie qui fait voyager et crée des univers nouveaux

• L'évocation, la résurrection poétique d'autres mondes, d'autres époques fait oublier une réalité qui dégoûte ou déprime.

[*Exemples*] Civilisations antiques, civilisations barbares chez les poètes parnassiens : Leconte de Lisle, (« Le Cœur d'Hialmar », « Le rêve du jaguar », *Poèmes barbares*) ; Hérédia (« Les Conquérants », *Les Trophées*).

• La recréation du monde ou la création d'un monde nouveau permet de fuir la logique de la réalité quotidienne. Le poète a le pouvoir d'inventer un autre monde, parfois féerique, ou de créer un monde nouveau par un « dérèglement de tous les sens » (Rimbaud).

[*Exemples*] Auteurs baroques du XVIIe siècle (Viau « Un corbeau croasse… ») ; poètes symbolistes (Rimbaud, « Aube » : « J'ai marché, réveillant les haleines vives et tièdes », *Les Illuminations*) ; les surréalistes du XXe siècle substituent à notre vision logique une nouvelle optique par des images insolites, des ellipses qui disloquent le réel : « Ma femme au dos d'oiseau qui fuit vertical » (« L'Union libre », André Breton), « La terre est bleue comme une orange » (*L'Amour, La Poésie*, Paul Éluard).

• Par l'humour et la fantaisie, le poète invente un monde de tous les possibles.

[*Exemple*] Prévert, « Pour faire le portrait d'un oiseau » (l'oiseau dessiné prend vie).

Finalement, la seule réalité, c'est le poème.

4. Pour fuir la « réalité » des mots

• La poésie permet de se déconnecter du réel en inventant de nouveaux mots.

[*Exemple*] Un « petit poème » passe et voici Queneau qui, par des néologismes équivoques l'« enpapouète », l'« enrime », l'« enrythme », l'« enlyre », l'« enpégase » (« L'instant fatal », *Pour un art poétique*).

• Le poète utilise les mots hors de leur acception quotidienne ou des mots rares. « La création poétique est d'abord une violence faite au langage. Son premier acte est de déraciner les mots » (Octavio Paz).

[*Exemples*] « Lampadophore » et « ptyx » (Mallarmé).

• Le poète nous déconnecte du réel en refusant les règles ordinaires de l'expression quotidienne : il détourne les lois du langage ordinaire. « Poète est celui qui rompt avec l'accoutumance » (Saint-John Perse).

Conclusion

Ne peut-on pas dépasser cette alternative : poésie du quotidien ou poésie de l'imaginaire ? En effet, l'imaginaire et surtout le rêve relèvent du quotidien du lecteur et le plus souvent s'en inspirent. En même temps, l'imaginaire permet de dévoiler le quotidien. [Ouverture] « Tout est sujet, tout a droit de cité » en poésie, affirme Hugo. Apollinaire lui fait écho quand il déclare : « Un mouchoir qui tombe peut être pour le poète le levier avec lequel il soulèvera tout un univers. »

SUJET

24

France métropolitaine • Juin 2013
Écriture poétique et quête du sens • 14 points

La chambre

Écriture d'invention

▸ À votre tour, écrivez un poème en prose ou en vers, qui évoquera la chambre de Vincent Van Gogh (document D). Votre poème prendra notamment appui sur la lettre à Théo mais devra refléter les sensations et sentiments personnels que vous inspire ce lieu. Vous vous appliquerez à proposer des images poétiques qui permettront de dépasser la simple description réaliste. Votre texte comprendra au minimum une trentaine de lignes ou de vers.

Se reporter au document D du sujet n° 21.

LES CLÉS DU SUJET

Comprendre le sujet

- **Genre :** « poème en prose ou en vers ».
- **Sujet :** « la chambre de Van Gogh », les « sensations et sentiments personnels » liés à cette chambre.
- **Type de texte :** « évoquera », « refléter » indiquent que le texte est descriptif.
- **Situation d'énonciation :** *qui ?* vous qui devient « je ».
- **Niveau de langue :** courant ou soutenu.
- « **Définition** » du texte à produire, à partir de la consigne.

Poème en prose ou en vers (*genre*), qui décrit (*type de texte*) la chambre de Van Gogh (*thème*), et rend compte (*type de texte*) de vos sensations et sentiments (*thème*), symbolique, imagé (*adjectifs*), pour donner une vision poétique d'un lieu en accord avec un état d'âme et en révéler son caractère profond (*buts*).

Chercher des idées

Il vous reste des **choix à faire.**

Le type de poème

- En vers (réguliers, irréguliers ou libres) ou en prose ? Si vous choisissez les vers, soyez attentif à la **versification**. Soignez la **mise en page**, l'utilisation des blancs, de la ponctuation.
- Utilisez des faits d'écriture poétique (voir plus bas).

Les sensations et sentiments

- Le **personnage** qui décrit est **impliqué** dans sa description (usage des indices personnels de la première personne du singulier).
- Les sentiments doivent être **en résonance avec les éléments de la lettre et du croquis** (et du tableau si vous le connaissez) : formes, couleurs, objets représentés, technique picturale, couleurs mentionnées dans la lettre…

Le registre

Il dépendra des sensations et sentiments ressentis. Il peut être : lyrique, élégiaque, pourquoi pas épique, humoristique ou satirique.

Les faits d'écriture

« Dépasser la simple description réaliste » suppose une métamorphose poétique du lieu. Vous devez recourir aux **faits d'écriture poétique** : typographie et mise en page originales, « images » (comparaisons, métaphores, personnifications, animalisations, métonymies), figures syntaxiques (anaphores, répétitions, modalité des phrases), hyperboles, jeu sur les mots et sur les sons.

▶ **Pour réussir l'écriture d'invention :** voir guide méthodologique.
▶ **La poésie :** voir mémento des notions.

CORRIGÉ 24

La chambre aux couleurs (in *Derrière les persiennes*, 2013)

De Hollande tu as oublié la grisaille
Pour capturer les vives couleurs de Provence
Et leur chaud miroitement dans les douces mailles
De tes pinceaux qui mènent leur joyeuse danse…

  Ici, tout n'est qu'ordre et beauté,
  Repos, calme et simplicité[1]

Les sages chaises jumelles d'un air benoît
Sont étonnées, Vincent, que tu ne sois pas là.
Quel ami attendent-elles silencieuses,
Comme de simples prie-Dieu sages et heureuses ?

Ici, tout n'est qu'ordre et beauté,
Repos, calme et sérénité

Cerise de ta bienveillante Couverture…
Citron vif de tes doux oreillers qui rassurent…
Portes de Lilas pur et Lavande des murs…
Par les volets clos entre la douce Nature

Ici, tout n'est qu'ordre et beauté,
Repos, calme et alacrité[2]

Le jour a les couleurs que lui donnent tes mains[3]
Tu expliques sans les mots la douceur très pure[4]
La fraîcheur, la lumière vive des matins
Habitent cette chambre où les tableaux murmurent

Ici, tout n'est qu'ordre et beauté,
Repos, calme et tranquillité

Presque nue, sans artifice, simple au repos
Elle m'invite, passant par un soleil trop chaud
Harassé. Mais quelle vive passion cache
Le bois sauvage, l'offrande d'eau dans ta cruche ?

Ici, tout n'est qu'ordre et beauté,
Repos, calme et complicité

Tout ce qu'enfle un soupir dans ta chambre est voilure[3] *:*
Meuble affable à la carrure de bûcheron,
Paysage sage, Miroir à réflexion…
Absent présent ton portrait au mur me rassure…
Reviendras-tu bientôt dans ton humble masure
Partager avec moi ton eau et ton azur ?

---

1. Le refrain est un pastiche (imitation) du refrain du poème de Baudelaire « Invitation au voyage ».
2. Vigueur, bonne humeur, entrain.
3. Vers emprunté au poème d'Aragon « Matisse parle ».
4. Vers pastiché du poème d'Aragon « Matisse parle ».

SUJET

25

France métropolitaine • Juin 2012
Écriture poétique et quête du sens • 6 points

S'inspirer de sa propre expérience ?

Questions

Documents

A – **Arthur Rimbaud**, « Roman », *Cahier de Douai*, in *Poésies*, 1870-1872.
B – **Blaise Cendrars**, « Prose du Transsibérien et de la petite Jeanne de France », *Poésies complètes*, 1913.
C – **René Char**, « L'Adolescent souffleté », *Les Matinaux*, 1950.

▸ **1. Quels pronoms personnels désignent l'adolescent dans ces trois poèmes ? Comment interpréter ces choix différents ?** *(3 points)*

▸ **2. Quelles expériences vécues par les adolescents évoquent ces poèmes ? Que leur apportent-elles ?** *(3 points)*

Après avoir répondu à ces questions, les candidats devront traiter au choix un des trois sujets n°s 26, 27 ou 28.

DOCUMENT A **Roman**

Le poète Rimbaud a produit toute son œuvre poétique alors qu'il n'était lui-même qu'un adolescent.

I

On n'est pas sérieux, quand on a dix-sept ans.
– Un beau soir, foin des bocks et de la limonade[1],
Des cafés tapageurs aux lustres éclatants !
– On va sous les tilleuls verts de la promenade[2]

Les tilleuls sentent bon dans les bons soirs de juin !
L'air est parfois si doux, qu'on ferme la paupière ;
Le vent chargé de bruits, – la ville n'est pas loin,
– A des parfums de vigne et des parfums de bière…

II

– Voilà qu'on aperçoit un tout petit chiffon
D'azur sombre[3], encadré d'une petite branche,
Piqué[4] d'une mauvaise étoile, qui se fond
Avec de doux frissons, petite et toute blanche…

Nuit de juin ! Dix-sept ans ! – On se laisse griser[5].
La sève est du champagne et vous monte à la tête…
On divague[6] ; on se sent aux lèvres un baiser
Qui palpite là, comme une petite bête…

III

Le cœur fou Robinsonne[7] à travers les romans,
– Lorsque, dans la clarté d'un pâle réverbère,
Passe une demoiselle aux petits airs charmants,
Sous l'ombre du faux-col effrayant de son père…

Et, comme elle vous trouve immensément naïf,
Tout en faisant trotter ses petites bottines,
Elle se tourne, alerte et d'un mouvement vif…
– Sur vos lèvres alors meurent les cavatines[8]…

IV

Vous êtes amoureux. Loué jusqu'au mois d'août.
Vous êtes amoureux – Vos sonnets La font rire.
Tous vos amis s'en vont, vous êtes mauvais goût.
– Puis l'adorée, un soir, a daigné vous écrire… !

– Ce soir-là… – vous rentrez aux cafés éclatants,
Vous demandez des bocks ou de la limonade…
– On n'est pas sérieux, quand on a dix-sept ans
Et qu'on a des tilleuls verts sur la promenade.

Arthur Rimbaud, « Roman », *Cahier de Douai*, in *Poésies*, 1870-1872.

---

1. Le poète renonce à boire de la bière (les bocks) et de la limonade.
2. Espace bordé d'arbres, où l'on se promène à pied.
3. De ciel sombre.
4. Tacheté.
5. Rendre un peu ivre.
6. On laisse errer nos pensées, on déraisonne.
7. Le coeur s'échappe et vagabonde.
8. Air d'opéra, à sujet sentimental, pour soliste.

DOCUMENT B

Prose du Transsibérien

Ce long poème de 445 vers, nourri de références propres à l'histoire de Cendrars, se présente comme le récit d'un jeune narrateur de seize ans qui fait le voyage de Moscou à Kharbine (ville de Mandchourie) en compagnie de Jeanne, une jeune fille parisienne.

En ce temps-là j'étais en mon adolescence
J'avais à peine seize ans et je ne me souvenais déjà plus de mon enfance
J'étais à 16 000 lieues[1] du lieu de ma naissance
J'étais à Moscou, dans la ville des mille et trois clochers et des sept gares
Et je n'avais pas assez des sept gares et des mille et trois tours
Car mon adolescence était alors si ardente et si folle
Que mon cœur, tour à tour, brûlait comme le temple d'Ephèse[2] ou comme la Place Rouge de Moscou
Quand le soleil se couche.
Et mes yeux éclairaient des voies anciennes.
Et j'étais déjà si mauvais poète
Que je ne savais pas aller jusqu'au bout.

Le Kremlin[3] était comme un immense gâteau tartare
Croustillé d'or,
Avec les grandes amandes des cathédrales toutes blanches
Et l'or mielleux des cloches…
Un vieux moine me lisait la légende de Novgorode[4]
J'avais soif
Et je déchiffrais des caractères cunéiformes[5]
Puis, tout à coup, les pigeons du Saint-Esprit[6] s'envolaient sur la place
Et mes mains s'envolaient aussi, avec des bruissements d'albatros
Et ceci, c'était les dernières réminiscences[7] du dernier jour
Du tout dernier voyage
Et de la mer.

Pourtant, j'étais fort mauvais poète.
Je ne savais pas aller jusqu'au bout.
J'avais faim
Et tous les jours et toutes les femmes dans les cafés et tous les verres
J'aurais voulu les boire et les casser
Et toutes les vitrines et toutes les rues
Et toutes les maisons et toutes les vies
Et toutes les roues des fiacres[8] qui tournaient en tourbillons sur les mauvais pavés

LA POÉSIE

J'aurais voulu les plonger dans une fournaise de glaives
Et j'aurais voulu broyer tous les os
Et arracher toutes les langues
Et liquéfier tous ces grands corps étranges et nus sous les vêtements qui m'affolent...
Je pressentais la venue du grand Christ rouge de la révolution russe[9]...
Et le soleil était une mauvaise plaie
Qui s'ouvrait comme un brasier.

En ce temps-là j'étais en mon adolescence
J'avais à peine seize ans et je ne me souvenais déjà plus de ma naissance
J'étais à Moscou, où je voulais me nourrir de flammes
Et je n'avais pas assez des tours et des gares que constellaient mes yeux [...]

Blaise Cendrars, « Prose du Transsibérien et de la petite Jeanne de France », *Poésies complètes*, 1913.

---

1. Mesure de distance approximativement égale à quatre kilomètres.
2. Le temple d'Éphèse, considéré dans l'Antiquité comme la quatrième merveille du monde, fut incendié en 356.
3. Citadelle impériale située au cœur de Moscou.
4. Ville de Russie.
5. Écriture ancienne de Mésopotamie qui combine des signes en forme de clous triangulaires.
6. Dans la tradition biblique, la colombe symbolise l'Esprit saint.
7. Mémoire profonde, lointaine, comme venue du fond des âges.
8. Véhicule tiré par des chevaux.
9. Allusion à la Révolution de 1905, déclenchée à Saint-Pétersbourg, et dont la principale manifestation fut conduite par un religieux orthodoxe.

DOCUMENT C

L'Adolescent souffleté[1]

Les mêmes coups qui l'envoyaient au sol le lançaient en même temps loin devant sa vie, vers les futures années où, quand il saignerait, ce ne serait plus à cause de l'iniquité[2] d'un seul. Tel l'arbuste que réconfortent ses racines et qui presse ses rameaux meurtris contre son fût[3] résistant, il descendait ensuite à reculons dans le mutisme[4] de ce savoir et dans son innocence. Enfin il s'échappait, s'enfuyait et devenait souverainement heureux. Il atteignait la prairie et la barrière des roseaux dont il cajolait la vase et percevait le sec frémissement. Il semblait que ce que la terre avait produit de plus noble et de plus persévérant, l'avait, en compensation, adopté.

Il recommencerait ainsi jusqu'au moment où, la nécessité de rompre disparue, il se tiendrait droit et attentif parmi les hommes, à la fois plus vulnérable et plus fort.

René Char, « L'Adolescent souffleté », *Les Matinaux*,
© Éditions Gallimard, 1950.

1. Giflé.
2. Injustice.
3. Tronc de l'arbre.
4. État d'une personne qui refuse de parler ou est réduite au silence.

LES CLÉS DU SUJET

■ Question 1

• Rappel des « **pronoms personnels** » : *je/me/moi ; nous ; tu/te/toi ; vous ; il/elle/le/la/lui ; ils/elles/les/leur* ; mais aussi le pronom indéfini : *on*. Il y a des formes atones (sans insistance) : *je/tu* ; et des formes toniques (qui insistent) : *moi/toi,* etc.

• Vous devez préciser la personne utilisée (1re du singulier, etc.), analyser **l'impression que l'emploi des pronoms crée** chez le lecteur et éventuellement dire quelle situation d'énonciation ils installent, quel point de vue ils révèlent.

• **Ces pronoms peuvent varier** au cours d'un même texte : cette variation est à interpréter et à commenter.

• Ne juxtaposez pas l'analyse des poèmes, mais essayez de **grouper les textes qui se ressemblent** dans l'utilisation des pronoms.

• Faites une brève **phrase de conclusion** qui confronte synthétiquement les textes.

■ Question 2

• Les « **expériences** » désignent des événements vécus qui ont marqué et qui permettent d'acquérir une connaissance.

• Vous devez vous demander ce **qu'ont appris ces poètes** par ces expériences, en quoi elles les ont formés et ont contribué à leur apprentissage.

• Appuyez chacune de vos remarques sur des **références précises** aux textes.

▶ **Réussir les questions :** voir guide méthodologique.
▶ **La poésie :** voir mémento des notions.

LA POÉSIE

CORRIGÉ 25

Les titres en couleurs servent à guider la lecture mais ne doivent pas figurer sur la copie.

▸ Question 1

[Présentation du corpus] Les trois poèmes, par l'évocation d'une période riche mais difficile de la vie, dressent un portrait de l'adolescent. Au XIXe siècle, Arthur Rimbaud, le poète révolté, se peint « à dix-sept ans » dans « Roman » ; au XXe siècle, Blaise Cendrars raconte ses expériences lors d'un voyage en compagnie de Jeanne dans « La Prose du Transsibérien » et René Char, dans « L'Adolescent souffleté », présente une image pitoyable du jeune homme.

[Problématique] L'emploi de pronoms personnels différents pour désigner l'adolescent crée des impressions diverses chez le lecteur.

1. Un adolescent prend la parole et raconte

• Le poème de Blaise Cendrars se présente comme le récit de voyage d'un jeune narrateur de « seize ans ». De fait, la teneur autobiographique amène le poète à utiliser la première personne du singulier, souvent pour débuter une grande partie des vers.

• Comme le narrateur adopte le point de vue interne, subjectif, le lecteur peut vivre de l'intérieur cette expérience, avec ses sensations (« J'avais faim/ j'avais soif »), ses émotions et ses désirs (« j'aurais voulu broyer tous les os »). Aucune distance n'est prise : le poète livre du vécu dans sa spontanéité.

2. Des regards plus distanciés

Au contraire, dans les poèmes d'Arthur Rimbaud et de René Char, l'emploi des pronoms personnels marque une certaine distance par rapport au personnage de l'adolescent.

• Le titre du poème de René Char annonce déjà par l'expression « *L'*adolescent » l'emploi de la 3e personne du singulier « il » pour désigner le jeune homme dont il fait le portrait. L'adolescent est décrit de l'extérieur, avec distance ; le ton est celui de l'objectivité, proche de la définition de dictionnaire (le choix du poème en prose et l'imparfait d'habitude soulignent cette impression). Le point de vue est externe et apparemment neutre, propre à convaincre par le recul affiché.

• Dans les cinq premières strophes du poème d'Arthur Rimbaud, c'est aussi la 3e personne du singulier qui est utilisée, mais à travers le pronom indéfini « on ». Ce pronom dépasse le cas particulier, c'est celui de la généralisation.

Mais ce pronom est aussi ambigu, car on l'utilise parfois à la place de « nous », marquant ainsi que l'on s'inclut dans le groupe. L'impression est donc double : Rimbaud adopte un ton détaché, un peu didactique, presque proverbial, pour donner une définition générale de l'adolescent (« on n'est pas sérieux »), mais en même temps il s'inclut dans ce « on » et les sensations qu'il transmet semblent bien subjectives car ce sont celles qu'il a lui-même ressenties.

3. Une étrange rupture de point de vue

Mais le poème de Rimbaud est encore plus complexe. La sixième strophe marque une rupture brusque dans l'utilisation des pronoms. Rimbaud change de situation d'énonciation et désigne l'adolescent par le pronom « vous » : il semble qu'il apostrophe directement le lecteur et le regarde. Le lecteur se trouve dans la position de l'adolescent que la « demoiselle [...] trouve immensément naïf ». Le pluriel donne aussi l'impression que cette expérience est partagée par tous les adolescents auxquels s'adresse Rimbaud.

[Conclusion] L'emploi des pronoms correspond à divers points de vue sur le personnage de l'adolescent, en donne des visions différentes et crée sur le lecteur des impressions variées.

▸ Question 2

L'adolescence est une période d'expérimentation et de formation à l'âge adulte. Les trois poèmes relatent des expériences différentes et en soulignent les conséquences sur l'adolescent.

• Rimbaud et Cendrars relatent une expérience liée à un déplacement, une errance (Rimbaud) ou un lointain voyage (Cendrars). Rimbaud « va sous les tilleuls verts de la promenade », une « nuit de juin », puis « rentre » dans un café ; Cendrars est à « 16 000 lieues du lieu de sa naissance », à Moscou « quand le soleil se couche ».

• Ces moments de bohême où « le cœur fou Robinsonne » sont pour l'adolescent de « Roman » une expérience de liberté, d'éveil à de multiples sensations nouvelles, et enfin à l'amour. Cette expérience lui apporte l'apprentissage de la sensualité (« on sent aux lèvres un baiser »).

• Le « voyage » de Cendrars, matérialisé par les « lieues » parcourues, par les « sept gares » et par les monuments exotiques russes qu'il nomme, forme sa jeunesse : il lui fait comprendre le monde et lui apprend à en discerner la beauté et les aspects poétiques. Ainsi « Le Kremlin était comme un immense gâteau tartare/Croustillé d'or ». Alors qu'il était « fort mauvais poète », il a, grâce à ce voyage, trouvé une poétique : celle qu'il déploie dans la « Prose du

LA POÉSIE

Transsibérien ». L'expérience du voyage est liée à l'expérience poétique et à ses variations.

• L'expérience de l'« adolescent souffleté » de René Char se démarque des deux autres parce qu'elle n'est pas agréable ni exaltante, mais douloureuse. L'adolescent reçoit des « coups ». Cette épreuve de la souffrance et de « l'iniquité » infligées par d'autres apporte à l'adolescent la sensation d'être « heureux » quand elle est dépassée, mais il en tire aussi un autre profit plus général et profond : la capacité à se projeter « loin dans sa vie, vers les futures années » et une force qui lui permettra de se « tenir droit et attentif » lorsqu'il sera adulte « parmi les hommes ».

Ainsi Rimbaud et Cendrars tirent de leur expérience un épanouissement. L'adolescent de René Char, lui, en tire un profit plus austère et y acquiert un durcissement salutaire pour la vie d'homme.

SUJET **26**

France métropolitaine • Juin 2012
Écriture poétique et quête du sens • 14 points

S'inspirer de sa propre expérience ?

Commentaire

▸ Vous ferez le commentaire du texte de Rimbaud, en vous aidant du parcours de lecture suivant.
a) L'importance des sensations dans l'évocation des lieux.
b) L'insouciance des premières émotions amoureuses.
c) Le portrait amusé de l'éternel adolescent.

Se reporter au document A du sujet n° 25.

LES CLÉS DU SUJET

Trouver les idées directrices

• Appuyez-vous sur les pistes données dans le sujet, faites aussi la « définition » du texte.

Poème régulier *(genre)*, qui décrit un adolescent et ses errances bohèmes, racontant sa rencontre avec l'amour *(thème)*, sur un ton un peu didactique, humoristique, ironique, parodique *(registres)*, empreint de sensualité et d'enthousiasme *(adjectif)* pour rendre compte de ses émois et pour définir l'adolescence *(buts)*.

Pistes de recherche

Première piste : l'importance des sensations dans l'évocation des lieux

• Repérez et analysez quels **moments** et quels **lieux** sont mentionnés dans ce récit de rencontre. Étudiez leur diversité et les rapports entre eux.
• Repérez les **sens sollicités** et les **sensations** qui sont liées à ces lieux. Étudiez aussi les rapports entre ces diverses sensations.

Deuxième piste : l'insouciance des premières émotions amoureuses

• Passez à l'analyse des **sentiments** : quels sont-ils ? comment sont-ils rendus ?

- Comment Rimbaud rend-il compte de l'état émotionnel et affectif de l'adolescent, notamment des manifestations de l'**émoi amoureux** ?
- Quelle image donne-t-il : du jeune homme ? de la jeune fille qui provoque son émoi ? sur quels aspects de celle-ci met-il l'accent ?

Troisième piste : le portrait amusé de l'éternel adolescent

- Quel **ton** et quel **regard** Rimbaud adopte-t-il pour parler de cette rencontre amoureuse et de l'adolescent ?
- Quelle image donne-t-il de l'amour à l'adolescence ?
- D'où vient l'**ironie amusée** du poème ?
- En quoi peut-on parler de **portrait universel** de l'adolescence ?
- Faites des références précises au poème et n'oubliez pas de faire des remarques sur l'écriture poétique, sur la versification pour éclairer le sens du poème.
- Ne racontez pas le poème (paraphrase).

▶ **Pour réussir le commentaire :** voir guide méthodologique.
▶ **La poésie :** voir mémento des notions.

CORRIGÉ 26

Les titres en couleurs servent à guider la lecture mais ne doivent pas figurer sur la copie.

Introduction

[Amorce] Depuis Orphée, la poésie se prête particulièrement bien à l'expression des sensations, des sentiments, des états d'âme qui marquent la vie d'un poète. Or, l'adolescence est une période riche en changements, en émois. Rimbaud, le poète révolté aux « semelles de vent » a trouvé dans la poésie un champ privilégié pour exprimer ses rancœurs, ses révoltes mais aussi ses découvertes de jeune homme, dans « Ma Bohême », « Première Soirée » et dans « Roman ». [Présentation du texte] Dans ce poème qu'il compose alors qu'il a seize ans, Rimbaud fait le portrait d'un adolescent de « dix-sept ans », âge de l'ouverture au monde. Le titre même du poème « Roman » renvoie au récit d'aventures fertiles en expériences, ici la découverte, « un beau soir de juin », d'un monde jusque-là inconnu. [Problématique] Quelle image Rimbaud donne-t-il de cette aventure ? [Annonce des axes] Sur un ton empreint de pudeur mais aussi amusé, le poète rend compte des sensations qui le submergent au cours de ses errances et d'une première rencontre amoureuse pleine d'émois. Il dresse son propre portrait, mais aussi celui de tout adolescent un peu naïf, peut-être même celui du lecteur.

I. L'importance des sensations dans l'évocation des lieux

Rimbaud installe dans son poème un cadre idéal propice à l'éveil des sens.

1. Une errance dans un cadre spatio-temporel double

• La scène se déroule à un moment de l'année mystérieux car on est en « juin » puis en « août », dans la chaleur de l'été, « un beau soir », à la lumière des « étoile[s] ».

• Le cadre s'organise alors selon l'itinéraire des errances de l'adolescent, de façon cyclique et naturel d'une part, urbain de l'autre. Rimbaud évoque dans la première strophe les « cafés tapageurs aux lustres éclatants », s'évade dans la nature avec les « tilleuls verts », puis revient aux « cafés éclatants » à la dernière strophe.

• À la strophe 2, la dualité des lieux est parfois condensée dans un même vers, promenant et bousculant le lecteur d'un milieu à l'autre : « Le vent chargé de bruits, – la ville n'est pas loin, / – A des parfums de vigne et des parfums de bière… »

• La description est picturale et pittoresque et comporte des éléments symboliques de l'adolescence, passage d'un âge à l'autre : ainsi, dans la nature, l'été évoque la jeunesse, la vivacité, la « sève », mais le « soir » et la nuit connotent plutôt l'âge adulte ; dans les cafés, la « limonade » est la boisson des enfants, mais les « bocks » de bière renvoient à l'âge adulte. La promenade est ainsi elle-même symbolique de ce passage : promenade à travers les lieux, mais aussi passage d'un âge à l'autre.

2. Des lieux propices à l'éclosion des sensations

L'ivresse du moment sollicite et trouble tous les sens de l'adolescent en éveil en proie à des sensations fortes et contrastées.

• Quatre sens sont en éveil. Les « bruits » « tapageurs » venus de la ville du début du poème contrastent avec le pas « alerte » de la jeune fille qui trottine avec ses « petites bottines », avec son « rire » et les « cavatines » à peine esquissées. L'odorat est tiraillé entre l'odeur naturelle des « tilleuls » qui « sentent bon » et les « parfums » forts « de bière ». Le toucher est agréablement sollicité par « l'air si doux » et le « vent », mais plus fiévreusement par le « baiser […] qui palpite comme une bête ». Les « bocks » de bière et la « limonade » viennent combler le goût.

• C'est enfin la vue qui est la plus sollicitée : les regards de l'adolescent sont saturés par les paysages naturels que celui-ci « aperçoit », mais aussi par la violence de la lumière des « lustres éclatants » ou la « clarté d'un pâle réverbère ». Ces tableaux sont rehaussés par les couleurs variées qui les font vivre : se mêlent le « vert » des tilleuls, l'« azur sombre » du ciel et le scintillement d'une « étoile » « toute blanche ».

• Ces sensations qui se répondent se mêlent dans des synesthésies où « Les parfums, les couleurs et les sons se répondent » (Baudelaire), donnant l'impression que l'adolescent vit des moments de vie intense.

[Transition] La rencontre amoureuse qui se déroule dans ce cadre ajoute à ce trouble sensuel l'intensité des sentiments.

II. L'insouciance des premières émotions amoureuses

1. Une rencontre amoureuse exaltante

Le « roman » que retrace ici Rimbaud culmine dans la rencontre entre l'adolescent et la « demoiselle » qui se croisent dans ces lieux.

• Le poème est traversé par le champ lexical de l'amour, dès les premières strophes, annonçant le coup de foudre qui a lieu dans la cinquième strophe : la « sève », « aux lèvres un baiser », « palpiter » suggèrent déjà le thème qui s'épanouit dans la deuxième moitié du poème, où le ton se fait lyrique et où il est question de « cœur fou », de « lèvres », d'« amoureux » et de « l'adorée ».

• Les images pittoresques que créent le verbe « griser » et la double métaphore qui assimile l'état du jeune homme à de la « sève » et à du « champagne » qui vous « grise », le verbe « Robinsonne » inventé par Rimbaud à partir du roman d'aventures *Robinson Crusoé*, affecté d'une majuscule enthousiaste, rendent compte d'un état inédit pour l'adolescent : l'ivresse amoureuse.

2. Un amoureux naïf et crédule

Mais le héros de ce « roman » n'est pas très expert. Submergé par ses émotions, il se berce d'illusions et multiplie les maladresses qui le conduisent à une rencontre ratée. La demoiselle le « trouve naïf ».

• Cette ingénuité et cette innocence se traduisent par la maladresse un peu enfantine des expressions et de la comparaison qui essaient de traduire l'émoi jusque-là inconnu provoqué par un « baiser » imaginé : « on se sent aux lèvres un baiser/Qui palpite là, comme une petite bête ».

• Le jeune homme semble enfin avoir perdu le contrôle de soi : il « se laisse griser », comme en témoignent les points de suspension qui le laissent sans voix, dans l'attente, l'indécision ou l'embarras ; les tirets, eux, marquent de brusques changements et l'incohérence dans le comportement et la pensée.

• La répétition en leitmotiv au début, au milieu et à la fin du poème de « dix-sept ans » semble vouloir donner une excuse bienveillante à cette ingénuité.

3. Une « demoiselle aux petits airs charmants » idéalisée

En face de cet amoureux inexpérimenté, le portrait de la demoiselle qui provoque son émoi est un peu caricatural.

• Son apparition est théâtralisée. Elle est vue par le jeune homme qui l'idéalise : nimbée d'une sorte d'auréole que dessine autour d'elle « la clarté d'un pâle réverbère », elle reste inaccessible comme la dame des romans courtois, mais à cause de « l'ombre » portée d'un « père […] effrayant », elle paraît sans crier gare. Cette soudaineté explique la réaction d'ivresse du jeune homme, mise en relief par les points de suspension qui interrompent la vision de l'adolescent.

• La description se concentre sur les détails qui frappent l'adolescent. Il évoque ses mines de séduction : les « petits airs charmants », les « petites bottines », son « rire », sa démarche « alerte », son « mouvement vif »… Cette focalisation met en relief la force des émotions amoureuses.

III. Le portrait amusé de l'éternel adolescent

1. Le refus de s'engager dans des « romans » sans lendemain

• La fin du poème cependant, avec ses ruptures multiples marquées par la ponctuation, laisse entendre que l'adolescent ne prolonge pas le début d'aventure amoureuse de « ce soir-là ». Il revient à la réalité des « cafés », oublie « romans », « sonnets » et « cavatines », et ne donne pas suite à la lettre écrite par « l'adorée ».

• Le jeune homme revendique au début et réitère à la fin du poème son manque de « sérieux » et de constance amoureuse : « à dix-sept ans », de l'amour on n'attend que bouleversement des sens et émotions intenses et éphémères.

2. Un regard ironique sur les émois amoureux

• Rimbaud ici semble céder au cliché poétique de la rencontre amoureuse dans un cadre idyllique, exaltée et exaltante, chère aux romantiques.

LA POÉSIE

• Mais il le traite de façon amusée, avec une pointe d'ironie qui remet à sa juste mesure ce qui n'est qu'expériences insouciantes d'adolescents. Les exagérations sont un clin d'œil aux élans passionnés romantiques et la fin du poème enlève tout lyrisme à l'aventure.

3. Un portrait de l'adolescence

• Rimbaud, pourtant tout jeune encore, prend ses distances et se met en position d'observateur attendri et, alors qu'en réalité il fait son propre portrait, il jette sur lui un regard amusé.

• Le point de vue est externe : l'usage du pronom indéfini « on », mais aussi le présent de vérité générale et le changement d'énonciation qui prend à parti le lecteur à travers le pronom « vous » traduisent la généralisation et font de ce poème une sorte de portrait de l'adolescence et de ses troubles dans laquelle tout adolescent peut se reconnaître.

Conclusion

Rimbaud renouvelle le thème de la rencontre amoureuse, moment-clé des « romans », en en faisant le sujet d'un poème intitulé de façon un peu provocatrice « Roman ». Adoptant fictivement le regard de l'adulte sur la période troublée de l'adolescence, il rend compte de ses émois et de ses troubles et, en même temps qu'il s'en moque gentiment, il tend à tout adolescent un portrait de lui, étonnant de vérité.

SUJET

27

France métropolitaine • Juin 2012

Écriture poétique et quête du sens • 14 points

S'inspirer de sa propre expérience ?

Dissertation

▸ Les poètes souvent s'inspirent de leurs propres expériences pour nourrir leur écriture. Pour autant, ne parlent-ils que d'eux-mêmes ?

Vous répondrez à cette question en un développement argumenté, en mobilisant les textes du corpus ainsi que ceux que vous avez lus et étudiés.

Les textes du corpus sont reproduits dans le sujet n° 25.

LES CLÉS DU SUJET

Comprendre le sujet

- « **Expériences** » signifie « épisodes personnels de la vie », « épreuves vécues ». La question 1 du sujet 17 vous éclaire sur le sens de ce mot.
- « **S'inspirer** » signifie « trouver ses sujets de poèmes ».
- La **problématique** peut être reformulée ainsi : « Alors même que les poètes parlent de leur propre vie, ne parlent-ils pas aussi d'autres sujets, n'abordent-ils pas d'autres thèmes ? »

Chercher des idées

- **Scindez cette problématique en plusieurs sous-questions**, en variant les mots interrogatifs : « *Pourquoi et comment* les poètes parlent-ils de leurs expériences personnelles ? » ; « *De qui ou de quoi* les poètes parlent-ils aussi ? » (inspirez-vous alors de votre réponse à la question 1) ; « *Comment* les poètes dépassent-ils leur cas personnel ? » ; « *Quelles* sont les diverses *fonctions* de la poésie ? »…
- Montrez que les poètes **dépassent** l'expression de leur expérience personnelle.
- Répertoriez les **sujets poétiques** et montrez-en la **variété.**

• Interrogez-vous sur **l'importance du langage** dans la poésie et sur les **différentes fonctions** de la poésie et du poète.

▶ **Pour réussir la dissertation :** voir guide méthodologique.
▶ **La poésie :** voir mémento des notions.
▶ **Choix et exploitation des exemples :** voir guide méthodologique.

CORRIGÉ 27

Les titres en couleurs et les indications entre crochets servent à guider la lecture mais ne doivent pas figurer sur la copie.

Introduction

[Amorce] Si l'on ouvre une anthologie poétique, les poèmes inspirés par l'expérience vécue des poètes occupent une place prédominante. Il est question des joies et des peines de leur vie, du temps qui passe, de l'amour, d'une séparation ou d'une mort, d'un voyage, etc. [Problématique] Cependant, en dehors de cette constatation statistique, on peut s'interroger sur la vocation du poète : est-elle seulement de nous parler de son vécu, de lui, de son moi intime ? [Annonce du plan] À travers cette inspiration personnelle, ne nous parle-t-il pas aussi de nous, de l'homme en général, d'autrui ? Et, au fond, la poésie ne dépasse-t-elle pas toute expérience vécue pour prendre d'autres fonctions, notamment retranscrire une expérience artistique, celle de la création poétique ?

I. La poésie, genre privilégié de l'expression de soi

1. Le poète s'inspire de ses propres expériences

• La lignée des poètes qui ont choisi dans leur poésie d'exprimer leur vécu personnel tisse un lien depuis l'Antiquité jusqu'à nos jours : Villon dès le XVe siècle, Hugo et ses *Contemplations*, Baudelaire et le « Spleen », Apollinaire et ses *Poèmes à Lou* ou son « Pont Mirabeau »…

• Les poètes s'inspirent des voyages, ancrés géographiquement dans la réalité : au XVIe siècle, Du Bellay nourrit ses *Regrets* de son séjour en Italie et de la déception qu'il lui a occasionnée. Rimbaud raconte ses fugues à la belle étoile dans « Ma Bohême ». Blaise Cendrars dans sa « Prose du transsibérien » évoque « Moscou », le « Kremlin » et la « Place Rouge ».

• Mais le poète revient le plus souvent sur les expériences plus douloureuses de sa vie : Orphée vient de perdre Eurydice lorsqu'il prend sa lyre pour raconter ses malheurs. Au XIXe siècle, Hugo dans « Je fus comme fou… » raconte la mort de sa fille Léopoldine et les moments qu'il a vécus dans les jours qui ont suivi : « Oh ! je fus comme fou dans le premier moment, / Hélas ! et je pleurai trois jours amèrement. / […] Je voulais me briser le front sur le pavé ; / Puis je me révoltais, et, par moments, terrible, / Je fixais mes regards sur cette chose horrible… »

2. Le poète exhale émotions et sentiments

• Ce retour sur une joie ou une épreuve personnelle donne aux poètes l'occasion de rendre compte de leurs sentiments intimes. En effet, dès l'origine, la poésie est fortement liée au lyrisme. Les poètes lancent souvent « je » en tête de leur poèmes, comme pour en donner immédiatement le ton : « Oh ! je fus comme fou » se souvient Hugo, et Tardieu hésite : « Je n'irai je n'irai pas… » Cette expression de soi se fait dans une langue musicale, propre à épouser les fluctuations de l'affectivité.

• Parfois le poète feint la distance – en utilisant par exemple la troisième personne du singulier –, mais ce n'est qu'un détour pour parler de soi. Lorsque Rimbaud lance dans « Roman », « On n'est pas sérieux quand on a dix-sept ans », derrière le « on » se profile le poète lui-même qui rend compte de ses sensations et de ses émois d'adolescent.

3. Le poète, un être sensible

Mais pourquoi la poésie privilégie-t-elle l'expérience vécue et l'expression des sentiments ?

• Cela tient essentiellement à la nature du poète. Être plus sensible que le commun des mortels, il perçoit le monde de façon plus aiguë et ressent d'une façon plus intense tout ce qui l'entoure. Rimbaud, à seize ans seulement, choisit la poésie pour exprimer ses émois d'adolescent dans « Roman », mais aussi ses colères contre toutes règles et contraintes, dans « Les Poètes de sept ans ».

• Par ailleurs, le poète est un être d'imagination et non de logique. Ses sensations le guident et il trouve dans la poésie, riche en images et en notations sensorielles, le champ idéal pour faire ressentir son état d'âme. Lorsque Baudelaire veut exprimer sa soif de bonheur et son désir intense d'évasion, il recourt instinctivement à des images et à des synesthésies poétiques évocatrices : « Il est des parfums frais comme des chairs d'enfants / Doux comme les hautbois, verts comme des prairies » (« Correspondances »).

• Mais surtout, le poète dispose du langage poétique. Ainsi, c'est par des hyperboles que Cadou peint sa passion pour Hélène : « c'était toi […] / Ces astres ces millions d'astres qui se levaient ». La richesse du vocabulaire affectif, les libertés syntaxiques qui permettent de disloquer la phrase, le jeu sur les rythmes, tout cela permet de traduire les fluctuations de l'âme.

• La poésie permet une sorte de « catharsis » intime. Elle a même le pouvoir de faire revivre l'absent (« Vois-tu, je sais que tu m'attends... », dit Hugo à Léopoldine ; ailleurs : « Tenez ! Voici le bruit de sa main sur la clé... / Car elle est quelque part dans la maison sans doute ! »).

II. Mais, le lyrisme prend une portée universelle

Il serait très réducteur de cantonner la poésie dans la seule expression du vécu intime et des sentiments personnels.

1. Le poète, un homme qui « porte en lui la forme entière de l'humaine condition »

• Selon la célèbre formule de Montaigne, « Chaque homme porte la forme entière de l'humaine condition ». Au XIXe siècle, Victor Hugo, dans la préface de son recueil *Les Contemplations*, répond à ceux qui se plaignent des écrivains qui disent « moi » : « Ah ! Quand je vous parle de moi, je vous parle de vous. » Baudelaire lui fait écho quand il lance à son lecteur, dans *Les Fleurs du mal* : « – Hypocrite lecteur, – mon *semblable*, – mon *frère !* » (« Au lecteur »).

• En parlant de son vécu, en exprimant ses sentiments, le poète cherche à dévoiler la nature humaine. Il part de lui-même pour donner une image de l'âme humaine. Et Hugo, à propos de ses *Contemplations* dit encore : « C'est l'existence humaine sortant de l'énigme du berceau et aboutissant à l'énigme du cercueil ».

2. L'expression de sentiments universels

• Les poètes parlent de sentiments universels, qui peuvent toucher tout le monde et ont les mots pour rendre compte de ce que le commun des mortels éprouve mais ne sait pas exprimer. Quand Hugo parle du deuil de sa fille, il traduit la douleur qu'éprouve tout parent devant une telle injustice. Dans un de ses poèmes, il s'adresse directement à ceux qui ont vécu la même expérience : « Pères, mères, dont l'âme a souffert ma souffrance, / Tout ce que j'éprouvais, l'avez-vous éprouvé ? » Qui ne reconnaît pas les tourments de l'amour dans le sonnet de Louise Labé : « Je vis, je meurs : je me brûle et me noie » ?

• De la même façon, de nombreux adolescents se reconnaissent dans « L'Adolescent souffleté » de René Char, qui se termine comme une vérité générale : les « coups » et la douleur rendent « à la fois plus vulnérable et plus fort ». La poésie devient réflexion sur l'homme.

3. Le poète parle de lui, mais aussi de l'autre

• Il est en outre rare que le poète ne parle que de lui. Le sujet central d'un poème est très souvent l'autre. Ronsard dédicace ses poèmes à Hélène, Apollinaire destine à la femme aimée un recueil au titre significatif : *Poèmes à Lou* ; Baudelaire dédie un sonnet « À une passante ».

• Ainsi, très souvent au « je » du poète sont associés des indices personnels de la deuxième personne qui renvoient à l'autre, être aimé ou perdu. Cadou mêle dès le premier vers le « je » et le « tu », pour mieux faire ressentir les liens qui l'unissent à Hélène : « Je t'attendais ».

• Le tempérament du poète le pousse aussi à dépasser sa propre affectivité pour traduire les sentiments des êtres qui l'entourent avec lesquels il se sent en résonance et au nom desquels il « parle » : Baudelaire a-t-il vu des « Petites Vieilles » ? En rapportant cette expérience personnelle, il fait ressentir les joies et les peines de « Ces monstres disloqués [...] / [Qui] Se traînent comme font les animaux blessés [...] / Ils ont les yeux divins de la petite fille / Qui s'étonne et qui rit à tout ce qui reluit. [...] / Ces yeux sont des puits faits d'un million de larmes ».

III. Les multiples natures de l'expérience poétique

Mais la véritable nature de la poésie n'est pas dans l'expérience vécue ; on ne peut la réduire à la peinture de soi ou de l'autre. Elle est avant tout un art aux multiples aspects et fonctions.

1. La poésie, un travail sur le langage

Le poète est avant tout un artisan des mots ; son art consiste à « déraciner les mots », à jouer avec eux, à inventer un nouveau langage. Rimbaud, dans « Voyelles » donne une couleur aux lettres par une cascade d'associations d'images, Queneau joue avec les sonorités qui s'appellent l'une l'autre, Max Jacob joue avec les familles de mots : « Ménage ton ménage / Manège ton manège / Ménage ton manège / Manège ton ménage ».

2. La poésie, un moyen de décrypter et de réinventer le monde

• Ce travail sur les mots fait de la poésie un moyen de connaître le monde, de le décrypter, en rompant avec l'habitude, à en rendre compte par le jeu des images nouvelles : « [La poésie] dévoile dans toute la force du terme. Elle montre nues, sous une lumière qui secoue la torpeur, les choses surprenantes qui nous environnent et que nos sens enregistraient machinalement » (Cocteau).

• Ainsi Ponge nous fait (re)découvrir des objets quotidiens que nous ignorions, comme « Le Pain » et ses merveilles en faisant de sa croûte la « Cordillères des Andes », Hugo nous fait entendre les bruits d'un matin à travers ses « Fenêtres ouvertes ».

• Pour Baudelaire et Rimbaud, le poète est avant tout un « voyant » qui a pour mission de « percer » le mystère des choses et du monde, par la création de liens inattendus.

• La poésie dépasse la réalité de l'expérience vécue et crée (le mot « poésie » a pour étymologie le verbe « poiein » qui signifie « créer » en grec ancien) des mondes nouveaux, inconnus et merveilleux, où « La terre est bleue comme une orange » (Éluard).

3. La poésie, « une arme chargée de futur » (Célaya)

• Parce que le poète peut donner la parole à ceux qui ne l'ont pas ou qui ne savent pas l'utiliser, il peut s'en servir comme d'une arme au service de grandes causes. Oubliant sa propre affectivité, il dénonce la guerre, l'injustice ou les tyrans, « Et c'est assez pour le poète d'être la mauvaise conscience de son temps » (Saint-John Perse).

• Hugo dans ses *Châtiments* dénonce violemment Napoléon le Petit et dans « Ultima verba » revendique vigoureusement ce rôle du poète : « Je serai […] / La voix qui dit : malheur ! la bouche qui dit : non ! » Desnos crie « Révolte contre Hitler et mort à ses partisans ! » (« Ce cœur qui haïssait la guerre »).

• Mais, au fond, ces révoltes et ces combats ne s'appuient-ils pas sur le vécu du poète et ne sont-ils pas aussi une façon pour lui d'exprimer son moi, ses sentiments personnels ? « L'histoire a pour égouts des temps comme les nôtres… » dit Hugo (*Châtiments*).

Conclusion

[Synthèse] Toutes les missions que le poète assigne à la poésie supposent, à des degrés divers, l'expérience personnelle et l'expression des sentiments du poète. [Ouverture] Et si, au fond, la poésie n'était qu'un art au même titre que la peinture, la sculpture ou la musique n'ayant pour but que de créer un bel « objet », le poème ?

France métropolitaine • Juin 2012
Écriture poétique et quête du sens • 14 points

S'inspirer de sa propre expérience ?

Écriture d'invention

▶ Votre classe participe à un festival de poésie consacré cette année à l'adolescence. Vous êtes invité(e) à composer deux textes :
- le premier est un poème inspiré de votre propre expérience à cet âge ;
- le second est une argumentation qui développe l'intérêt que vous avez trouvé à utiliser l'écriture poétique pour évoquer cette expérience.

Le premier texte que vous rédigerez sera un poème de la forme de votre choix (en vers, en vers libres ou en prose) de 15 à 20 lignes. Le second comportera plusieurs arguments et ne dépassera pas une trentaine de lignes.

Le candidat peut s'appuyer sur les textes du corpus reproduits dans le sujet n° 25.

LES CLÉS DU SUJET

Comprendre le sujet

Analysez la consigne pour en cerner les **contraintes.**

Attention : cette écriture d'invention vous amène à composer **deux textes**, très différents.

- **Objets d'étude et genre** auxquels se rattachent les deux textes : un poème (texte 1) et une argumentation (texte 2).
- **Thèmes** des textes : l'adolescence (texte 1) et l'écriture poétique (texte 2).
- **Types** des textes : descriptif (texte 1) et argumentatif (texte 2).
- **Niveau de langue** *:* il se déduit de l'identité des destinataires. Pour le texte 1, bien que vous écriviez en tant qu'adolescent, le langage ne doit pas être trop familier. Vous devez recourir aux procédés d'écriture de la

poésie : images, jeux sur les sons, les mots et les rythmes, néologisme… Pour le texte 2, courant ou soutenu (vous participez à un festival de poésie).

• **Registre** non précisé.

• « **Définition** » des textes à produire, à partir de la consigne :

– *Texte 1 :* poème en vers, en vers libres ou en prose ? (*genre*), narratif / descriptif (*type de texte*), sur une expérience personnelle d'adolescent (*thème*) pour rendre compte de ses émotions et de ses sentiments d'adolescent (*but*).
– *Texte 2 :* texte en prose (*genre*), éloge (*type de texte : argumentatif*) de l'écriture poétique (*thème*), enthousiaste (*adjectif*) pour montrer les avantages de la poésie et pour rendre compte de son état d'âme d'adolescent (*buts*).

■ Chercher des idées

Texte 1

• **Le type de poème** : en vers, en vers libres ou en prose (voir corpus). Votre choix doit être **en phase avec le fond** : pour l'évocation d'une adolescence débridée, choisir plutôt les vers libres ; pour un texte lyrique, choisir des vers réguliers groupés en strophes ; pour un texte ancré dans notre siècle, choisir la prose, etc.

• Soignez la **mise en page**, l'utilisation des blancs, de la ponctuation.

• **Votre expérience d'adolescence** : il peut s'agir d'une expérience précise (choisissez-la) ou d'un texte qui rende compte de vos sentiments à cet âge (sont-ils positifs ou négatifs ?). Vous pouvez mêler récit et description.

• **Le(s) registre(s)** : pathétique, dramatique, humoristique selon l'image que vous donnez de votre adolescence. On attend cependant un certain enthousiasme.

Texte 2

• Votre marge d'invention est limitée : il faut trouver des arguments pour appuyer la thèse « la poésie est efficace pour parler de l'adolescence ».

• Cela implique que vous pouvez **comparer** la poésie **à d'autres genres littéraires** de ce point de vue, que vous en analysiez la **spécificité** (type de « regard » sur le monde, mais aussi faits d'écriture).

• **Les arguments** : commencez votre recherche d'arguments par « La poésie est efficace pour rendre compte de l'adolescence **parce que…** » et supprimez le début de la phrase pour ne garder que l'argument. Illustrez chaque argument d'exemples de poèmes (ceux du corpus et d'autres).

• **La forme :**

– structurez votre texte (un paragraphe par idée / exemples) et suivez une progression pour convaincre ;

– utilisez les **procédés d'écriture de l'argumentation** pour persuader (implication de vous-même, de votre lecteur ; questions rhétoriques, effets de gradation, jeu sur les rythmes, etc.).

▶ **Pour réussir l'écriture d'invention :** voir guide méthodologique.
▶ **Faire la « définition » d'un texte :** voir guide méthodologique.
▶ **La poésie :** voir mémento des notions.

CORRIGÉ 28

Nous vous proposons le travail composé par un élève en temps limité.

Texte 1

Adolescence, incandescence…

Toi qui entres
Dans cette antre,
Brûlante, incandescente,
De ton adolescence
N'y cherche pas de sens,
Laisse-toi guider par tes sens…

Là tout n'est que folie et chaos
Rêve illusion et absurdité

Pour adultes, parents, censeurs,
Pauvres aveugles !
– Ils n'aiment pas notre musique –
Nous ne sommes plus des enfants…
Comprenez, pauvres aveugles,
Que nous vivons d'espoir
Que notre rêve est idéal

Là tout n'est que folie et chaos
Rêve illusion et absurdité

Vous qui entrez
Dans cette turbulence
Brûlante, incandescente,
De votre adolescence
Criez la mort de votre enfance
Et de l'insouciance !

Comment m'évader de cette prison ?
Comment ne pas perdre la raison
Quand on vous parle de modération
Concentration précautions suspicion
Et qu'on n'est que
Sensation passion déraison ?

Là tout n'est que folie et chaos
Rêve illusion et absurdité

Un jour s'ouvrira la porte de cette déraison…
Et le monde aura les couleurs d'une aurore boréale !

Texte 2

Parler de son adolescence ? Je me souviens que, lorsque nous avons décidé de créer ce festival « L'adolescence, qu'est-ce que t'en penses ? », nous avons hésité sur les productions que nous demanderions aux participants : un récit ? un « bout » d'autobiographie ? une chanson ? L'un d'entre nous a lancé, comme par provocation : « Un poème » ! Ricanements, protestations : « Non mais ça ne va pas ? Tu te prends pour Rimbaud ? Nous n'y arriverons jamais ! »

Et pourtant, aujourd'hui, c'est bien « Des poètes ados vous parlent » que nous inaugurons, et je ne regrette rien ! Car nous avons tous pris nos plumes et relevé le défi que nous croyions impossible. Il faut bien se rendre à l'évidence : les poèmes exposés ici sont de vraies merveilles ! J'avoue que j'ai eu moi-même un grand plaisir à écrire ce poème pour dire mon adolescence turbulente.

Quoi d'étonnant ? À y bien réfléchir, quel art, mieux que la poésie, peut rendre vraiment compte de cette période de l'existence si étrange, si intense et chaotique, mais si riche ? Je dirais même que poésie et adolescence sont presque synonymes… Provocateur, moi ? Non… Car c'est en dressant le portrait de l'adolescent que j'ai compris pourquoi l'écriture poétique est faite pour parler de l'adolescence.

Un adolescent, c'est un être plein de déraison, traversé de contradictions, un être d'imagination et non de raison… Or la poésie privilégie l'imagination et ne s'embarrasse pas des contradictions les plus folles.

Moi-même, quand j'ai écrit mon poème, j'ai pu me laisser aller à mes émotions ; peu importait, puisque j'écrivais de la poésie, que mes phrases n'aient pas de verbes, que je change, sans crier gare, d'interlocuteurs… Tout est permis en poésie : c'est un vaste champ de liberté. Rien à voir avec l'écriture d'un roman ! La liberté que nous n'avons pas dans la vie… voilà ce que m'a apporté l'écriture de mon poème. La folie que Rimbaud revendiquait : « À moi l'histoire d'une de mes folies ». Pas de mots interdits, les formes les plus folles : vers, prose, calligramme…

Un adolescent, c'est aussi un être en proie à tous les émois sensuels, excessif, exalté… Or le lyrisme de la poésie est particulièrement propre à rendre compte de l'exaltation. J'ai pu, dans mon poème, multiplier les exclamations, répéter les mots qui m'obsèdent, bousculer le rythme de mes phrases, exagérer, pour rendre compte de mes douleurs, mes angoisses. L'adolescent, c'est une hyperbole vivante et l'adolescence est la période de tous les excès !

Un adolescent c'est un être centré sur lui-même qui manie le « je », le « moi » à tous bouts de champ ! Quoi de plus adapté à cela que le lyrisme poétique ? Les poètes eux aussi disent « je ». Apollinaire, Éluard, Aragon… Moi, j'ai choisi de parler de moi, mais aussi de nous, tous les adolescents. La poésie m'a permis ce détour : me dire à travers les autres, dire les autres à travers moi…

Un adolescent, c'est un être plein de pudeur qui ne sait ou ne veut pas dire, qui a du mal à communiquer. Dans un poème justement, on peut suggérer, prendre des détours pour s'exprimer.

Un adolescent, c'est un être épris d'idéal, doux rêveur qui « vit la vie à côté ». Or, écrire un poème, c'est une « invitation au voyage » dans des mondes merveilleux qui font oublier les réalités quotidiennes, où l'on peut dire, le temps d'un rêve « La terre est bleue comme orange » ou bien « Et le monde aura les couleurs d'une aurore boréale ! ».

D'ailleurs, j'ai senti en écrivant mon poème comme la poésie est proche de la musique. Elle épouse le rythme du cœur, tantôt calme et doux, tantôt agité et fiévreux. J'ai presque eu l'impression d'écrire une chanson, j'ai pu modeler mes vers sur les pulsations de mon corps et accorder mes images à mes visions. J'avais une palette infinie à ma disposition pour essayer de peindre mon vécu d'adolescent. Je ne crois pas qu'il y ait d'art aussi riche et complet que la poésie. Et je suis sûr que vous tous, vous avez ressenti cela en écrivant vos poèmes.

SUJET

29

Nouvelle-Calédonie • Novembre 2014

La question de l'homme • 6 points

L'habit fait l'homme

Questions

Documents

A – **Montesquieu**, *Lettres persanes*, lettre 99, 1721.
B – **Denis Diderot**, *Regrets sur ma vieille robe de chambre ou Avis à ceux qui ont plus de goût que de fortune*, 1769.
C – **Honoré de Balzac**, *Physiologie de la toilette*, 1830.
D – **Louis Guilloux**, *Le Sang noir*, 1935.

▸ 1. Que nous disent les éléments vestimentaires présents dans ces quatre textes, de leurs propriétaires et des personnages qui les entourent ? *(3 points)*

▸ 2. Dans quelle mesure ces textes prêtent-ils à sourire ? *(3 points)*

Après avoir répondu à ces questions, les candidats devront traiter au choix un des trois sujets nos 30, 31 ou 32.

DOCUMENT A

L'auteur imagine une correspondance, au XVIIIe siècle, entre deux Persans qui observent Paris et ses habitants. Ils évoquent, avec un regard neuf et naïf, les mœurs et coutumes des Parisiens, non sans ironie…

Rica à Rhédi, à Venise

Je trouve les caprices de la mode, chez les Français, étonnants. Ils ont oublié comment ils étaient habillés cet été ; ils ignorent encore plus comment ils le seront cet hiver. Mais, surtout, on ne saurait croire combien il en coûte à un mari pour mettre sa femme à la mode.

Que me servirait de te faire une description exacte de leur habillement et de leurs parures ? Une mode nouvelle viendrait détruire tout mon ouvrage, comme celui de leurs ouvriers, et, avant que tu eusses reçu ma lettre, tout serait changé.

Une femme qui quitte Paris pour aller passer six mois à la campagne en revient aussi antique que si elle s'y était oubliée trente ans. Le fils méconnaît le portrait de sa mère, tant l'habit avec lequel elle est peinte lui paraît étranger ; il s'imagine que c'est quelque Américaine qui y est représentée, ou que le peintre a voulu exprimer quelqu'une de ses fantaisies.

Quelquefois, les coiffures montent insensiblement, et une révolution les fait descendre tout à coup. Il a été un temps que leur hauteur immense mettait le visage d'une femme au milieu d'elle-même. Dans un autre, c'étaient les pieds qui occupaient cette place : les talons faisaient un piédestal qui les tenait en l'air. Qui pourrait le croire ? Les architectes ont été souvent obligés de hausser, de baisser et d'élargir leurs portes, selon que les parures des femmes exigeaient d'eux ce changement, et les règles de leur art ont été asservies[1] à ces caprices. On voit quelquefois sur un visage une quantité prodigieuse de mouches[2], et elles disparaissent toutes le lendemain. Autrefois, les femmes avaient de la taille et des dents ; aujourd'hui, il n'en est pas question. Dans cette changeante nation, quoi qu'en disent les mauvais plaisants, les filles se trouvent autrement faites que leurs mères.

Il en est des manières et de la façon de vivre comme des modes : les Français changent de mœurs selon l'âge de leur roi. Le monarque pourrait même parvenir à rendre la nation grave, s'il l'avait entrepris. Le Prince imprime le caractère de son esprit à la Cour ; la Cour, à la Ville ; la Ville, aux provinces. L'âme du souverain est un moule[3] qui donne la forme à toutes les autres.

De Paris, le 8 de la lune de Saphar, 1717.

Montesquieu, *Lettres persanes*, lettre 99, 1721

1. Asservies : soumises. 2. Mouches : petites rondelles de tissu noir que les dames se collaient sur le visage par coquetterie. 3. Moule : modèle type.

DOCUMENT B

Catherine II ayant offert à Diderot une somptueuse robe de chambre écarlate, l'écrivain s'est débarrassé de l'ancienne et le regrette amèrement !

Pourquoi ne l'avoir pas gardée ? Elle était faite à moi, j'étais fait à elle. Elle moulait tous les plis de mon corps sans le gêner ; j'étais pittoresque et beau. L'autre, raide, empesée, me mannequine. Il n'y avait aucun besoin auquel sa complaisance[1] ne se prêtât. Un livre était-il couvert de poussière, un de ses pans s'offrait à l'essuyer.

QUESTION DE L'HOMME

L'encre épaissie refusait-elle de couler de ma plume, elle présentait le flanc. On y voyait tracés en longues raies noires les fréquents services qu'elle m'avait rendus. Ses longues raies annonçaient le littérateur, l'écrivain, l'homme qui travaille. À présent, j'ai l'air d'un riche fainéant, on ne sait qui je suis.

Sous son abri, je ne redoutais ni la maladresse d'un valet, ni la mienne, ni les éclats du feu, ni la chute de l'eau. J'étais le maître absolu de ma vieille robe de chambre ; je suis devenu l'esclave de la nouvelle [...].

Ma vieille robe de chambre était une avec les autres guenilles[2] qui m'environnaient. Une chaise de paille, une table de bois, une tapisserie de Bergame, une planche de sapin qui soutenait quelques livres, quelques estampes[3] enfumées, sans bordure, clouées par les angles sur cette tapisserie ; entre ces estampes trois ou quatre plâtres suspendus formaient avec ma vieille robe de chambre l'indigence[4] la plus harmonieuse.

Tout est désaccordé. Plus d'ensemble, plus d'unité, plus de beauté.

Denis Diderot, *Regrets sur ma vieille robe de Chambre*, 1769

---

1. Complaisance : désir d'être agréable, aimable. 2. Guenilles : vêtements sales et en lambeaux. 3. Estampes : images imprimées. 4. Indigence : grande pauvreté, misère.

DOCUMENT C

Sous l'Ancien Régime, chaque classe de la société avait son costume : on reconnaissait à l'habit le seigneur, le bourgeois, l'artisan. Alors, la cravate (si l'on peut donner ce nom au col de mousseline et au morceau de dentelle dont nos pères enveloppaient leur cou) n'était rien qu'un vêtement nécessaire, d'étoffe plus ou moins riche, mais sans considération, comme sans importance personnelle. Enfin les Français devinrent tous égaux dans leurs droits, et aussi dans leur toilette, et la différence dans l'étoffe ou la coupe des habits ne distingua plus les conditions. Comment alors se reconnaître au milieu de cette uniformité ? Par quel signe extérieur distinguer le rang de chaque individu ? Dès lors était réservée à la cravate une destinée nouvelle : de ce jour, elle est née à la vie publique, elle a acquis une importance sociale ; car elle fut appelée à rétablir les nuances entièrement effacées dans la toilette, elle devint le critérium auquel on reconnaîtrait l'homme comme il faut et l'homme sans éducation. [...] Tant vaut l'homme, tant vaut la cravate. Et, à vrai dire, la cravate, c'est l'homme ; c'est par elle que l'homme se révèle et se manifeste.

[...]

Car la cravate ne vit que d'originalité et de naïveté ; l'imitation, l'assujettissement aux règles la décolorent, la glacent, la tuent. Ce n'est ni par étude ni par travail qu'on arrive à bien ; c'est spontanément, c'est d'instinct, d'inspiration que se met la cravate. Une cravate bien mise, c'est un de ces traits de génie qui se sentent, s'admirent, mais ne s'analysent ni ne s'enseignent. Aussi, j'ose le dire avec toute la force de la conviction, la cravate est romantique dans son essence ; du jour où elle subira des règles générales, des principes fixes, elle aura cessé d'exister.

Honoré de Balzac, *Physiologie de la toilette*, 1830.

DOCUMENT D

L'histoire se déroule en 1917 dans une ville de province où enseigne Cripure, un professeur de philosophie moqué par ses élèves, notamment en raison de la taille de ses pieds.

Peut-être une fois de plus parlaient-ils de ses pieds légendaires ?

Un jour, bien avant la guerre, un cirque était arrivé en ville, avec un géant. Or, les souliers du géant n'étaient rien en comparaison de ceux de Cripure, chacun avait pu s'en rendre compte, le directeur du cirque ayant fait exposer les souliers du géant dans la vitrine du plus grand bottier de la ville – qui était celui de Cripure précisément.

Quand on lui avait apporté ces souliers, le bottier s'était moqué. Au directeur du cirque, incrédule, il avait affirmé : « J'ai mieux que cela ! » Et courant à son atelier il en était revenu avec les souliers de Cripure que Maïa[1] venait précisément de lui apporter à réparer. Le directeur du cirque avait dû s'avouer battu. Il s'était montré curieux de connaître le « phénomène ». Songeait-il à l'engager ? Il en avait plaisanté un instant avec le bottier qui lui avait vivement conseillé, le cas échéant, d'engager aussi Maïa, car les deux faisaient la paire. Mais quand le directeur du cirque avait appris que le propriétaire de ces « étonnants godillots » était un professeur, et de philosophie ! il avait simplement haussé les épaules et parlé d'autre chose.

Trois jours entiers, les souliers du géant étaient demeurés dans cette vitrine, monstrueuse attraction qui, sans doute, avait porté ses fruits en entraînant plus d'un badaud au cirque, mais aussi avait révélé à ceux qui l'ignoraient encore l'existence, quelque part, dans

QUESTION DE L'HOMME

un faubourg de la ville, d'un homme de beaucoup d'esprit, d'un savant, dont les pieds étaient encore plus grands que ceux du géant.

Durant ces trois jours, le bottier était plus d'une fois revenu à l'atelier prendre les souliers de Cripure, afin de les montrer à quelque client qui voulait « se rendre compte par soi-même ». Les souliers étaient ainsi passés de mains en mains. On les avait jaugés, soupesés, mesurés de l'œil et du doigt, comparés à ceux du géant, avec des commentaires où l'apitoiement se mêlait à la moquerie. Les psychologues prétendaient que l'infirmité de Cripure, en l'obligeant à se replier sur lui-même, en avait fait l'homme d'esprit qu'il était et qu'ainsi on pouvait dire qu'il tirait tout son esprit de ses pieds. D'autres, jouant au savant, se grattaient le menton, cherchant quelle maladie pouvait bien engendrer une difformité aussi triste. Quelqu'un ayant prononcé le mot d'acromégalie, on s'était fait expliquer la chose par un pharmacien. Le temps de consulter un dictionnaire de médecine et le pharmacien était revenu chez le bottier reluisant de science. Cette maladie mystérieuse, c'était une glande dite apophyse qui l'engendrait, quand elle fonctionnait mal. Toutes les extrémités : les pieds, les mains, la langue, et autre chose itou, avait ajouté le pharmacien, avec un sourire canaille, se mettaient à croître sans mesure. Ce n'était pas une maladie héréditaire. Elle pouvait se déclarer à n'importe quel âge. On avait vu des gens de vingt-cinq ans en être soudain frappés.

Ils n'en revenaient pas. Cripure était-il atteint de cette maladie avant d'épouser Toinette[2] ? Depuis ? La maladie s'était-elle déclarée pendant ? Et de rigoler !

Cripure savait tout cela.

Louis Guilloux, *Le Sang noir*, © Éditions Gallimard, 1935.

1. Maïa, femme laide et sotte, est la compagne actuelle de Cripure.
2. Toinette, qui était mariée à Cripure, l'a quitté pour un bel officier.

LES CLÉS DU SUJET

■ Question 1

- « Que nous disent » signifie : « **que nous apprennent ?** »
- Analysez en quoi les vêtements **éclairent la personnalité** de ceux qui les portent et de ceux qui les voient, ce qu'ils révèlent des rapports humains, du milieu social et de la conception de la vie de ceux qui les portent.

- Comment les personnages considèrent-ils ces vêtements ? Comment en parlent-ils ?

■ Question 2

- « prêtent à sourire » : analysez d'où vient l'humour des textes.
- Récapitulez les **diverses sources d'humour ou de comique** que vous connaissez (mots, gestes, situation, caricature, répétition…), puis voyez celui qui est utilisé dans ces textes.
- **Ne juxtaposez pas** l'analyse des textes, construisez la réponse autour des divers procédés.
- Accompagnez vos remarques d'**exemples précis** tirés des textes.

▶ **Pour réussir les questions** : voir guide méthodologique.
▶ **La question de l'homme :** voir mémento des notions.

CORRIGÉ 29

Les titres en couleur et les indications entre crochets servent à guider la lecture mais ne doivent pas figurer sur la copie.

▶ Question 1

[Amorce, présentation du corpus et problématique] Les vêtements, au fil du temps, sont devenus à la fois un moyen d'exprimer nos personnalités et une façon de nous intégrer à la société en suivant la mode et… ses caprices. Ainsi, au siècle des Lumières, Montesquieu dans ses *Lettres persanes* et Diderot dans *Regrets sur ma vieille robe de chambre*, puis, au XIXe siècle, Balzac dans *Physiologie de la toilette*, et enfin, au XXe siècle, Louis Guilloux dans son roman *Le Sang noir*, font part des réflexions que leur inspirent les caprices de la mode à Paris, l'abandon d'une vieille robe de chambre, le port de la cravate ou la taille extraordinaire des pieds et des chaussures d'un vieux professeur.

1. Un révélateur du comportement social

- Montesquieu porte un regard critique et ironique sur le goût exagéré des Français, « changeante nation », pour la mode et ses extravagances. Ils révèlent par là leur manque de mesure et d'originalité, leur superficialité et leur « asservissement » à des modes futiles qui régissent toute leur vie. Mais Montesquieu va plus loin : le rapport des Français aux vêtements est l'image de leur comportement politique et social, de leur soumission aux caprices tyranniques du « souverain ».

QUESTION DE L'HOMME

• Balzac consacre quelques lignes à un simple accessoire vestimentaire : la « cravate ». Comme Montesquieu, il a le regard d'un sociologue et d'un historien du costume. La cravate devient le révélateur de l'évolution sociale depuis l'Ancien Régime jusqu'aux années qui ont suivi la Révolution. Balzac fait l'éloge de la cravate telle qu'elle est portée à son époque, au début du XIXe siècle, parce qu'elle « révèle » alors « l'homme comme il faut », traduit « l'originalité » de l'esprit « romantique » qui refuse les « règles », « l'imitation » et fait preuve de « traits de génie ».

2. Un révélateur de la personnalité et d'une vision de la vie

Diderot a sur les vêtements un regard plus affectif.

• Si Diderot s'est tellement attaché à sa « vieille robe de chambre », c'est qu'à force d'être portée par ce propriétaire artiste et bohème, elle s'est mise à lui ressembler. Diderot la personnifie, lui prête un caractère (elle était « complaisante », lui « rendait des services »).

• Il ne se sent plus lui-même dans sa nouvelle et trop riche robe de chambre dont il est devenu « esclave », alors que son ancienne amie affichait son goût pour une beauté simple mais authentique et partageait son indifférence pour les biens matériels, son humilité qui acceptait « l'indigence » avec fatalisme et même un certain bonheur.

3. Un catalyseur de la cruauté d'autrui, un signe douloureux de marginalité

• L'extrait du *Sang noir* s'attache à des « chaussures » d'une taille exceptionnelle, mais ce qui compte, c'est la taille phénoménale des pieds de leur propriétaire : elle suscite en effet la curiosité et surtout les moqueries cruelles des villageois, qui révèlent aussi leur pédantisme prétentieux lorsque, « jouant au savant », ils tentent d'expliquer ce prodige.

• On devine alors implicitement la souffrance de celui qui doit subir ces railleries – Cripure –, mais aussi son fatalisme et même son stoïcisme devant l'exclusion dont il est victime.

Conclusion

Ces analyses presque sociologiques de la place du costume dans les sociétés, ces confidences individuelles, montrent que le vêtement certes nous cache mais révèle aussi et des traits humains éternels – légèreté, curiosité malsaine, cruauté mentale – et des personnalités chaleureuses comme celle de Diderot.

Conseil
Si la question implique une analyse séparée de chaque texte, composez une conclusion qui fasse une synthèse, dégage une progression ou justifie les éléments analysés par le contexte.

▸ Question 2

Nous vous proposons un plan que vous pouvez vous exercer à rédiger.

• Les auteurs recourent à la caricature, en exagérant certains traits, physiques ou moraux, et font ainsi sourire le lecteur.

– Montesquieu : la femme devenue « antique », « peinte », que son fils ne reconnaît pas ; la variation de la silhouette (coiffures et talons démesurés).

– Diderot : insistance sur la saleté et la vétusté de la robe de chambre (vocabulaire : « poussière, longues raies noires, guenilles ») et sur l'indigence de Diderot ; description de son mode de vie bohème.

– Guilloux : physique de Cripure (taille monstrueuse des pieds rendue par le vocabulaire hyperbolique : « géant », « monstrueuse »), mais aussi caricature des villageois (à travers leurs conjectures absurdes sur les chaussures, qui en font des « psychologues », des « savant[s] » « reluisant de science »), avec un sous-entendu grivois (« et autre chose itou »).

• Ces caricatures créent la satire : celle des Français, des « villageois ». Elle s'appuie parfois sur le pittoresque des images ou des portraits : la « révolution » des coiffures, la femme « peinte » (Montesquieu) ; Diderot, « esclave » de sa nouvelle robe de chambre qui le « mannequine ».

• Personnification des vêtements : ils ont une véritable personnalité, qui s'accorde avec ceux qui les portent :

– la robe de chambre de Diderot est une servante : « faite à moi », « sa complaisance », « présentait le flanc », « s'offrait à l'essuyer », « services rendus » ;

– la cravate chez Balzac a une « destinée » : « elle est née à la vie publique… », a « une importance sociale », « elle [...] vit », elle peut être « tuée », elle est « romantique », elle peut « cesse[r] d'exister ».

• Les textes présentent aussi des situations amusantes :

– soit par le décalage : Cripure acquiert une notoriété exceptionnelle par… ses chaussures ! Disproportion entre l'émoi dans le village et sa cause ;

– soit par leur absurdité : les conséquences de la mode sur l'architecture (Montesquieu) ; la « beauté » conférée par la vieille robe de chambre ; les souliers qui « passent de mains en mains » ;

– soit par des effets d'opposition, de renversement de situation : coiffures qui « montent » et « descendent », portes « hauss[ées] » et « baiss[ées] » (Montesquieu) ; Diderot « maître absolu » tout à coup « esclave » ; la cravate « sans importance » puis avec une « importance sociale ».

[Conclusion] Cependant, parmi ces textes, qui tous prêtent à sourire, celui de Guilloux se distingue par sa pointe de pathétique qui en tempère l'humour.

SUJET **30**

Nouvelle-Calédonie • Novembre 2014

La question de l'homme • 14 points

L'habit fait l'homme

Commentaire

▶ Vous ferez le commentaire de l'extrait des *Lettres persanes,* de Montesquieu (document A), en vous aidant du parcours de lecture suivant :

a) Vous analyserez, dans le texte, la mise en valeur des variations de la mode.

b) Vous étudierez la dimension satirique du texte.

Se reporter au document A du sujet n° 29.

LES CLÉS DU SUJET

Trouver les idées directrices

- Faites la « **définition** » du texte pour trouver les idées directrices.

Lettre fictive (*genre*) qui décrit (*type de texte*) les variations de la mode vestimentaire et les « mœurs » des Français (*thème*), humoristique, satirique (*registre*), pittoresque, fantaisiste, critique (*adjectifs*), pour amuser le lecteur et dénoncer les travers des Français (*buts*).

Pistes de recherche

Première piste : la mise en valeur des « caprices de la mode »

- Analysez la **structure** de la lettre et les **procédés d'écriture** qui donnent l'impression de changements rapides.
- Étudiez les **transformations** décrites : quelles sont les marques de ces variations de la mode et leurs conséquences ?
- **Comment** Montesquieu rend-il compte de l'extravagance de ces modes ?

Deuxième piste : un texte satirique

La satire combine moquerie et griefs / reproches.

- Analysez d'où viennent la **fantaisie et l'humour** de la lettre.
- Récapitulez les **reproches** adressés aux Français derrière cette fantaisie.
- Quelle importance prend le **dernier paragraphe** par rapport au reste de la lettre ? Appréciez la gravité de la **critique implicite**.

▶ **Pour réussir le commentaire** : voir guide méthodologique.
▶ **La question de l'homme :** voir mémento des notions.

CORRIGÉ 30

Les titres en couleur et les indications entre crochets servent à guider la lecture mais ne doivent pas figurer sur la copie.

Introduction

[Amorce] Au XVIIIe siècle, l'exotisme et le genre épistolaire sont au goût du jour. Montesquieu obéit à ces deux « modes » dans ses *Lettres persanes*, roman constitué de lettres où des Persans qui voyagent en Europe échangent leurs impressions. Mais cette fiction plaisante est mise au service de la volonté critique qui anime le siècle des Lumières. [Présentation du texte] Ainsi, dans la lettre 99, Rica écrit de Paris à son ami Rhédi qui séjourne à Venise, pour lui faire le compte rendu étonné des « caprices de la mode » chez les Français. [Annonce des axes] Il en fait une description amusante et fantaisiste qui rend bien compte de la rapidité des variations de la mode, souvent ridicules [I]. Cette fantaisie, à travers le regard de l'étranger ingénu, cache une satire, apparemment innocente mais en réalité très forte, des Français [II].

I. La mise en valeur des « caprices de la mode »

1. La rapidité des variations de la mode

- La structure du texte en quatre paragraphes juxtaposés qui présentent chacun de multiples exemples sans lien donne une impression de variété et de rapidité, comme si chaque situation ne durait que très peu de temps.
- Montesquieu multiplie les mots du vocabulaire du « changement » (« changé, changement, changeante »), de la nouveauté (« mode nouvelle ») et de la destruction (« détruire, disparaissent »), parfois dans la même phrase.

• La métaphore de la « révolution » suggère la brutalité de ces variations ; le rapprochement étonnant établi entre les mères et les filles pour mieux les opposer en accentue la rapidité.

• Les temps verbaux (passé : « étaient habillés », présent : « ignorent », futur : « le seront ») et les nombreuses précisions temporelles indiquent que les transformations ont lieu dans un laps de temps très réduit : une saison suffit (de « l'été » à « l'hiver ») pour qu'une mode soit oubliée. Puis tout s'accélère : quelques jours suffisent, puis la durée se limite à une journée (« le lendemain »).

• Le jeu sur les durées plaisamment rapprochées (« six mois », « trente ans »), l'opposition entre « autrefois » et « aujourd'hui », les adverbes comme « tout à coup », qui suggère la soudaineté, « souvent », qui insiste sur la répétition, donnent presque le vertige.

2. Extravagances de la mode, transformations insolites et étonnantes

• La mode ôte aux gens leur identité et les rend méconnaissables, comme en témoigne le vocabulaire de l'étrange (« méconnaît, étranger, fantaisies »). Elle modifie les âges en un temps record : d'une jeune fille elle fait une vieille femme, au point de la rendre « antique » en « six mois ». Elle modifie les nationalités et les cultures : d'une Française policée, elle fait une « Américaine » (alors synonyme d'indigène non civilisée, que l'on représentait comme « peinte »). D'une femme vivante, elle fait un tableau (« peinte », peinture »). Elle détruit les liens familiaux les plus naturels : le « fils » ne reconnaît pas sa « mère ».

• Elle transforme aussi le corps et la silhouette. Montesquieu juxtapose de brefs croquis qui se succèdent rapidement, rendus encore plus frappants par un jeu insolite sur les proportions et des précisions presque géométriques : « visage *au milieu* d'elle-même » (à cause de la « *hauteur* » des « coiffures »), pieds à la même « place » (à cause de la hauteur des « talons »), formes qui « montent » et « descend[ent] ». Plus de « taille », plus de « dents » (« il n'en est pas question »). La mode entraîne des modifications morphologiques profondes d'une génération à l'autre (« filles » / « mères »). Sont-ce encore des femmes ou des mutantes ?

3. Tyrannie de la mode qui bouleverse la vie

• La mode exerce aussi une véritable tyrannie sur le mode de vie. Outre les répercussions sur la famille, elle bouleverse l'environnement : l'écho entre les verbes « montent » / « descendent » (pour les coiffures) et « hausser », « baisser », « élargir » pour les « portes » souligne cette tyrannie sur l'architecture, « art » ancestral qui implique d'ordinaire harmonie, solidité et stabilité.

• Les verbes, très forts : « ont été [...] obligés », « exigeaient » et la métaphore « ont été asservies », assimilent la mode à un tyran dont les « caprices » régentent tout un monde et bouleversent la culture.

[Transition] Cette dernière métaphore invite à voir sous l'apparente légèreté de la lettre une critique bien plus grave qu'une simple moquerie amusée.

II. Un texte satirique

1. Humour et fantaisie pour des griefs apparemment anodins

• Au premier abord, le texte fait sourire : les caricatures (de la femme vieillie prématurément, « peinte », des silhouettes des dames tenues « en l'air » comme des oiseaux bizarres, ou devenues monstrueuses), les exagérations absurdes, la saynète insolite que fait imaginer le jeu sur le sens de « mouches » (éléments de maquillage à l'époque et insectes), sont pleines d'humour et de fantaisie.

> **Info**
> La satire est une œuvre polémique : elle critique une époque, des mœurs, un caractère, une institution, une profession... par le ridicule et la moquerie.

• La naïveté de Rica, peu habitué à ces bizarreries, et son expression ingénue qui l'amène à utiliser des mots impropres (comme « peintes », « révolution », « piédestal », « tenait en l'air ») ajoutent à la fantaisie de la lettre. Il exprime à plusieurs reprises son étonnement par des expressions comme « étonnants », « on ne saurait croire » ou « qui pourrait le croire ? » Mais ce procédé de l'œil neuf est au service de la critique.

• La plus grande partie de la lettre formule des griefs somme toute assez anodins contre les Français. Rica leur reproche leur propension à la dépense pour des futilités (« combien il en coûte ») et, au passage, la soumission des « mari[s] » aux caprices de leur « femme », puis leur manque de mesure et de raison (à travers des adjectifs hyperboliques comme « immense », « [une quantité] prodigieuse »), enfin leur obéissance aveugle à la mode qui exclut toute originalité.

[Transition] Mais le dernier paragraphe, assez inattendu, aggrave la critique.

2. Une critique plus grave... L'invitation à relire la lettre pour la réinterpréter

• Le dernier paragraphe repose sur le procédé de la comparaison (« Il en est des... *comme* des... »), qui assimile les « mœurs » à la mode. La comparaison est soutenue par des échos entre le vocabulaire et la syntaxe du paragraphe et tout le reste de la lettre : l'idée de changement est rendue par les expressions « changent », « rendre [grave] », « imprime... à » et la métaphore du « moule qui donne la forme », expressions qui rappellent « tout serait changé » et « changement » ; Rica procède avec la même juxtaposition sans lien des phrases qui se succèdent en cascade.

• Il opère ainsi un élargissement de ses « cibles » et le lecteur est alors invité à interpréter ce paragraphe à la lumière de ce que Rica a expliqué sur la mode, à l'appliquer à tous les domaines, notamment politique et social, comme l'indiquent la mention des charges au sein de l'État (« roi », « monarque », « Prince », « souverain »), le mot « nation » et l'élargissement spatial (« Cour », « Ville », « provinces »). La succession hiérarchique en decrescendo et le rebondissement d'un palier à l'autre par un jeu de répétition (« Cour/Cour ; Ville/Ville, provinces ») donnent l'impression d'un élan qu'on ne peut arrêter.

• Quels sont alors les griefs ? Le paragraphe, par sa structure même, souligne la passivité et la soumission avec lesquelles les Français obéissent au pouvoir sans aucun esprit critique et la facilité du « roi » à s'imposer. La dernière phrase sonne comme une conclusion-résumé péremptoire qui souligne le pouvoir exorbitant du « souverain » et le déséquilibre entre lui (désigné par sa charge) et « tous les autres » (au pluriel), rejetés dans l'anonymat collectif.

• Au passage, Montesquieu accuse implicitement le monarque de futilité : l'irréel du présent « pourrait même / s'il l'avait entrepris » montre que, si la « nation » n'est pas « grave » (c'est-à-dire sérieuse, raisonnable), c'est par le caprice du roi qui n'a pas « entrepris » (c'est-à-dire voulu) la rendre telle. Implicitement encore, « le caractère de son esprit » est marqué par cette même futilité.

• Passivité des uns, manque de sérieux et de courage, tyrannie de l'autre : personne n'est épargné dans cette satire féroce sous des allures de fantaisie.

Conclusion

[Synthèse] Montesquieu, par le procédé de « l'œil neuf » faussement naïf, allie fantaisie, humour de la caricature et dénonciation sévère des Français : la satire dépasse le simple phénomène de la mode pour s'appliquer aux domaines politique et social et s'en prendre au roi lui-même. [Élargissement] Ce procédé efficace d'argumentation indirecte inspirera d'autres philosophes des Lumières, tels que Voltaire dans ses contes philosophiques *L'Ingénu* ou *Les Voyages de Scarmentado*.

Nouvelle-Calédonie • Novembre 2014
La question de l'homme • 14 points

L'habit fait l'homme

Dissertation

▸ L'argumentation directe est-elle le moyen le plus efficace de critiquer l'homme et la société ?

Vous répondrez de manière construite et argumentée en prenant appui sur les textes du corpus, les textes que vous avez étudiés en classe et sur vos lectures personnelles.

Les textes du corpus sont reproduits dans le sujet n° 29.

LES CLÉS DU SUJET

Comprendre le sujet

- Thèse : « **L'argumentation directe** est très **efficace** pour critiquer ».
- **Formes de ce type d'argumentation** : l'essai, le traité, le dialogue d'idées, le discours, la correspondance…
- **Reformulez** la question avec vos propres mots : *« L'argumentation directe est-elle un bon moyen pour critiquer ? »* et cherchez ses atouts, ses avantages.

Chercher des idées

Le plan

- L'expression « **est-elle** » invite à la discussion : cherchez les avantages de l'argumentation directe, mais aussi ses limites pour critiquer.
- L'expression « **le plus** efficace » amène aussi à la **comparer** aux formes de l'argumentation indirecte (apologue, théâtre, roman…) dont il faut aussi chercher les avantages. Cela implique au moins deux parties.
- **Scindez la problématique en sous-questions** : *« Quels sont les atouts de l'argumentation directe / indirecte ? » ; « Dans quels buts un écrivain a-t-il recours à l'argumentation directe / indirecte ? » ; « Quels en sont les inconvénients / les limites ? »*

QUESTION DE L'HOMME

• Vous pouvez aussi, dans une troisième partie, **dépasser cette alternative** et montrer que le choix de l'argumentation dépend de divers facteurs.

Les arguments

Prenez **différents points de vue** : celui de l'auteur (variété, liberté), du lecteur (plaisir, émotion ; réflexion, interprétation personnelles).

▶ **Pour réussir la dissertation** : voir guide méthodologique.
▶ **La question de l'homme :** voir mémento des notions.

CORRIGÉ 31

Les titres en couleur et les indications entre crochets servent à guider la lecture mais ne doivent pas figurer sur la copie.

[Amorce] « L'écrivain sait que toute parole est action », affirme Sartre dans *Qu'est-ce que la littérature ?* Il a ainsi « longtemps pris [sa] plume pour une épée », comme l'ont fait Voltaire, Diderot, Zola, qui connaissaient l'efficacité argumentative de la littérature pour critiquer l'homme et la société. Mais tout écrivain doit choisir la stratégie à adopter pour mener ce combat. [Problématique] L'argumentation directe est-elle un bon moyen pour critiquer l'homme et la société ? [Annonce du plan] À coup sûr, elle présente beaucoup d'atouts pour emporter l'adhésion du lecteur [I]. Mais les autres formes d'argumentation – notamment indirecte – sont elles aussi très efficaces [II]. Laquelle donne le plus de force à la critique ? Cela dépend de nombreux paramètres dont il faut tenir compte avant de choisir l'une ou l'autre [III].

I. La force et les atouts de l'argumentation directe : convaincre

1. La diversité des genres de l'argumentation directe

• Les essais et les traités, qui abordent de multiples sujets – politique, social, philosophique et religieux... –, se prêtent à l'examen méthodique et didactique d'une notion (*Traité sur la tolérance*, de Voltaire), d'une institution (la justice par exemple). Dans l'essai, l'auteur s'engage personnellement pour soutenir sa thèse ; le traité, lui, obéit à une volonté d'objectivité et d'exhaustivité (*L'Esprit des lois*, de Montesquieu ; *Émile*, de Rousseau).

• L'argumentation directe peut prendre une forme plus animée, qui permet la confrontation des idées : celle du dialogue philosophique, pratiqué dès l'Antiquité (dialogues de Platon) et populaire au XVIIIe siècle (*Le Neveu de Rameau*, de Diderot).

• Elle peut avoir un retentissement plus large à travers le discours, qui s'adresse à un public collectif et s'appuie sur les ressources de l'éloquence (discours de Hugo « Sur la misère » en 1849 devant l'Assemblée, ou de Robert Badinter en 1981 pour l'abolition de la peine de mort en France).

2. L'efficacité de l'argumentation directe pour critiquer

• Clarté, précision et rigueur logique. Le sujet abordé est clair ; la thèse est exposée au premier degré [*exemples personnels*]. La démarche déductive, qui part d'une idée générale, d'une thèse et en fournit des illustrations, est inspirée par les raisonnements mathématiques (réseau de causes, de conséquences, de concessions, d'oppositions...) dont elle a la rigueur et la solide structure « thèse-arguments-exemples ». C'est la forme que privilégient pour traiter de questions philosophiques, morales, politiques ou religieuses Pascal dans ses *Pensées* au XVIIe siècle, Rousseau (*Émile ou de l'Éducation*), Montesquieu (*L'Esprit des lois*), Voltaire (*Traité sur la tolérance*) au XVIIIe siècle.

• Tout cela limite ou empêche les risques d'erreur d'interprétation de la part du lecteur et ne prête pas au contresens. L'auteur vise l'exhaustivité en couvrant la totalité du sujet et en le présentant sous plusieurs angles, notamment dans les dialogues (*Supplément au Voyage de Bougainville*, de Diderot).

• La rigueur et la volonté d'objectivité de l'argumentation directe n'excluent pas pour autant l'implication de l'auteur, qui a le loisir d'ajouter une dimension personnelle à son argumentation, ce qui peut renforcer l'intérêt du lecteur et provoquer ses réactions (hostiles ou favorables) [*exemples personnels*].

II. La concurrence de l'argumentation indirecte : persuader

Mais, pour argumenter, il faut aussi « plaire » (La Fontaine).

1. La diversité des genres de l'argumentation indirecte

• L'apologue prend diverses formes : les fables – avec leurs animaux, objets, végétaux qui composent un monde merveilleux [*exemples*], les contes philosophiques du XVIIIe siècle, souvent plaisants, à l'action mouvementée et à portée morale ou philosophique (Voltaire, *Candide, Zadig*), l'utopie, description d'un monde idéal qui permet de critiquer la société [*exemples*].

• L'argumentation indirecte peut prendre la forme animée du théâtre, qui, selon Hugo, « est une tribune » ; fiction « jouée », il donne l'illusion de la réalité. Ainsi Marivaux, dans *L'Île des esclaves*, met une utopie sur scène pour critiquer le comportement des « maîtres ».

• Le roman, qui recrée tout un monde, peut aussi prendre une portée sociale : la description de la misère des mineurs par Zola dans *Germinal* est une critique du capital et une défense des démunis.

2. L'efficacité de l'argumentation indirecte pour critiquer

- Argumenter indirectement, c'est répondre au goût des hommes pour les histoires et s'adresser à leur affectivité, à leur imagination avant de parler à leur esprit : on s'intéresse aux personnages, aux rebondissements, à l'action... [*exemples*]. Cela permet l'évasion dans d'autres mondes, parfois merveilleux (fables de La Fontaine, l'Eldorado dans *Candide*). La palette des registres possibles est très large : humoristique, ironique, pathétique, polémique... si bien qu'elle touche un public très divers.
- L'argumentation indirecte propose des idées en action, incarnées, plus concrètement perçues. Elle évite le discours théorique et le ton didactique, touche ainsi un large public, de tous les âges (les fables plaisent aux enfants et aux adultes).
- Elle facilite le « passage » à la critique : un lecteur admet aisément la critique d'un personnage différent de lui, venu d'un monde fictif (animaux, végétaux, dans les fables, les contes) ; une fois le récit fini, la transposition lui est imposée. Au théâtre, le « message » implicite s'impose avec d'autant plus de force au spectateur que le personnage est vu et entendu [*exemples*].
- L'auteur peut aussi choisir ses personnages et les adapter à sa « démonstration », en faire des victimes ou les rendre totalement sympathiques (Fantine dans *Les Misérables*) ou particulièrement odieux (Javert dans *Les Misérables*).
- Elle implique une démarche inductive : le lecteur a un rôle actif ; il doit décoder les intentions de l'auteur, interpréter le sens implicite (le message de *Germinal* chez Zola ou de *Rhinocéros* chez Ionesco).
- Enfin, l'argumentation indirecte sert de masque pour se défendre de la censure (*Les Lettres persanes*, de Montesquieu).

III. Que choisir ? Cela dépend...

Chacune de ces stratégies a ses atouts mais aussi ses limites

1. Chacune de ces stratégies n'a-t-elle pas des limites ?

- L'argumentation directe est parfois aride, voire rébarbative par sa rigueur, son abstraction. Elle réclame aussi un public averti, cultivé et donc limité. Enfin, trop directe, elle peut choquer par son parti pris qui heurte les convictions du lecteur [*exemples*].
- L'argumentation indirecte présente le risque d'une interprétation erronée par un lecteur peu averti. Ainsi Rousseau pense que les fables de La Fontaine ne conviennent pas aux enfants qui admirent le Renard au lieu de plaindre le Corbeau. L'implicite et l'humour sont parfois difficiles à discerner ; l'ironie (contes philosophiques ; « De l'esclavage des Nègres », de Montesquieu)

exige recul et distanciation. Par ailleurs, pour être efficace, elle ne doit pas occulter le message : la séduction excessive d'une « histoire » à laquelle on s'attache pour elle-même risque de faire passer la « morale » à l'arrière-plan [*exemples*]. Elle doit aussi éviter la simplification excessive d'une réalité complexe, un grossissement sans nuances qui ferait que l'on n'y « croit pas ».

2. Un choix qui dépend de certains facteurs

Avant de choisir, il faut tenir compte de divers paramètres.

• L'écrivain doit tenir compte du public visé, des goûts et de la sensibilité de son époque : s'agit-il d'un public jeune ? mûr ? « spécialisé » ? À chaque époque correspond une stratégie différente. Le XVIIIe siècle, brillant, léger, apprécie les démonstrations indirectes et ironiques des contes philosophiques [*exemples*] ; la fin du XIXe siècle, scientiste et positiviste, se reconnaît dans des essais fouillés et argumentés.

• Le choix du type d'argumentation dépend aussi de la personnalité de l'auteur : un écrivain fantaisiste, imaginatif, comme La Fontaine, prend plaisir à argumenter à travers une « histoire » ; tel autre, plus sérieux, comme d'Alembert, préfère s'exprimer directement.

3. La combinaison des deux types d'argumentations ?

• Nombre d'auteurs recourent aux deux stratégies, selon leur public et le contexte : Montesquieu est l'auteur des *Lettres persanes* (roman épistolaire fictif qui fait la satire humoristique des mœurs mais aussi du pouvoir politique et religieux de son temps) et de *L'Esprit des lois*, traité de sociologie et de philosophie politiques ; Hugo argumente indirectement dans son roman *Les Misérables* et directement dans ses discours politiques.

• Certaines œuvres, enfin, combinent les argumentations directe et indirecte : ainsi, dans une pièce de théâtre ou un roman, dans un conte philosophique, il arrive qu'un personnage, porte-parole de l'auteur, argumente directement (Marceline, dans *Le Mariage de Figaro*, dénonce le sort injuste réservé aux femmes). Inversement, certains discours ou essais développent des exemples qui se présentent comme de véritables petits apologues.

Conclusion

Finalement, argumentation directe ou indirecte ? On ne saurait répondre de façon catégorique. Chaque stratégie a ses atouts : clarté, rigueur et limpidité pour l'une, agrément et implication du lecteur pour l'autre. Leur efficacité dépend de nombreux facteurs (contexte, aptitudes du créateur, sensibilité du destinataire…) et c'est sans doute la conjonction des deux stratégies qui permet de donner de la force à une critique et d'engager toutes les sortes de public dans les débats d'idées.

SUJET **32**

Nouvelle-Calédonie • Novembre 2014
La question de l'homme • 14 points

L'habit fait l'homme

Écriture d'invention

▸ Vous êtes un objet cher à votre propriétaire. Après vous être présenté, vous dénoncez la manière dont il vous traite et vous utilise.
Votre texte sera structuré autour d'arguments précis et illustrés qui ouvriront sur une réflexion de portée générale (maxime, sentence, morale…).

Le candidat peut s'appuyer sur les textes reproduits dans le sujet n° 29.

LES CLÉS DU SUJET

Comprendre le sujet

- **Sujet :** « la manière dont [votre propriétaire] vous traite et vous utilise ».
- **Genre du texte :** « illustrés » indique qu'il faut des exemples précis de ce traitement ; « qui ouvriront sur une réflexion de portée générale » indique qu'il faut en tirer une leçon, il s'agit d'une sorte d'apologue.
- **Type de texte :** « dénoncez », « arguments » indiquent que le texte est argumentatif. Mais l'objet doit aussi décrire son sort : le texte est donc aussi descriptif et éventuellement narratif.
- **Situation d'énonciation :** *Qui ?* « un objet », qui devient *je* (1re personne).
- Niveau de langue et registre ne sont pas précisés.
- « **Définition** » du texte à produire, à partir de la consigne.

Discours d'un objet (*genre*), qui argumente sur (*type de texte*) son sort (*thème*), ? (*registre*), illustré d'exemples (*adjectif*), pour dénoncer le traitement qu'il subit (*buts*).

Chercher des idées

Les choix à faire

- **L'identité de l'objet :** choisir un objet familier (portable, stylo, cartable, peigne, ordinateur, vélo...), comme la robe de chambre de Diderot.
- **Sa personnalité :** l'objet doit avoir un caractère, des sentiments.
- **Ses rapports avec son propriétaire :** il peut se plaindre tout en montrant un peu d'affection, exprimer de la rancune, souhaiter se venger...
- **Arguments :** ce sont les griefs de l'objet (manque de respect, de reconnaissance ; excès de « travail »...). Ils doivent être assortis d'anecdotes.
- **La « morale » :** constatations sur la vie, l'ingratitude (du propriétaire), la misère de la condition d'objet, les hommes en général, le bonheur...

La forme

- **Le registre :** « dénoncez » permet plusieurs registres, polémique, tragique, pathétique, élégiaque, ironique. La situation permet le comique.
- **La façon de parler de l'objet** dépend de sa nature et de son propriétaire. Un stylo Mont-Blanc ne parlera pas comme un bic ; un cartable de lycéen aura un vocabulaire différent de celui de l'attaché-case d'un cadre.
- **L'expression de la « morale » :** « maxime, sentence, morale », formes brèves, consistent à dire le maximum de choses avec le minimum de mots. Elle doit comporter les faits d'écriture de la généralisation.

▶ **Pour réussir l'écriture d'invention :** voir guide méthodologique.
▶ **La question de l'homme :** voir mémento des notions.

CORRIGÉ 32

C'est bien la peine d'avoir été créée avec autant de soin pour être ainsi malmenée. Entendez-moi bien : je ne demande pas de traitement de faveur par rapport à mes consœurs, et je suis tout à fait consciente d'être née aussi bien pour resplendir que pour souffrir. Toute paire d'escarpins qui se respecte sait que, quoiqu'elle doive être élégante à tout instant, il est aussi de sa nature de se faire piétiner : c'est là notre condition, aussi ingrate que brillante. Mais il me semble que l'heureux propriétaire d'un accessoire aussi raffiné que *moi* devrait avoir un peu plus conscience de ce qu'il doit à son acquisition.

Observez
Faits d'écriture de la généralisation : présent de vérité générale, notions morales, etc.

Il suffit de me regarder : finement brodée de fils scintillants, je brille de mille feux. Quant à l'assemblage de mes couleurs ! Le rouge vermeil se mêle à l'ocre et au mordoré, formant des motifs splendides. Voyez ensuite mon délicat dénivelé qui rehausse plaisamment le pied de ma propriétaire, de sorte à galber subtilement le mollet. Je ne me contente pas de lui faire gagner ainsi de précieux centimètres : c'est toute une allure que je lui donne ! Mes courbes élancées donneraient de la distinction à la plus disgraciée. Non, vraiment, on ne peut pas dire que j'aie manqué de bonnes fées le jour de ma conception.

Hélas, ma vie n'est que la succession de deux situations également douloureuses, quoique rigoureusement opposées. Je suis tellement précieuse aux yeux de ma propriétaire qu'elle ne me sort que rarement de ma boîte, de peur de m'abîmer prématurément. Mon univers se limite donc presque toujours à quatre murs de carton plongés dans l'obscurité la plus totale. Il est vrai que je n'ai pas froid, et que je suis bien au sec. Mais quel ennui ! Être ainsi claquemurée dans un espace aussi réduit et inconfortable donnerait de l'intrépidité à l'esprit le moins aventureux ! Il m'est même arrivé, dans mes moments de désespoir, de souhaiter devenir une hideuse paire de baskets, pour avoir enfin l'occasion de respirer à l'air libre. Bref, pour être autre chose que de merveilleux escarpins qui se ratatinent de beauté et d'ennui dans leur boîte.

Mais parfois, ma propriétaire m'extirpe de mon cercueil obscur. Je vous laisse imaginer le fol espoir dont j'ai été saisie la première fois que cela m'est arrivé. J'ai cru que j'allais pouvoir briller en société, que j'allais enfin m'illustrer dans des réceptions un peu *smart*, comme on dit. Hélas, je suis allée de déconvenue en déconvenue. Nous sommes nés pour souffrir, dit-on. Jamais cela n'a été aussi vrai que pour moi : car s'il m'arrive de sortir de ma boîte, ce n'est pas pour arpenter les tapis rouges et les salles de gala. J'ai presque honte de le dire, quoique je ne puisse rien y faire : ma propriétaire, dont il n'est plus temps de cacher qu'elle est danseuse de cabaret, ne me porte que pour ses numéros préférés, spectaculaires et musclés : à chacune de mes « sorties », je passe une quinzaine de minutes à frapper le sol et à faire le grand huit, ma propriétaire s'ingéniant à décrire les figures les plus fantasques de la pointe des pieds. Les nuisances sont multiples : j'en ai le mal de l'air à chaque fois, mes talons s'en ressentent douloureusement, et je vous laisse imaginer dans quel état se retrouvent mes semelles, qui s'affinent dangereusement au fil des numéros… Numéros dont, par ailleurs, le goût pour le moins criard jure avec ma distinction naturelle. Je souffre aussi bien physiquement que moralement. Voyez donc à quoi je suis réduite : je ne sais ce que je préfère, entre un ennui mortel et une souffrance aiguë doublée d'une humiliation esthétique. Ah, c'est une bien pitoyable condition que celle d'une paire d'escarpins de luxe au XXIe siècle ! Croyez-moi donc quand je vous affirme que le monde est à la fois splendeur et misère.

SUJET

33

France métropolitaine • Septembre 2013

La question de l'homme • 6 points

La dénonciation de l'esclavage

Questions

Documents

A – **Voltaire,** *Histoire des voyages de Scarmentado, écrite par lui-même*, 1756.
B – **Saint-Lambert**, *Ziméo*, 1769.
C – **Laurent Gaudé**, *Sang négrier*, 2006.
D – **François Bourgeon**, *Les Passagers du vent*, volume 5, « Le Bois d'ébène », 1984.

▸ 1. Quels sont les différents narrateurs dans chacun des documents ? En quoi cette variété sert-elle la dénonciation de l'esclavage ? *(3 points)*

▸ 2. Comparez les formes d'écriture choisies par les auteurs dans ce corpus et les effets que chacune produit sur le lecteur. *(3 points)*

Après avoir répondu à ces questions, les candidats devront traiter au choix un des trois sujets n°s 34, 35 ou 36.

QUESTION DE L'HOMME

DOCUMENT A

Dans ce conte philosophique, Scarmentado[1], comme beaucoup de jeunes Européens aisés de l'époque, effectue un voyage autour du monde et fait l'expérience de l'injustice. L'extrait suivant propose le dernier épisode et la clôture de l'œuvre.

Il me restait de voir l'Afrique, pour jouir de toutes les douceurs de notre continent. Je la vis en effet. Mon vaisseau fut pris par des corsaires nègres[2]. Notre patron fit de grandes plaintes ; il leur demanda pourquoi ils violaient ainsi les lois des nations. Le capitaine nègre lui répondit : « Vous avez le nez long, et nous l'avons plat ; vos cheveux sont tout droits et notre laine est frisée ; vous avez la peau de couleur de cendre, et nous de couleur d'ébène[3] ; par conséquent nous devons, par les lois sacrées de la nature, être toujours ennemis. Vous nous achetez aux foires de la côte de Guinée, comme des bêtes de somme[4], pour nous faire travailler à je ne sais quel emploi aussi pénible que ridicule. Vous nous faites fouiller à coups de nerfs de bœuf[5] dans des montagnes pour en tirer une espèce de terre jaune qui par elle-même n'est bonne à rien, et qui ne vaut pas, à beaucoup près, un bon oignon d'Égypte ; aussi quand nous vous rencontrons, et que nous sommes les plus forts, nous vous faisons esclaves, nous vous faisons labourer nos champs, ou nous vous coupons le nez et les oreilles[6]. » On n'avait rien à répliquer à un discours si sage. J'allai labourer le champ d'une vieille négresse, pour conserver mes oreilles et mon nez. On me racheta au bout d'un an. J'avais vu tout ce qu'il y a de beau, de bon et d'admirable sur la terre : je résolus de ne plus voir que mes pénates[7]. Je me mariai chez moi : je fus cocu, et je vis que c'était l'état le plus doux de la vie[8].

Voltaire, *Histoire des voyages de Scarmentado, écrite par lui-même*, 1756.

1. Le nom du personnage est une combinaison de deux termes italiens, signifiant littéralement « maigre d'esprit ».
2. L'adjectif « nègre » était couramment employé pour désigner les populations d'Afrique.
3. L'ébène est un bois noir.
4. Animal utilisé à porter des charges.
5. Creuser sous les coups de fouet.
6. Couper les oreilles était une des sanctions prévues pour les esclaves fugitifs.
7. Expression métaphorique familière pour désigner la maison, le foyer.
8. Allusion à l'expression proverbiale « cocu et content ».

DOCUMENT B

Dans ce passage du conte philosophique, Ziméo raconte comment il a été fait esclave et les événements horribles qu'il a vécus, notamment son voyage sur un navire négrier[1].

Il y avait plus d'un mois que nous étions en mer, les vents étaient faibles et notre course était lente ; enfin, les vents nous manquèrent absolument. Depuis quelques jours, les Portugais ne nous donnaient de vivres que ce qu'il en fallait pour nous empêcher de mourir.

Deux Nègres déterminés à la mort[2] s'étaient refusé toute espèce de nourriture, et ils nous faisaient passer, en secret, le pain et les dattes qu'on leur donnait : je les cachais avec soin dans l'intention de les employer à conserver les jours d'Ellaroé[3].

Le calme continuait : les mers sans vagues, sans ondes, sans flots, présentaient une surface immense et immobile où notre vaisseau semblait attaché. L'air était aussi tranquille que les eaux. Le soleil et les étoiles, dans leur marche paisible et rapide, n'interrompaient pas ce profond repos qui régnait dans le ciel et sur les mers. Nous portions sans cesse les yeux sur cet espace uniforme et sans rives, terminé par la voûte du ciel, qui semblait nous enfermer dans un vaste tombeau. Quelquefois nous prenions les ondulations de la lumière pour un mouvement des eaux ; mais cette erreur était de courte durée. Quelquefois en nous promenant sur le tillac[4], nous reprenions pour du vent l'agitation que nous imprimions à l'air ; mais à peine avions-nous suspendu nos pas, que nous nous retrouvions environnés du calme universel.

Bientôt nos tyrans réservèrent pour eux le peu qui restait de vivres, et ordonnèrent qu'une partie des Noirs serait la pâture[5] de l'autre.

Je ne puis vous dire si cette loi si digne des hommes de votre race, me fit plus d'horreur que la manière dont elle fut reçue. Je lisais sur tous les visages une joie avide[6], une terreur sombre, une espérance barbare ; je les voyais, ces malheureux compagnons d'un même esclavage, s'observer avec une attention vorace et des yeux de tigres.

Les premières victimes furent choisies dans le nombre de ceux que la faim avait le plus accablés : c'était deux jeunes filles du village d'Onébo. J'entends encore les cris de ces infortunées ; je vois encore les larmes couler sur les visages de leurs compagnes affamées qui les dévoraient.

Saint-Lambert, *Ziméo,* 1769.

1. Navire affrété pour la traite des Noirs, c'est-à-dire le commerce des esclaves d'Afrique.
2. Résolus à mourir.
3. Compagne de Ziméo.
4. Pont supérieur d'un navire.
5. Nourriture que l'on donne aux animaux.
6. Envieuse et immodérée.

DOCUMENT C

La nouvelle présente le récit d'un capitaine de navire négrier. Ce dernier raconte l'événement qui a fait basculer sa vie et l'a rendu fou. Lors d'une escale à Saint-Malo, cinq esclaves s'enfuient du navire… Après la mort de l'un d'entre eux, qui se jette d'une muraille, une chasse à l'homme s'organise avec l'aide des habitants pour rattraper les quatre derniers fugitifs.

Nous avons arpenté les rues avec nos torches. Le bruit de nos sabots sur les pavés résonnait avec le son sévère de l'autorité. La ville se mit à grouiller de plusieurs rumeurs. On en avait vu un près de la porte Saint-Louis. Un autre sur les toits du marché couvert. C'étaient des géants aux dents qui brillaient dans la nuit.

Même nous qui connaissions ces nègres pour les avoir eus sous nos pieds pendant trois semaines de traversée, même nous qui savions qu'ils n'avaient rien de géants mais étaient secs et épuisés comme des fauves en captivité, nous laissions dire. Les hommes avaient besoin de cela. Il fallait que croisse[1] la démence[2] pour que nous sortions de nous-mêmes.

Le premier fut abattu une heure à peine après le début du couvre-feu. Le coup de mousquet[3] fit sursauter les rats des ruelles. Il avait été trouvé face au Grand-Bé[4], sur le point de traverser à la nage pour fuir la ville. De toute façon, il se serait noyé, mais on lui tira dans le dos puis on le ramena jusque devant la cathédrale pour que chacun puisse voir à quoi ressemblaient ces nègres.

Plus tard, un autre fut bastonné[5] par des paysans qui le trouvèrent recroquevillé dans un coin de la rue de la Pie-qui-Boit. Il avait dû faire une chute car il ne bougeait plus. La cheville fracturée, peut-être. Les gardes se jetèrent sur lui avec jubilation[6] et lui brisèrent les os sans qu'il eût le temps de râler sur le pavé.

Le troisième, je le ramenai vivant moi-même. Je le trouvai dans la cave d'un tonnelier[7], terrorisé et tremblant de faim, je le traînai par les cheveux jusqu'à la place de la cathédrale, je le montrai à la foule, je le forçai à s'agenouiller et je lui tranchai la gorge. Nous avons aimé ce spectacle. Chacun de nous a ressenti au plus profond de lui que c'était ce qu'il fallait faire cette nuit : tenir la bête à ses pieds et l'immoler.

Aujourd'hui que j'y repense, je mesure combien nous étions loin de nous-mêmes. J'aurais dû tout faire pour garder ce nègre vivant. J'avais fait le plus difficile. Je n'avais plus qu'à le ramener au navire et à le plonger à fond de cale avec ses congénères. J'en aurais tiré un bon prix. Mais non. Cette nuit-là, il fallait du sang. À moins qu'au fond, ce ne soit le contraire. À moins, oui, que nous n'ayons jamais été aussi proches de nous-mêmes que cette nuit-là, acceptant pour un temps les grondements de notre être comme seul souverain.

La décapitation du nègre souleva une vague de folie. Tout le monde savait qu'il n'en restait plus qu'un et chacun voulait être celui qui l'attraperait. À l'instant où le corps du supplicié tomba à mes pieds mollement, comme un sac vide qui vient soupirer au sol, un cri lointain monta des toits de la ville. C'était lui, là-bas, le dernier nègre échappé, qui appelait. Il devait se préparer au combat, invoquer les esprits de son peuple ou nous maudire. C'était lui le dernier nègre, là-bas, qui nous défiait.

Laurent Gaudé, *Sang négrier,* 2006.

1. Qu'augmente.
2. Folie.
3. Arme à feu.
4. Île très proche de Saint-Malo, sur laquelle avait été bâti un fort.
5. Roué de coups de bâtons.
6. Joie avide.
7. Artisan qui fabrique et répare des tonneaux.

QUESTION DE L'HOMME

DOCUMENT D

La narratrice, Isa, une jeune Européenne, embarque sur un navire en direction des Antilles avec à son bord trois cent quarante esclaves qui constituent ce qu'on appelle « le bois d'ébène ». Lors d'une escale à Saint-Domingue, elle découvre l'horreur du traitement réservé aux esclaves dans les plantations.

François Bourgeon, *Les Passagers du vent*, volume 5, « Le Bois d'ébène », 1984.

LES CLÉS DU SUJET

■ Question 1

• Identifiez d'abord le **statut du narrateur** (est-il dans ou en dehors de l'histoire qu'il raconte ?) et son **identité** (est-il un esclave ? un maître ?).

• Dites ensuite pourquoi cette diversité de statuts est **efficace pour argumenter contre l'esclavage.**

■ Question 2

• « **Formes d'écriture** » suggère d'identifier :

– le **genre littéraire** ou la forme artistique ;

– les **formes de discours ou types de texte** (narration, description, dialogue, tirade, monologue intérieur) employés pour dénoncer l'esclavage.

• « **Les effets** » sur le lecteur : susciter la réflexion, la pitié, la révolte…

• Accompagnez chaque remarque d'**exemples précis** tirés des textes.

▶ **Pour réussir les questions :** voir guide méthodologique.
▶ **La question de l'homme :** voir mémento des notions.

CORRIGÉ 33

Les titres en couleurs et les indications entre crochets servent à guider la lecture mais ne doivent pas figurer sur la copie.

▶ Question 1

[Introduction] Des philosophes des Lumières, tels Voltaire et Saint-Lambert qui utilisent le conte philosophique (*Histoire des voyages de Scarmentado* et *Ziméo*), mais aussi des auteurs contemporains, comme Laurent Gaudé dans sa nouvelle *Sang négrier* ou François Bourgeon dans sa bande dessinée *Les Passagers du vent*, dénoncent dans leurs récits une même injustice : la traite des Noirs. Pour mener leur combat, le choix du narrateur est déterminant.

• Les récits sont tous rapportés d'un point de vue interne, par une victime (Scarmentado, Ziméo), par un bourreau (le capitaine de *Sang négrier*) ou par un témoin horrifié (la jeune Isa que dessine Bourgeon). Le lecteur accède directement aux pensées, aux émotions du narrateur.

• À travers le dispositif narratif mis en place, l'auteur adopte un angle particulier d'attaque contre l'esclavagisme. Il fait sentir les tourments de l'esclave

> **Conseil**
> Ne renvoyez pas aux documents par les expressions « texte A, B… » Utilisez des expressions comme : « Le récit de Ziméo… » ou « Gaudé, dans sa nouvelle… »

QUESTION DE L'HOMME

(Saint-Lambert) ou la brutalité criminelle du négrier (Gaudé). Il nous transporte dans un lieu, une époque (les Antilles au XVIIIe siècle) et fait revivre par l'image tout un contexte éclairant la traite négrière (Bourgeon). Enfin, avec Voltaire, le récit intègre habilement, selon le principe comique de l'arroseur arrosé, le discours d'un « nègre » lui-même « négrier » pour souligner l'absurdité scandaleuse de l'esclavage.

[Conclusion] La diversité des narrateurs et des angles d'attaque met en valeur l'inventivité des artistes quand ils dénoncent une situation qui les heurte et qu'ils veulent faire partager leur révolte.

▶ Question 2

[Introduction] Le corpus comprend deux extraits de contes philosophiques du XVIIIe siècle, un passage d'une nouvelle dramatique et une page de bande dessinée. Chaque forme d'écriture produit des effets différents sur le lecteur.

• Le face-à-face entre le capitaine noir et Scarmentado, par sa forme de dialogue didactique, répond au principe du conte philosophique – court récit illustrant des idées, très en vogue au XVIIIe siècle. L'argumentation brutale du capitaine nègre renvoie ironiquement à la bêtise des arguments par lesquels les Européens justifient l'esclavage. Le récit pathétique que propose Saint-Lambert est dépourvu de l'ironie voltairienne. Le personnage de Ziméo communique au lecteur sa révolte et l'horreur de ce qu'il a vécu.

• Le récit du capitaine négrier imaginé par Gaudé prend la forme d'une confession terrifiante. Le héros se peint comme un fauve communiquant sa bestialité à la foule. Il a conscience d'obéir à des forces malsaines mais, avec le recul du temps, il ne formule aucun regret. On mesure ici l'endurcissement des cœurs qu'entraîne l'esclavage, et l'auteur, en impliquant le lecteur dans la violence, le conduit à s'interroger sur ce qu'aurait été son attitude dans des circonstances identiques.

• Bourgeon joue sur la double force du texte et de l'image. Les vignettes composent un tableau contrasté : les colons fortunés, leurs femmes élégantes avec robes et ombrelles, face aux esclaves sous la menace des châtiments. Mais les mots d'Isa sur « l'enfer » des esclaves et « la tyrannie » des colons sont très durs. Bourgeon donne à voir ce qui suscite la pitié et l'indignation de son héroïne, comme un journal intime dont elle nous ouvrirait les pages.

Info
Dans une bande dessinée, la vignette (aussi appelée case) est une image délimitée par un cadre. Elle est l'unité de base dans la séquence narrative de la page.

[Conclusion] Pour faire naître l'indignation, les auteurs choisissent une forme littéraire qui dépend du contexte d'écriture mais surtout de leur sensibilité.

SUJET

34

France métropolitaine • Septembre 2013

La question de l'homme • 14 points

La dénonciation de l'esclavage

Commentaire

▸ Vous commenterez le document C (Laurent Gaudé) en vous aidant du parcours de lecture suivant :
a) Vous montrerez d'abord la tension dramatique suscitée par le récit de la chasse à l'homme.
b) Vous analyserez comment la déshumanisation des différents personnages sert la visée argumentative du récit.

Se reporter au document C du sujet n° 33.

LES CLÉS DU SUJET

Trouver les idées directrices

- Faites la « définition » du texte pour trouver les axes (idées directrices).

Extrait de nouvelle (*genre*) qui raconte (*type de texte*) une chasse à l'homme par un négrier (*thème*), dramatique (*registre*) spectaculaire, mouvementé, tendu, violent, terrifiant (*adjectifs*), pour émouvoir, révolter le lecteur et dénoncer les atrocités de l'esclavage (*buts*).

Pistes de recherche

Nous avons scindé en deux la réponse à la deuxième piste de la consigne car elle aurait été trop longue par rapport à la première.

Première piste : Une chasse à l'homme dramatique et violente

- Relevez et commentez les détails spectaculaires qui sont donnés : précisions sur les lieux, les lumières, les sons… Quelle atmosphère créent-ils ?
- Analysez la progression dramatique : crescendo, rythme, suspense.

Deuxième piste : Une déshumanisation qui suscite horreur ou pitié

- Comment le narrateur suggère-t-il que les esclaves ne sont plus des hommes ? Comment suscite-t-il la pitié pour eux ?

- Comment montre-t-il : que la foule participe à la folie meurtrière ? que les esclavagistes ont perdu leur humanité ?
- Quels sentiments nous inspirent-ils ?

Troisième piste : Une prise de conscience de l'inhumanité

- À quoi voit-on que le narrateur s'interroge *a posteriori* sur cette inhumanité ?
- Quelles raisons suggère-t-il à ces comportements cruels ?

▶ **Pour réussir le commentaire :** voir guide méthodologique.
▶ **La question de l'homme :** voir mémento des notions.

CORRIGÉ 34

Les titres en couleurs et les indications entre crochets servent à guider la lecture mais ne doivent pas figurer sur la copie.

Introduction

[Amorce] Depuis le XVIIIe siècle, l'horreur de l'esclavage a nourri bien des œuvres, contes philosophiques, essais, romans ou nouvelles. Leurs auteurs s'y interrogent sur les raisons d'une pratique inhumaine. [Présentation du texte] Dans la récente nouvelle *Sang négrier* de Laurent Gaudé, un capitaine négrier se souvient de la chasse à l'homme qu'il a menée une nuit, dans les rues de Saint-Malo, après que cinq esclaves noirs s'étaient évadés de son bateau. [Annonce des axes] Marqué par une forte tension dramatique [I], le récit suscite la révolte du lecteur parce qu'il rend sensible la façon dont la traite négrière déshumanise autant celui qui l'organise que celui qui la subit [II]. Il invite aussi à la réflexion [III].

I. Une terrible chasse à l'homme

1. Une mise en scène précise

Grâce à une mise en scène dramatisée des lieux, riche en impressions visuelles et sonores, le lecteur a l'impression de vivre en direct la nuit sanglante racontée par le narrateur.

- La ville de Saint-Malo se dessine peu à peu. La « mer » est proche avec, au large, l'île du « Grand-Bé ». La « place de la cathédrale » est le cœur de l'action ; on devine les « ruelles » aux noms pittoresques (« la rue de la Pie-qui-boit »). On pénètre dans une « cave » où se terre un esclave.

• L'ambiance sonore est inquiétante. Les pavés résonnent du « bruit des sabots ». Le silence de la nuit « grouille » de « rumeurs » comme grouillerait un nid de serpents ou de vermine. Sur cette trame sonore se détachent des sons significatifs : le « coup de mousquet » marque la première exécution et un « cri lointain » montant « des toits » signale la présence du dernier fugitif survivant.

• La scène nocturne, éclairée par la lueur incertaine des torches, renforce encore l'inquiétude.

2. Un crescendo dramatique

La tension est de plus en plus vive à mesure que les fuyards sont retrouvés.

• Les deux premiers paragraphes retracent les débuts de la traque, le bouche-à-oreille, les rumeurs qui circulent pour localiser les esclaves. Puis à chaque paragraphe le tableau de chasse s'enrichit de prises successives, marquées par des chiffres : « le premier », « un autre », « le troisième ». Au dernier paragraphe, « le dernier nègre » est enfin repéré.

• La progression du récit obéit à un emploi du temps implacable et précis (« une heure à peine après le couvre-feu », « plus tard »). Les verbes au passé simple disent la rapide brutalité des mises à mort : « le premier fut abattu », « un autre fut bastonné ». L'exécution du « troisième » est rythmée par l'enchaînement sauvage des verbes d'action : « je le traînai », « je le forçai », « je lui tranchai la gorge ».

• Le dernier paragraphe relance la furie meurtrière : l'esclave est vu de loin, sur son refuge, « les toits de la ville ». Son attitude n'est pas celle d'une victime. L'homme semble « défier » ses poursuivants par sa position dominante.

[Transition] L'accélération des actions dans un crescendo d'horreur et de tension, s'accompagne d'une évolution inquiétante des personnages.

II. Des personnages déshumanisés : la pitié et l'horreur

Les protagonistes du drame perdent peu à peu leur identité, leur humanité.

1. Des esclaves pitoyables

Ce sont d'abord les esclaves qui sont déshumanisés sous le regard de leurs poursuivants.

• Les « nègres » sont transformés par la foule en monstres (« géants » féroces « aux dents qui brill[ent] dans la nuit »). Le capitaine balaie cette illusion (« ils n'avaient rien de géants ») et, avec un regard sans pitié, il décrit des êtres misérables et vulnérables : il les voit « secs et épuisés » ; ce ne sont pas des hommes, mais « des fauves en captivité ».

• Progressivement débusqués, les fuyards sont dépeints en des termes réducteurs qui traduisent leur délabrement physique et moral : l'un, « recroquevillé », « ne [bouge] plus » ; l'autre se cache, « terrorisé et tremblant de faim », ce n'est plus qu'une « bête » qu'il faut « immoler » comme si on opérait un sacrifice à une divinité sanguinaire ; décapité, il n'a plus rien d'humain ; il tombe comme « un sac vide qui vient soupirer au sol ».

2. La foule des « chasseurs »

Les acteurs de la chasse à l'homme forment une foule à la fois une et diverse.

• Certains sont clairement identifiés, comme le narrateur, qui s'exprime le plus souvent à la première personne. Il est aidé par son équipage auquel il s'associe par le pronom « nous » qui, à la fin, du texte englobe aussi l'ensemble de la foule.

• Des paysans, des gardes participent à la poursuite. Mais c'est de « la foule » indistincte des habitants de Saint-Malo que s'empare la folie meurtrière… Elle atteint son paroxysme quand « tout le monde » attend impatiemment que le « dernier nègre » soit rattrapé.

3. Des tortionnaires inhumains

• On est saisi d'horreur par la froideur avec laquelle sont rapportées les exécutions ; les rats que le mousquet fait « sursauter » réagissent davantage que les auteurs du coup de feu tiré lâchement « dans le dos » du fugitif !

• Pour la foule, la traque est l'occasion de satisfaire une curiosité malsaine, de voir « à quoi [ressemblent] ces nègres » comme s'ils étaient des phénomènes de foire. Elle tourne bientôt à la « démence », à une fureur sanglante et sadique : c'est avec « jubilation » que les gardes exécutent le deuxième Noir.

• Quant au capitaine, il fait preuve d'une monstrueuse indifférence. Il note avec détachement que « de toute façon, [le Noir] se serait noyé ». Plus, tard il affiche un cynisme glaçant lorsqu'il reconnaît avoir oublié les valeurs rationnelles auxquelles il aurait dû obéir en tant que négrier : il a gâché de la marchandise, il aurait dû prendre en considération « le bon prix » payé pour un esclave vivant.

[Transition] La nuit meurtrière s'est déroulée voici longtemps et le narrateur essaie de comprendre avec le recul ce qui a pu entraîner « tout le monde » dans cette hystérie sanglante.

III. Une prise de conscience *a posteriori* ?

1. Pourquoi tuer ?

Tandis qu'il raconte, le narrateur s'interroge sur les raisons profondes de ses actes.

• Il a agi comme le détenteur « sévère » d'une « autorité » puisqu'il a puni une grave infraction qui, non sanctionnée, lui aurait fait perdre sa légitimité.

> **Observez**
> Lorsque les pistes proposées aboutissent à un commentaire déséquilibré, il faut scinder en deux l'une des parties du commentaire pour rétablir l'équilibre du devoir.

• Mais il a l'intuition d'avoir aussi agi, comme les autres protagonistes, sous la pression de forces obscures, irrésistibles : à deux reprises, il emploie le verbe « il *fallait* » (« c'était ce qu'il *fallait* faire », « il *fallait* du sang »). Ces forces ont réveillé des instincts sauvages qui ont fait de lui et de la foule un personnage collectif tragique ne pouvant, cette nuit-là, échapper à son destin meurtrier.

2. Un moment de crise ou l'expression de la nature humaine ?

• La réflexion s'approfondit à partir d'une hésitation : cette nuit de traque fut-elle un moment exceptionnel, une ivresse sanglante où chacun perdit momentanément son humanité ? Ou est-ce la nature profonde des hommes qui s'est exprimée là ?

• L'hésitation est perceptible dans le rythme même des phrases, hachées, avec des reprises, des contradictions (Étaient-ils « loin » ou « proches » de leur vraie nature ?), des interrogations abandonnées sitôt qu'elles sont posées (« Mais non. À moins qu'[...]. À moins, oui [...] »). Le capitaine négrier s'effraye de ce qu'il pressent de la nature humaine. Le lecteur partage son angoisse et peut se poser les mêmes questions.

Conclusion

[Synthèse] Laurent Gaudé plonge le lecteur dans un récit dramatique. Le fait de vivre l'événement comme un reportage « en différé », rythmé par les souvenirs précis et par les sensations qu'en a conservés le protagoniste principal, lui donne une force brutale. Mais on retiendra aussi les questions que se pose le capitaine sur les motivations de la traque. [Élargissement] Elles dépassent la question de l'esclavage. Elles interrogent sur « les grondements » des ténèbres de l'être humain, que les circonstances réveillent comme un volcan que l'on croyait éteint. L'histoire du XXe siècle, des conflits récents, parfois en Europe même, rappelle que notre humanité est fragile et que le goût du sang joint à l'instinct grégaire peut faire voir l'autre non comme homme », un « semblable, un frère », mais comme une proie à humilier et à détruire.

SUJET
35

France métropolitaine • Septembre 2013
La question de l'homme • 14 points

La dénonciation de l'esclavage

Dissertation

▸ Pour dénoncer les injustices et défendre la condition de l'homme, la littérature doit-elle nécessairement choquer la sensibilité du lecteur ? Ne peut-elle recourir à d'autres moyens pour susciter la réflexion ?
Vous appuierez votre développement sur les documents du corpus et les textes étudiés pendant l'année, ainsi que vos lectures personnelles.

Les textes du corpus sont reproduits dans le sujet n° 33.

LES CLÉS DU SUJET

Comprendre le sujet

- « choquer la sensibilité » renvoie aux registres **pathétique et tragique** (pitié, souffrance, horreur, angoisse…) et à la notion de **persuasion.**
- « Persuader », c'est argumenter en s'adressant aux émotions et sentiments du lecteur ; cela s'oppose à « convaincre », où l'on s'adresse à la raison et à la logique.
- Analysez **l'efficacité des différentes stratégies argumentatives** littéraires.
- La **problématique** est double et le plan vous est déjà indiqué. Cherchez :

– les atouts de la stratégie qui consiste à choquer la sensibilité, à émouvoir.
– les « autres moyens » efficaces pour faire réfléchir le lecteur.

Chercher des idées

Scindez cette problématique en plusieurs sous-questions
Variez les mots interrogatifs :
– **En quoi** (ce qui inclut : **pourquoi** et **comment**) choquer la sensibilité du lecteur est-il efficace quand il s'agit de dénoncer et critiquer ?
– **Peut-on argumenter** efficacement **autrement** ?

Analysez la notion de « choquer la sensibilité »

- Cherchez **quelles émotions fortes** un auteur éveille chez le lecteur : pitié ? horreur ? effroi ? dégoût ? révolte ?…
- Faites une liste d'œuvres bouleversantes (pour vous) et identifiez l'émotion qu'elles ont suscitée en vous.

Identifier les « autres moyens »

- Cherchez des exemples où l'auteur touche la sensibilité du lecteur sans pour autant choquer.
- À quelles autres capacités de l'être humain un auteur peut-il faire appel ? La raison, la réflexion, la conscience…
- À quels registres autres que le pathétique peut-on recourir pour dénoncer ?

▶ **Pour réussir la dissertation :** voir guide méthodologique.
▶ **La question de l'homme :** voir mémento des notions.

CORRIGÉ 35

Ce corrigé se présente sous forme de plan, que vous pouvez vous exercer à rédiger. Les exemples sont à développer mais vous devez ajouter des exemples personnels. Les titres en couleurs et les indications entre crochets servent à guider la lecture mais ne doivent pas figurer sur la copie.

Introduction rédigée

[Amorce] « Ce livre-ci sera violent. Ma poésie est honnête mais pas modérée. […] J'effaroucherai le bourgeois peut-être, qu'est-ce que cela me fait si je réveille le peuple ? Enfin n'oubliez pas ceci : je veux avoir un jour le droit d'arrêter les représailles, de me mettre en travers des vengeances, d'empêcher, s'il se peut, le sang de couler, et de sauver toutes les têtes… », écrit Hugo dans une lettre à Hetzel. Il éclaire ici la démarche de l'écrivain qui met son œuvre au service de la libération de l'homme dans des luttes concrètes, politiques ou sociales : pour dénoncer et défendre, il faut choquer son lecteur. [Annonce du plan] Certes, toucher la sensibilité est hautement persuasif pour argumenter [I], mais l'écrivain dispose de multiples autres moyens d'expression [II].

Conseil
Faites-vous un « stock » de courtes citations sur les genres littéraires ; elles servent d'arguments d'autorité aussi bien pour la dissertation que pour l'écriture d'invention.

I. Choquer la sensibilité pour mieux dénoncer et défendre

Presque instinctivement, les premières réactions face aux injustices et à la misère humaine sont inspirées par la pitié ou l'effroi devant la souffrance.

1. Créer une empathie entre lecteur et victime

• Le pathétique fait ressentir directement, sans distance, la souffrance et le tragique de la condition humaine. L'émotion forte touche ce qu'il y a de plus profond dans l'être humain. *[Exemple à développer : « Souvenir de la nuit du 4 », extrait des* Châtiments *de Victor Hugo.]*

• Par empathie le lecteur s'identifie au personnage qui souffre car « Chaque homme porte la forme entière de l'humaine condition » (Montaigne). *[Exemples à développer : Hugo, « Melancholia » ; Primo Levi,* Si c'est un homme *; Malraux, « Discours du transfert des cendres de Jean Moulin au Panthéon ».]*

2. Les instruments pour choquer la sensibilité

L'écrivain dispose pour cela de multiples outils rhétoriques, autant de moyens de persuasion.

• Il peut impliquer le lecteur dans le texte par des apostrophes, des questions rhétoriques, éventuellement en l'incluant dans l'énoncé (utilisation de la première personne du pluriel.)

• Il peut aussi solliciter les sens par des notations précises et variées ; frapper l'imagination en peignant des scènes qui restent ancrées dans la mémoire. *[Exemple à développer : « Le Mal », poème de Rimbaud.]*

• Il peut enfin dramatiser son propos en recourant au lexique de l'émotion, à des mots forts, en mobilisant des procédés d'écriture frappants (répétitions, anaphores, amplifications…).

3. Choquer la sensibilité conduit à réagir

• Le pathétique a une forte efficacité argumentative : une fois l'émotion passée, le lecteur réagit d'autant plus vivement qu'il a ressenti en lui-même la douleur d'un de ses semblables. Sa révolte, sa colère, son sursaut de dignité le portent à la réflexion, à la recherche de remèdes et à l'action. *[Exemples : scènes de mort dans* Les Misérables *de Hugo ; l'agonie de Gervaise dans* L'Assommoir *de Zola ; la description de la mort de l'enfant dans* La Peste *de Camus.]*

[Transition] Cependant, de nombreux auteurs ont choisi une autre voie pour défendre, à travers la dénonciation des injustices, la condition humaine.

II. D'autres moyens pour défendre la condition humaine

Au lieu de choquer, ils sollicitent plus discrètement la sensibilité du lecteur, ils font appel à la raison ou ils choisissent la mise à distance.

1. Émouvoir autrement

• Un auteur peut solliciter la sensibilité du lecteur sans la choquer mais en suscitant des émotions plus discrètes. *[Exemple : le poème de Rimbaud « Les Effarés », dénonciation sans violence de la misère, à travers la description de petits enfants affamés et la sollicitation des sens.]*

• Éveiller des émotions positives comme l'admiration ou le respect pour des victimes héroïques est un moyen de critiquer. *[Exemple : « L'Affiche rouge » d'Aragon glorifie les valeurs humaines conte la barbarie nazie.]*

2. Convaincre par la raison

• Certains auteurs croient en la force de la logique, ils fondent leur dénonciation sur un raisonnement composé d'arguments et d'exemples selon une stratégie rigoureusement construite. Une démonstration rationnelle semble imparable. *[Exemple : discours de Badinter contre la peine de mort.]*

• Ils font aussi confiance à l'efficacité de l'objectivité, en s'appuyant sur des exemples vrais, sur des faits vérifiables, sur la réalité objectivement observée et utilisée comme preuve pour leur dénonciation.

3. Prendre de la distance

Tirer parti de la puissance du rire, de l'imaginaire est une autre stratégie.

• Certains auteurs traitent de sujets graves avec légèreté. Ils font appel au rire, qui empêche de se laisser submerger par l'émotion et permet une prise de conscience. Le rire est une marque de lucidité. Il est aussi une arme de contestation : tourner en dérision par la satire « l'ennemi » contre lequel, dans la réalité, on ne peut rien, est une manière de lui résister. Rire de l'oppresseur, c'est le rapetisser, lui tenir tête. Enfin, l'ironie (et surtout l'antiphrase), parce qu'elle invite le lecteur à lire entre les lignes, est une arme particulièrement efficace : elle stimule l'intelligence, en incitant à interpréter l'implicite. *[Exemples : texte de Voltaire (document A) ;* De l'esclavage des Nègres *de Montesquieu.]*

• Le recours à l'imagination est une autre façon de prendre de la distance. Créer un univers imaginaire idéal, utopique (ou contre-utopique) met en évidence les travers de la société et conduit indirectement à une réflexion critique sur les injustices. *[Exemples : L'Eldorado dans* Candide *de Voltaire ;* L'Île des esclaves *de Marivaux ;* Le Meilleur des mondes *de Huxley.]*

QUESTION DE L'HOMME

Conclusion rédigée

[Synthèse] Homme parmi les hommes, l'écrivain engagé est, lorsqu'il défend une cause, un éveilleur de conscience. Pour le combat qu'il mène, il dispose de nombreux moyens : choquer l'affectivité du lecteur – et notamment susciter sa pitié – est une arme puissante ; mais il lui faut varier les voies d'accès, divertir, parler à la raison, à la conscience et mobiliser toute la panoplie de la littérature, toutes les formes de l'éloquence. [Élargissement] Les autres formes artistiques d'argumentation – dessin, ou, plus récemment, bande dessinée et cinéma – usent elles aussi d'une grande diversité de moyens : quand il s'agit de dénoncer la barbarie nazie, *La vie est belle*, film de Benigni sur les camps de concentration, à la fois comédie plaisante, fable et conte philosophique, a sa place à côté de *Nuit et Brouillard*, film documentaire poignant d'Alain Resnais sur la déportation.

SUJET

36

France métropolitaine • Septembre 2013

La question de l'homme • 14 points

La dénonciation de l'esclavage

Écriture d'invention

▸ Le personnage de Ziméo (document B), qui a choisi la rébellion violente, prend la parole pour inciter ses camarades esclaves à se révolter. Rédigez son discours.
Vous veillerez à ce que ce discours comporte au moins trois arguments développés et utilise des procédés de persuasion variés visant différentes réactions chez l'auditoire. Vous pourrez étayer les arguments du personnage en utilisant les différents documents du corpus.

Le candidat peut s'appuyer sur les textes reproduits dans le sujet n° 33.

LES CLÉS DU SUJET

Comprendre le sujet

- **Genre :** « discours ». Respectez-en les caractéristiques formelles : adresse aux destinataires ; implication de l'orateur et du public ; vivacité.
- **Thème :** se révolter contre sa condition d'esclave, contre l'injustice et la cruauté des esclavagistes.
- **Type de texte :** « inciter… », « arguments » indiquent que le texte est argumentatif.
- **Situation d'énonciation :** *Qui ?* Ziméo qui devient *je* (première personne). *À qui ?* « ses camarades esclaves » qui deviennent *vous* (ou *nous* lorsque Ziméo s'implique dans le groupe). *Où ? Quand ?* non précisé.
- **Niveau de langue :** celui de Ziméo dans le texte B à analyser.
- **« Définition »** du texte à produire, à partir de la consigne :

> Discours (*genre*), qui argumente sur (*type de texte*) la nécessité d'une révolte violente (*thème*), persuasif, passionné, agressif (*adjectifs*), pour dénoncer les esclavagistes et inciter à la rébellion (*buts*).

QUESTION DE L'HOMME

Chercher des idées

Le fond

- **Quelques arguments :** se venger de l'humiliation et de la violence infligées ; les hommes sont égaux indépendamment de la race et de la couleur ; souvenirs d'un passé simple et heureux, préservation des valeurs ancestrales et des liens traditionnels avec les générations futures.
- **Ziméo** : respectez sa personnalité ; il est sensible, lucide, combattif, il aime la nature et se montre généreux et solidaire envers les autres.

La forme

- **Le choix du (des) registre (s) :** « Incitez » suggère que Ziméo est enthousiaste (lyrisme) ; la situation implique une tonalité pathétique ; la révolte violente préconisée oriente vers le registre polémique.
- **La façon dont parle de Ziméo** (analysez le texte B) : langage parfois poétique, images et mots forts, utilisation de la 1re personne du pluriel…

▶ **Pour réussir l'écriture d'invention :** voir lexique méthodologique.

▶ **La question de l'homme, le discours :** voir mémento des notions.

CORRIGÉ 36

Partiellement rédigé, le corrigé vous propose des motifs à développer (indiqués entre crochets). Attention : un devoir trop court sera pénalisé.

Ziméo ne supportait plus de voir des restes de corps dévorés par les siens. Profitant d'un relâchement de la surveillance, il se leva et prit la parole.

« Mes chers frères, mes chères sœurs, j'ai honte et j'ai peur ! Je lis dans vos yeux des expressions qui m'épouvantent : une voracité mêlée à une terreur sombre. Nos bourreaux ont-ils réussi à tuer notre humanité, à réveiller nos pires instincts ? [Développer le motif : ont-ils fait définitivement de nous des monstres cannibales ? S'inspirer du récit de Ziméo dans le document B.]

Levez-vous, il est temps ! Cessez de ramper ! Cessez d'attendre que les maîtres vous jettent les restes de leurs repas ! Cessez de subir leurs coups ! Levez-vous ! Vous verrez qu'ils ne sont ni plus grands, ni plus forts que vous ! Pourquoi nous infligent-ils tant de douleurs ? Qu'avons-nous fait pour mériter de telles souffrances ? [Développer le motif : la cruauté des

> **Astuce**
> Utilisez les procédés de la persuasion : implication du locuteur et de l'auditeur ; marques de subjectivité ; exclamations, hyperboles et amplification ; phrases amples…

blancs esclavagistes ; s'inspirer des documents A et B.] Est-ce au nom de leur pâleur qu'ils s'autorisent ces atrocités ? Avons-nous, nous, décrété, que leur nez protubérant était indécent ? Avons-nous décidé que leur chevelure raide signalait leur infériorité ? Avons-nous jugé que la fragilité de leur peau prouvait qu'ils n'avaient pas leur place au soleil ?

Qui sont-ils ces marchands de chair humaine pour nous arracher à notre terre bien-aimée et nous déporter dans des pays inhospitaliers ! [Développer le motif : ils prétendent suivre les principes de leur religion qui proclame « Aimez-vous les uns les autres », en réalité ils les trahissent, ils sont obsédés par leur voracité matérielle, leur soif de richesses.]

On m'a raconté dans les ténèbres d'une nuit sans lune comment ils avaient pris plaisir à traquer des esclaves échappés. Ce jour-là, quelques-uns de nos frères avaient réussi à fuir à l'arrivée au port. [Développer le récit de la traque en s'inspirant du document C, extrait de *Sang négrier*.] Assez ! Debout, frères humains, debout ! Il est temps de retenir la main de celui qui frappe nos enfants ! Voilà trop longtemps que nous subissons leurs coups sans rien dire, que nous laissons nos familles mourir de faim, de souffrance et de malheur. Voilà trop longtemps que nous subissons des châtiments extrêmes pour des offenses minimes ! Combien d'entre nous ont dû porter le masque de honte et de famine, celui qui punit le malheureux qui a cédé et bu une goutte de rhum, poussé par une soif torturante ?

Rappelez-vous, mes frères, mes sœurs, qui nous sommes et d'où nous venons. Rappelez-vous les couleurs chaudes de notre soleil au couchant et la verdure de nos forêts, les longues herbes jaunes qui caressaient vos jambes… [Poursuivre en développant le motif de la nostalgie de l'Afrique, de sa nature féconde, de ses sociétés ancestrales, protectrices et solidaires.]

Redevenez guerriers et chasseurs ! Unissez vos forces, reprenez votre destin en main ! Voyez nos tyrans, ces Portugais, si peu nombreux ! [Développer le motif : nous pouvons nous emparer du bateau et retrouver notre terre natale.] Nous retrouverons notre dignité d'hommes libres injustement volée ! Nous reconstruirons une vie meilleure, pleine d'espoir et de promesses, loin de ces Blancs corrompus. Notre révolte sera le salut et le nouvel avenir de nos enfants qui pourront s'épanouir dans la paix. Levons-nous, mes frères, levons-nous ! Chassons ces Portugais, chassons ces monstres ! »

III. Préparer l'épreuve orale

SUJET

37

Sujet d'oral n° 1

Le personnage de roman

Honoré de Balzac, *Le Père Goriot*

▸ Quelles sont les fonctions de cette scène d'arrestation ?

DOCUMENT **Le Père Goriot**

Vautrin, un des habitués de la pension parisienne de Mme Vauquer – où vit le père Goriot – est un personnage affable, mais étrange. Poiret, un retraité, Mlle Michonneau, vieille fille aigrie, intrigués par ce personnage étrange, le signalent à la police qui reconnaît en lui un ancien bagnard, autrefois surnommé Trompe-la-Mort. La police cherche à éliminer Vautrin et cerne la pension de toutes parts.

« Ah ! ma foi, dit Bianchon[1], mademoiselle Michonneau parlait avant-hier d'un monsieur surnommé Trompe-la-Mort ; ce nom-là vous irait bien ».

Ce mot produisit sur Vautrin l'effet de la foudre : il pâlit et chancela, son regard magnétique tomba comme un rayon de soleil sur mademoiselle Michonneau, à laquelle ce jet de volonté cassa les jarrets. La vieille fille se laissa couler sur une chaise. Poiret s'avança vivement entre elle et Vautrin, comprenant qu'elle était en danger, tant la figure du forçat devint férocement significative en déposant le masque bénin[2] sous lequel se cachait sa vraie nature. Sans rien comprendre encore à ce drame, tous les pensionnaires restèrent ébahis. En ce moment, l'on entendit le pas de plusieurs hommes, et le bruit de quelques fusils que des soldats firent sonner sur le pavé de la rue. Au moment où Collin cherchait machinalement une issue en regardant les fenêtres et les murs, quatre hommes se montrèrent à la porte du salon. Le premier était le chef de la police de sûreté, les trois autres étaient des officiers de paix.

« Au nom de la loi et du roi », dit un des officiers dont le discours fut couvert par un murmure d'étonnement. Bientôt le silence régna dans la salle à manger, les pensionnaires se séparèrent pour livrer passage à trois de ces hommes qui tous avaient la main dans leur poche de côté et y tenaient un pistolet armé. Deux gendarmes qui suivaient les agents occupèrent la porte du salon, et deux autres se montrèrent à celle qui sortait par l'escalier. Le pas et les fusils de plusieurs soldats retentirent sur le pavé caillouteux qui longeait la façade. Tout espoir de fuite fut donc interdit à Trompe-la-Mort, sur qui tous les regards s'arrêtèrent irrésistiblement. Le chef alla droit à lui, commença par lui donner sur la tête une tape si violemment appliquée qu'il fit sauter la perruque et rendit à la tête de Collin toute son horreur. Accompagnées de cheveux rouge brique et courts qui leur donnaient un épouvantable caractère de force mêlée de ruse, cette tête et cette face, en harmonie avec le buste, furent intelligemment illuminées comme si les feux de l'enfer les eussent éclairées. Chacun comprit tout Vautrin, son passé, son présent, son avenir, ses doctrines implacables[3], la religion de son bon plaisir, la royauté que lui donnaient le cynisme[4] de ses pensées, de ses actes, et la force d'une organisation faite à tout. Le sang lui monta au visage, et ses yeux brillèrent comme ceux d'un chat sauvage. Il bondit sur lui-même par un mouvement empreint d'une si féroce énergie, il rugit si bien qu'il arracha des cris de terreur à tous les pensionnaires. À ce geste de lion, et s'appuyant de la clameur générale, les agents tirèrent leurs pistolets. Collin comprit son danger en voyant briller le chien[5] de chaque arme, et donna tout à coup la preuve de la plus haute puissance humaine. Horrible et majestueux spectacle ! Sa physionomie présenta un phénomène qui ne peut être comparé qu'à celui de la chaudière pleine de cette vapeur fumeuse qui soulèverait des montagnes, et que dissout en un clin d'œil une goutte d'eau froide. La goutte d'eau qui refroidit sa rage fut une réflexion rapide comme un éclair. Il se mit à sourire et regarda sa perruque.

Honoré de Balzac, *Le Père Goriot*, 3e partie, 1835.

1. Bianchon : étudiant en médecine qui vit dans la pension. 2. Bénin : affable, aimable. 3. Implacables : qui ne se laissent pas fléchir. 4. Cynisme : mépris insolent des convenances. 5. Chien : pièce mécanique qui met le feu à la poudre dans les armes à feu.

PISTES POUR L'ORAL

PRÉPARATION

▶ Tenir compte de la question

- Le mot clé de la question est « fonctions » : cherchez à quoi sert cette scène.
- Quels sont les buts de Balzac : par rapport au lecteur ? à la composition de son personnage ? à la vision du monde qu'il veut donner ?
- Utilisez le mot important de la question dans l'intitulé de vos axes.

▶ Trouver les idées directrices

- Composez aussi la « définition » du texte.

Extrait de roman (*genre*) réaliste (*mouvement*), qui raconte (*type de texte*) l'arrestation d'un forçat (*thème*), dramatique, fantastique, épique (*registres*), animées, pleines de suspense (*adjectifs*) pour captiver le lecteur et le tenir en haleine, pour résoudre l'énigme de Vautrin et dévoiler une conception du monde (*buts*).

▶ Première piste : pour captiver le lecteur, une scène mélodramatique, spectaculaire et théâtralisée

- Relevez et commentez les éléments qui donnent toute sa vivacité et son efficacité dramatique à la scène (cadre, progression, éléments sonores…).
- Comment Balzac théâtralise-t-il cet épisode ?

▶ Deuxième piste : pour éclairer Vautrin et révéler une vision du monde

- Par quels moyens Balzac donne-t-il à Vautrin une **dimension épique** ?
- Quel **regard** l'auteur jette-t-il sur son personnage ?
- Quelle **vision du monde et de l'homme** cette scène révèle-t-elle ?

Pour bien réussir l'oral : voir guide méthodologique.
Le roman : voir mémento des notions.

PRÉSENTATION

Introduction

[Amorce] En 1835 le romantisme bat son plein et la mode au théâtre est au mélodrame, avec ses coups de théâtre spectaculaires, ses traîtres, ses cascades de malheurs pathétiques, ses persécuteurs et ses victimes innocentes… Dans le genre romanesque, c'est le réalisme qui prévaut, mais même un Balzac qui, dans ses romans comme *Le Père Goriot*, voulait « faire concurrence à l'état civil », se laisse tenter par l'efficacité d'une scène excessivement dramatique propre à faire frissonner le lecteur.

[Présentation du texte] Vautrin vit dans la pension bourgeoise de Mme Vauquer. Son comportement inquiétant suscite les soupçons de certains pensionnaires, notamment du vieux retraité Poiret et de la vieille Mlle Michonneau, qui ont fait part à la police de leurs soupçons à l'égard de ce personnage étrange. Le chef de la police reconnaît en lui un certain Collin, ancien forçat surnommé Trompe-la-Mort et, bien décidé à l'éliminer, il organise son arrestation. Cette scène, point culminant préparé par Balzac, attendue par le lecteur depuis l'approche de Mlle Michonneau et de Poiret par la police, depuis la fausse apoplexie de Vautrin pour vérifier son identité, met fin à l'histoire de Vautrin dans *Le Père Goriot* (le personnage réapparaît dans les *Illusions perdues*).

[Lecture du texte]

[Annonce des axes] Quelles sont les fonctions d'une telle scène dans un roman réaliste comme *Le Père Goriot ?* Qu'est-ce que Balzac a en tête quand il compose le récit de cette arrestation ? Balzac se donne – et nous donne – le plaisir d'une grande scène riche en action, mélodramatique et théâtrale à souhait, qui a pour effet de captiver le lecteur et de le faire vibrer [I]. Au-delà de cette fonction dramatique, l'arrestation est un élément-clé dans le portrait de Vautrin : elle dévoile les secrets du personnage et, par le regard que Balzac jette sur lui, révèle la vision du monde et de la vie du romancier [II].

I. Une scène à voir et à entendre, mélodramatique et théâtralisée

Balzac donne à cette arrestation l'intensité d'un moment vécu en direct.

1. Un lieu familier chargé d'émotion et une progression qui va crescendo

• Le cadre :

– la salle à manger de la pension Vauquer est un décor récurrent dans la roman, où tout le monde se côtoie et s'épie : bien que familière au lecteur, elle a déjà été le théâtre de quelques grands moments du roman (la fausse apoplexie de Vautrin) ;

– c'est un lieu resserré, fermé par la « porte du salon » et « celle qui sortait par l'escalier », et par là propre à intensifier la scène qui va s'y jouer.

• Balzac soigne la progression de la scène dont la tension va en s'intensifiant – du calme à la tempête, puis le retour au calme (délimitez les « parties »).

SUJETS D'ORAL

– Le premier élément déclencheur est la remarque anodine de Bianchon sur Trompe-la-Mort (qui aurait pu faire échouer l'arrestation) et la réaction furieuse de Vautrin.

– L'arrestation proprement dite et l'agitation qui s'ensuit créent le suspense.

– La résignation de Vautrin marque le retour au calme.

– La scène est ponctuée de coups de théâtre successifs.

2. Des personnages nombreux et variés

La variété des personnages et leurs divers degrés d'importance donnent de « l'épaisseur » et de l'authenticité à la scène.

• Des figurants : les nombreux policiers, simples silhouettes, qui animent la « toile de fond ».

• Les pensionnaires de la maison Vauquer, qui ici ne sont pas individualisés mais auxquels Balzac semble prêter une âme et des réactions collectives et identiques (« Chacun comprit… »), comme dans un chœur à l'antique.

• Poiret et Michonneau, éléments importants de l'action qui sont distingués par Balzac et par Vautrin et jouent le rôle de personnages secondaires.

• Enfin, au premier plan, sous les feux des projecteurs, le protagoniste, Vautrin, que tous entourent comme des spectateurs fascinés.

3. Jeux de scène et de regards, expressions de physionomie

Comme des didascalies, de nombreux jeux de scène animent le récit.

• À travers les multiples verbes de mouvement :

– face-à-face Vautrin-Michonneau (gros plan) ;

– interposition de Poiret (« chancela », « se laissa couler », « s'avança ») ;

– arrivée des policiers (plan d'ensemble) ;

– « les pensionnaires se séparèrent », « fit sauter la perruque » ;

– réaction de Vautrin (« bondit », « les agents tirèrent »).

• À travers le jeu des regards et les expressions des visages qui traduisent l'intensité des émotions :

– « il pâlit », « son regard tomba » ;

– les pensionnaires sont ébahis ;

– regard de Collin cherchant une issue ;

– « tous les regards s'arrêtèrent irrésistiblement ».

4. L'alternance des plans

La technique et les procédés sont presque cinématographiques avant l'heure ; alternent en effet :

– des plans larges sur des groupes ;

– et des gros plans sur le protagoniste, les objets, les armes (le « chien » des pistolets). Certains de ces gros plans prennent une forte valeur symbolique, notamment celui sur la « perruque », image de la dissimulation de Vautrin.

5. Bruitages et paroles en tous genres

Balzac sait aussi recréer une ambiance sonore. Ce qu'on pourrait appeler la « bande-son » crée une atmosphère de tension ou de tumulte et de confusion par sa variété, surtout lorsque les bruits se détachent sur le « silence » qui domine à plusieurs reprises (au début, après la remarque de Bianchon, après l'apostrophe de l'officier au style direct) :

– paroles (au style direct) ;

– bruits (intérieurs) contrastés dans l'intensité sonore, qui émanent d'humains et traduisent les émotions : « murmure d'étonnement », « cris de terreur » ;

– bruits des déplacements (extérieurs) : « pas » des gendarmes ;

– bruits qui émanent d'objets : « cliquetis des armes ».

II. Vautrin, dévoilé, mis à nu, donne des leçons, même dans sa défaite

Balzac donne à ses héros un rôle symbolique : héros du bien, héros du mal, ils sont porteurs d'un sens, porteurs de la vision de leur créateur. Une des leçons de *La Comédie humaine*, c'est que le monde n'est qu'illusion, une comédie où chacun joue un rôle. L'arrestation de Vautrin est plus qu'un événement de l'action ; elle éclaire le portrait du forçat en profondeur et, implicitement, révèle une vision de l'homme et du monde.

1. Vautrin clairement démasqué

• Dans cet épisode, Vautrin est réellement démasqué par la police, mais il se démasque aussi par son comportement même : « Chacun comprit tout Vautrin, son passé, son présent, son avenir ». L'opposition entre le « masque » et la « vraie nature » est ainsi mise en lumière au sens propre et au sens figuré.

• Pour souligner qu'il s'agit bien d'une révélation, Balzac recourt à de nombreuses expressions qui ont rapport à la lumière (« éclair », regard/rayon de soleil, « intelligemment illuminées, éclairés par les feux de l'enfer, ses yeux brillèrent »).

2. Un personnage épique : la portée symbolique des métaphores

• Les images, comparaisons et métaphores, qui décrivent Vautrin, lui donnent une dimension épique.

– Métaphores animales : des yeux de « chat sauvage », il « bondit » et « rugit » comme « un lion ». La progression va crescendo de l'animal encore un peu domestique au fauve sauvage, roi des animaux ;

– Métaphore infernale : Vautrin est transformé en une créature diabolique effrayante (ses « cheveux [sont] rouge brique », sa tête est « comme éclairé[e] par les feux de l'enfer »).

– Métaphore empruntée aux forces naturelles, qui crée un effet d'amplification : son regard est comme un rayon de soleil, sa réflexion est rapide comme « l'éclair » ; Balzac effectue un mélange insolite d'éléments naturels et industriels : « eau » et « feu » unis dans « une chaudière » de machine à vapeur !

• Vautrin prend la dimension d'un personnage mythique, héros du mal, capable de maîtriser ses émotions (sa « rage ») et de garder son sang-froid (concrétisé par la « goutte d'eau froide ») dans les pires épreuves.

3. Le regard de Balzac sur sa créature révèle sa conception du monde

• Balzac éprouve pour son personnage des sentiments mêlés : horrifié par sa créature, il est en même temps fasciné par elle, admiratif de sa propre création. Le narrateur – et derrière lui l'auteur – semble partager avec les témoins ou leur faire partager (« chacun comprit ») ses sentiments paradoxaux envers son personnage :

• le vocabulaire négatif (« horreur, épouvantable caractère de force », « implacables » « horrible spectacle ! ») révèle son effroi ;

– mais en même temps des métaphores valorisantes, des termes positifs, des superlatifs et des hyperboles associés à des termes négatifs (« la *royauté* que lui donnai[t] le cynisme de ses pensées », « majestueux») indiquent qu'il ressent pour Vautrin une réelle admiration.

• Ces sentiments sont soulignés par la force des deux groupes ternaires : « son passé, son présent, son avenir » (prolepse sur le retour de Collin dans *Illusions perdues* et *Splendeurs et Misères des courtisanes* et son ultime avatar en chef de la police parisienne), et : « royauté, religion, force de son organisation ». C'est là la preuve de la plus haute puissance.

• Balzac, par cette arrestation physique, représente concrètement la marginalité assumée de son personnage, indique son désir de se démarquer moralement de la société pour garder son indépendance (« religion du *bon plaisir* », « le *cynisme* de ses pensées », « ses doctrines *implacables* »), affichée par un « sourire » diabolique et lui donnant la supériorité sur ceux qui l'arrêtent. De personnage de mélodrame Vautrin se tranforme en héros tragique.

Conclusion

[Synthèse] Cette scène animée contribue à l'équilibre du roman où alternent descriptions de lieux et de personnages (pension Vauquer, Mme Vauquer et ses pensionnaires), discours didactiques (de Vautrin, de Mme de Beauséant), moments d'action. Elle résout aussi l'énigme de Vautrin dont la laideur est le reflet de son caractère diabolique (pour Balzac, qui croyait en la physiognomonie, les caractères façonnent les visages et les constitutions physiques) et marque sa fin. Mais Vautrin, par son comportement, par l'image qu'il donne de lui-même, continue à donner une leçon : il montre que le monde appartient à des individus d'une espèce supérieure, doués de qualités ou de vices exceptionnels, capables d'être plus forts que le destin qui les accable temporairement. Son destin illustre la vision de la vie et des hommes de Balzac : pour lui, le monde est une façade, les êtres dissimulent leur vérité et ne se découvrent que dans des situations exceptionnelles. [Ouverture] Ce sont de tels passages qui rendent aisée et efficace la transposition des romans de Balzac à l'écran, où l'efficacité de la scène est assurée.

ENTRETIEN

Question

L'examinateur pourrait débuter l'entretien par la question suivante.

▶ **Quels points de vue un narrateur peut-il adopter dans un roman et quel peut être l'intérêt de chacun d'eux ?**

Il s'agit d'une question de cours. Mais il ne faut pas le « réciter » purement et simplement. Il faut expliquer et alimenter chaque remarque d'exemples personnels qui l'illustrent.

Pour réussir l'entretien : voir guide méthodologique.
Le roman : voir mémento des notions.

L'entretien pourra se poursuivre dans diverses directions, par exemple :

▶ Connaissez-vous d'autres personnages de romans incarnant le mal ?

▶ Pourquoi aime-t-on les romans ?

Pistes pour répondre à la première partie de la question

Définir le point de vue (ou focalisation), c'est déterminer qui voit et quelle est la manière de voir du narrateur, sa position. Il existe trois points de vue :

– le **point de vue externe :** le narrateur s'efface et est assimilable à un objectif de caméra ;

– le **point de vue interne :** le narrateur voit, sait et raconte au lecteur uniquement ce que percevrait subjectivement un personnage ;

– le **point de vue omniscient :** le narrateur voit et sait tout dans le temps et dans l'espace. Il connaît et retranscrit toutes les pensées des personnages.

SUJET **38**

Sujet d'oral n° 2
Le texte théâtral et sa représentation

Edmond Rostand, *Cyrano de Bergerac*

▸ Après avoir étudié la stratégie de séduction déployée par Cyrano, vous montrerez que le texte mêle étroitement le pathétique et un certain humour.

DOCUMENT **Cyrano de Bergerac**

La scène se passe à Paris, au XVIIe siècle. Cyrano, aussi célèbre pour ses prouesses militaires que pour son physique disgracieux, aime sa cousine Roxane. Mais celle-ci lui a confié qu'elle est amoureuse du beau Christian et qu'elle en est aimée. Elle reproche cependant à Christian de ne pas savoir lui parler d'amour. Prêt à se sacrifier, Cyrano, poète à ses heures, décide d'aider Christian. Ainsi, quand celui-ci, dissimulé avec Cyrano sous le balcon de Roxane, la désespère par la maladresse de son discours amoureux, Cyrano vient en aide à son rival en se faisant passer pour lui.

ROXANE, *s'avançant sur le balcon.*
C'est vous ?
Nous parlions de… de… d'un…
CYRANO
Baiser. Le mot est doux !
Je ne vois pas pourquoi votre lèvre ne l'ose ;
S'il la brûle déjà, que sera-ce la chose ?
Ne vous en faites pas un épouvantement :
N'avez-vous pas tantôt, presque insensiblement,
Quitté le badinage et glissé sans alarmes
Du sourire au soupir, et du soupir aux larmes !
Glissez encore un peu d'insensible façon :
Des larmes au baiser il n'y a qu'un frisson !
ROXANE
Taisez-vous !

CYRANO

Un baiser, mais à tout prendre, qu'est-ce ?
Un serment fait d'un peu plus près, une promesse
Plus précise, un aveu qui veut se confirmer,
Un point rose qu'on met sur l'*i* du verbe aimer ;
C'est un secret qui prend la bouche pour oreille,
Un instant d'infini qui fait un bruit d'abeille,
Une communion ayant un goût de fleur,
Une façon d'un peu se respirer le cœur,
Et d'un peu se goûter, au bord des lèvres, l'âme !

ROXANE

Taisez-vous !

CYRANO

Un baiser, c'est si noble, madame,
Que la reine de France, au plus heureux des lords,
En a laissé prendre un, la reine même !

ROXANE

Alors !

CYRANO, *s'exaltant.*

J'eus comme Buckingham[1] des souffrances muettes,
J'adore comme lui la reine que vous êtes,
Comme lui je suis triste et fidèle…

ROXANE

Et tu es
Beau comme lui !

CYRANO, *à part, dégrisé.*

C'est vrai, je suis beau, j'oubliais !

ROXANE

Eh bien ! montez cueillir cette fleur sans pareille…

CYRANO, *poussant Christian vers le balcon.*

Monte !

ROXANE

Ce goût de cœur…

CYRANO

Monte !

ROXANE

Ce bruit d'abeille…

CYRANO

Monte !

SUJETS D'ORAL

CHRISTIAN, *hésitant.*

Mais il me semble, à présent, que c'est mal !

ROXANE

Cet instant d'infini !...

CYRANO

Monte donc, animal !

Christian s'élance, et par le banc, le feuillage, les piliers, atteint les balustres qu'il enjambe.

CHRISTIAN

Ah ! Roxane !

Il l'enlace et se penche sur ses lèvres.

CYRANO

Aïe ! au cœur, quel pincement bizarre !

Baiser, festin d'amour, dont je suis le Lazare[2] !

Edmond Rostand, *Cyrano de Bergerac*,
acte III, scène 10 (v. 1505-1535), 1897.

---

1. Duc anglais, amant de la reine de France dans *Les Trois Mousquetaires* d'Alexandre Dumas.
2. Personnage de l'Évangile, Lazare, pauvre et malade, vivait des restes de la table d'un homme riche.

PISTES POUR L'ORAL

PRÉPARATION

▶ Tenir compte de la question

• La question vous suggère déjà le **plan de la réponse** à travers ses mots clés : « stratégie », « pathétique » et « humour ».

• Vous devez utiliser ces mots dans les intitulés de vos axes.

▶ Trouver les idées directrices

Utilisez les pistes que vous ouvre la question, mais composez aussi la « définition » du texte.

> Scène de théâtre (*genre*) dans laquelle un personnage argumente (*type de texte*) pour séduire et obtenir un baiser (*thème*), pathétique et comique (*registres*), poétique, lyrique (*adjectifs*) afin d'émouvoir le spectateur (*but*).

▶ **Première piste : une habile stratégie de séduction**

• Le mot « stratégie » désigne tout plan et ensemble de **moyens utilisés** pour arriver à ses fins. On parle de « stratégie argumentative ». Ici, le but visé est de séduire Roxane et d'obtenir un baiser.

• Vous devez chercher quels moyens (verbaux) utilise Cyrano, en quoi son **discours amoureux est habile**.

▶ **Deuxième piste : l'association du pathétique et de l'humour**

• Demandez-vous ce qui, dans la situation de Cyrano, provoque la **pitié** : comparez pour cela le début et la fin de la scène, l'évolution des sentiments du personnage. Analysez les expressions qui traduisent son **désarroi**.

• Cherchez ce qui, dans la situation, est **humouristique** parce que invraisemblable et ce qui, dans le personnage de Christian, est un peu ridicule.

• Étudiez les niveaux de langue et certaines **images cocasses**.

• En quoi certaines attitudes de Roxane font-elles **sourire** ?

• Explorez les différents procédés de l'humour : répétition, décalage, contraste…

Pour bien réussir l'oral : voir guide méthodologique.
Le théâtre : voir mémento des notions.

PRÉSENTATION

Introduction

[Amorce] À la fin du XIXe siècle, la pièce d'Edmond Rostand *Cyrano de Bergerac*, histoire d'amour et d'amitié qui se déroule vers 1640, renoue avec les grandes pièces du drame romantique comme *Hernani* ou *Ruy Blas* de Victor Hugo.

[Le texte] Par un étrange pacte, Cyrano prête au beau Christian ses talents de poète pour séduire la belle Roxane en lui écrivant de superbes lettres d'amour. Ici, caché sous le balcon de Roxane, Cyrano souffle ses mots d'amour à Christian, puis, la nuit aidant, prend lui-même la parole et laisse parler son cœur. Roxane propose un baiser à Christian…

[Annonce des axes] Cyrano, troublé, redouble d'éloquence et trouve les arguments pour faire tomber les dernières résistances de Roxane. L'émotion est ici humoristique, renforcée par les ruptures de registres : Rostand mêle au pathétique de la situation des moments plus légers, presque comiques.

I. Une habile stratégie de séduction

1. Rassurer

• Dans un premier temps, Cyrano s'efforce de rassurer Roxane sur l'innocence de ce baiser, présenté comme inéluctable par le futur « que sera-ce la chose ? » Il lui montre qu'il s'agit seulement de l'aboutissement d'un parcours sentimental obligé dont il rappelle les étapes déjà parcourues (« badinage », « sourire », « soupirs », « larmes »). L'abondance des sonorités en *ss* en traduit la progression aussi « douce » qu'« insensible ».

• Puis il minimise adroitement la gravité d'un tel abandon, d'abord par des conseils (« Je ne vois pas pourquoi votre lèvre ne l'ose », « Ne vous en faites pas un épouvantement »), puis en donnant du baiser plusieurs définitions à la manière des précieuses. Il y emploie toujours des expressions diminutives : « à tout prendre, qu'est-ce ? », « un point », « un instant », « un peu », « au bord ».

• Mais, en même temps, ces définitions comportent des aspects valorisants qui garantissent la sincérité des gestes : « un serment », « une promesse infinie », « communion », « âme ».

2. Troubler les sens

• Cyrano semble vouloir créer un vertige chez Roxane, par la reprise du mot « baiser » et du même tour syntaxique pour juxtaposer les définitions de ce « baiser » : « un point… », « un secret… », « une communion… », « une façon… ».

• Il sait aussi jouer de la sensualité des évocations des parties du visage : « lèvres », « bouche », « oreilles » et du champ lexical des sensations : « doux », « goûts », « goûter », « frisson », « bruit ».

• L'érotisme de ces allusions est adouci par des métaphores empruntées à la nature : « goût des fleurs », « bruit d'abeilles » qui renvoient à un univers innocent.

3. Un éloge éloquent et sincère

• Ensuite Cyrano explore un autre type d'argument : le précédent historique et glorieux du baiser de la reine de France à Buckingham ; le rang des personnages (« noble », « reine », « lords ») ne peut que flatter une simple bourgeoise comme Madeleine Robin, alias Roxane, ainsi assimilée à un personnage de sang royal (« la reine que vous êtes »).

• Enfin, Cyrano s'implique d'une façon décisive : il change d'énonciation, passe au *je*, abandonnant le masque sous lequel il prétendait s'exprimer.

• Ce lyrisme passionné bouleverse Roxane qui passe alors au tutoiement. L'éloquence de Cyrano, inspirée par la sincérité de sa passion, subjugue Roxane qui, envoûtée, reprend en écho les plus belles comparaisons de Cyrano : « cette fleur », « ce goût de cœur », « ce bruit d'abeille ».

II. L'association du pathétique et du comique

Rostand, dans cette scène, associe le pathétique et le comique.

1. Une situation fondamentalement pathétique

• Le fond même de la situation est pathétique, en raison de l'opposition entre la beauté morale et intellectuelle de Cyrano et sa laideur physique qui lui interdit de connaître un amour partagé. Obligé de recourir à un masque pour pouvoir au moins déclarer son amour, il semble condamné à jouer la comédie, sans pouvoir confier à quiconque son secret.

• La scène du balcon lui offre enfin la possibilité de s'adresser à Roxane de vive voix et de goûter un double plaisir : celui de se livrer et celui de mesurer l'effet de sa déclaration ; il oublie alors sa laideur et connaît un moment de bonheur intense, l'exaltation de pouvoir enfin dire *je* (voir Ruy Blas qui, marchant « dans [son] rêve étoilé », peut oublier la « laideur » de sa condition de valet et avouer son amour à la reine d'Espagne).

• Le retour à la réalité en est d'autant plus rude et pathétique. Le commentaire élogieux de Roxane : « Et tu es beau comme lui… » le dégrise. Le duo lyrique avec Roxane est bien fini : Cyrano est renvoyé à sa solitude, pendant que Christian enlace Roxane.

2. Un certain humour

Cependant, en contrepoint, Rostand apporte quelques touches humoristiques.

• On sourit de la fausse pudeur de Roxane qui hésite à prononcer le mot « baiser » quand elle reprend son duo avec Cyrano ; son cœur dit « continuez à parler » quand sa bouche dit « Taisez-vous ».

• L'autodérision dont fait preuve Cyrano dans son aparté quand il est « dégrisé » (« C'est vrai, je suis beau… j'oubliais ») amuse généralement le public, peut-être d'ailleurs en réaction à la tension lyrique qui précède et surtout si le comédien prend pour le dire un ton très détaché, ironique.

• Son dernier commentaire contient des effets de décalage humoristiques : la familiarité de l'interjection « aïe ! » contraste avec le lyrisme un peu grandiloquent – et même parodique – de la comparaison avec le Lazare de la Bible.

• L'hésitation de Christian à rejoindre Roxane et les bourrades amicales de Cyrano apportent un comique plus appuyé. L'apostrophe faussement brutale « Monte donc, animal » joue elle aussi sur la recherche du contraste avec le ton élégiaque du discours amoureux. Cependant, à y regarder de plus près, les hésitations de Christian montrent qu'il comprend confusément que le sens véritable de ce qui vient de se passer lui échappe.

Conclusion

Le succès populaire de *Cyrano de Bergerac* ne s'est jamais démenti depuis la création de la pièce. Il est dû au fait que la pièce met en scène de vrais personnages qui, après nous avoir fait rire et pleurer, continuent à vivre en nous, avec leurs répliques devenues aujourd'hui des références, comme celle qui débute la fameuse tirade du nez : « Ah non, c'est un peu court jeune homme. On pouvait dire bien des choses en somme… »

ENTRETIEN

Question

L'examinateur pourrait débuter l'entretien par la question suivante.

▶ Comment le théâtre permet-il de persuader et d'émouvoir ?

- Il s'agit d'une question de cours.
- Mais il ne faut pas le « réciter » purement et simplement. Vous devez expliquer et alimenter chaque remarque d'exemples personnels qui l'illustrent.

Pour réussir l'entretien : voir guide méthodologique.

Le théâtre : voir mémento des notions.

L'entretien pourra se poursuivre dans diverses directions, par exemple :

▶ Quelles pièces de théâtre connaissez-vous ?
▶ Avez-vous assisté à des représentations théâtrales ?
▶ Comment mettriez-vous en scène cette scène de *Cyrano de Bergerac* ?
▶ Pour vous, qu'est-ce qu'un bon acteur ?

Pistes pour répondre à la question

I. Le théâtre, un genre « à histoires » qui émeut et captive

1. Une action en direct.
2. Une intrigue qui « court », surprend et entraîne l'adhésion du spectateur [*exemples*].
3. Mais, sans être la vie, c'est bien un peu la vie sous toutes les couleurs [*exemples*].

II. Des personnages accessibles et émouvants, si proches de nous

1. Des personnages simplifiés et passionnés auxquels on s'attache et s'identifie, ou qu'on déteste [*exemples*].
2. Des personnages symboliques au langage stylisé [*exemples*].

III. Le spectacle, force de l'illusion et de l'incarnation

1. Éléments matériels et mise en scène entraînent l'adhésion physique et affective [*exemples*].
2. Des êtres en chair et en os, une histoire incarnée [*exemples*].
3. La présence d'un public, personnage collectif ; la position privilégiée du spectateur.

SUJET

39

Sujet d'oral nº 3

Écriture poétique et quête du sens

Charles Baudelaire, *Les Fleurs du mal*

▸ **Montrez que Baudelaire donne à ce voyage apparemment réel une portée symbolique et en fait une sorte de métaphore de la condition humaine, prise entre idéal et spleen.**

DOCUMENT **Élévation**

Il s'agit du troisième poème de la section « Spleen et Idéal » du recueil Les Fleurs du Mal. *Juste après « L'Albatros », qui évoque le malaise du poète parmi les hommes, « Élévation » est un poème qui aspire à l'idéal.*

Au-dessus des étangs, au-dessus des vallées,
Des montagnes, des bois, des nuages, des mers,
Par delà le soleil, par delà les éthers,
Par delà les confins des sphères étoilées,

Mon esprit, tu te meus avec agilité,
Et, comme un bon nageur qui se pâme dans l'onde,
Tu sillonnes gaiement l'immensité profonde
Avec une indicible et mâle volupté.

Envole-toi bien loin de ces miasmes morbides ;
Va te purifier dans l'air supérieur,
Et bois, comme une pure et divine liqueur,
Le feu clair qui remplit les espaces limpides.

Derrière les ennuis et les vastes chagrins
Qui chargent de leur poids l'existence brumeuse,
Heureux celui qui peut d'une aile vigoureuse
S'élancer vers les champs lumineux et sereins :

Celui dont les pensers, comme des alouettes,
Vers les cieux le matin prennent un libre essor,
– Qui plane sur la vie, et comprend sans effort
Le langage des fleurs et des choses muettes !

Charles Baudelaire, « Élévation », *Les Fleurs du mal*, 1857.

PISTES POUR L'ORAL

PRÉPARATION

▶ Tenir compte de la question

- Les mots-clés sont : « voyage », « métaphorique » et « symbolique ».
- La question vous indique deux pistes d'analyse.
- Pensez à utiliser les mots-clés de la question dans les intitulés de vos axes.
- En lien avec la notion de quête du sens, la question suggère de réfléchir à la **portée symbolique du voyage**.

▶ Trouver les idées directrices

Utilisez les pistes que vous ouvre la question mais composez aussi la « **définition** » du texte.

> Poème en vers réguliers *(genre)* qui décrit *(type de texte)* un voyage *(thème)*, réaliste, presque mystique et symbolique *(registres)*, métaphorique *(adjectif)* pour rendre compte de la recherche exaltée d'un idéal poétique impossible *(but)*.

▶ Première piste : un « vrai » voyage

- Les mots-clés « voyage » et « réel » suggèrent un vrai voyage : analysez les **détails concrets**, par exemple les lieux traversés et les mouvements évoqués.
- Commentez le **rythme** de ces mouvements ainsi que les **sonorités** en analysant l'écriture poétique et la versification.

▶ Deuxième piste : le sens métaphorique et symbolique du voyage

- Les mots-clés « symbolique » et « métaphore » invitent à chercher en quoi ce voyage dépasse ces aspects concrets.
- Analysez ce qui donne à ce voyage son **aspect mystique** (pensez au titre).
- Précisez ce que représente ou **symbolise** ce voyage. Quel idéal poétique représente-t-il ? Faites pour cela appel à vos connaissances sur les notions de spleen et idéal chez Baudelaire.

Pour bien réussir l'oral : voir guide méthodologique.

La poésie : voir mémento des notions.

PRÉSENTATION

Introduction

[Amorce] Les voyages vers des paradis exotiques constituent le thème de nombreux poèmes des *Fleurs du Mal* de Charles Baudelaire, tels « L'Invitation au voyage » ou « Parfum exotique ».

[Présentation du texte] Dans « Élévation », le désir d'ailleurs se sublime dans l'évocation d'un envol de l'esprit du poète dans l'espace infini et idéal du ciel pour échapper à la médiocrité de la réalité quotidienne.

[Lecture du texte]

[Annonce des axes] Le récit de cette tentative d'élévation repose sur des sensations, des notations concrètes, comme s'il s'agissait d'un voyage bien réel [I] alors qu'il s'agit en fait d'une expérience mystique qui s'inscrit dans la quête de l'idéal du poète voulant s'affranchir du spleen [II].

Astuce
Choisissez une couleur pour chaque idée directrice et surlignez dans le texte les mots qui répondent à ces questions avec la même couleur. Ce surlignage vous fournira pour chaque idée des exemples (citations courtes du texte) qui illustreront vos commentaires.

I. Une invitation à un voyage réel et imaginaire

1. Un voyage concret…

• La première strophe énumère des lieux multiples, aperçus dans une contre-plongée vertigineuse. C'est la Terre vue d'en haut, avec ses « étangs », « vallées », « montagnes », « bois » et « mers », vue rêvée et désirée par l'homme de toute éternité. L'utilisation du pluriel et des articles définis amplifie ce spectacle et le détache d'un contexte géographique particulier.

• L'élan de cet essor est rendu, dans la première strophe, par les anaphores, « au-dessus » et « par delà » qui sont comme autant de coups d'aile qui portent plus haut et avec de plus en plus d'aisance l'esprit du poète. Ce n'est qu'à la deuxième strophe qu'apparaissent les verbes de mouvement (« tu te meus », « tu sillonnes »). Le rythme des vers précédents peignait déjà cet envol, rythme tantôt équilibré (le vers 1 se compose de deux hémistiches égaux de six syllabes), tantôt plus agité (vers 2 : 4/2-4/2), de nouveau régulier (vers 3 : 6/6) puis s'amplifiant avec une belle fluidité (le vers 4 ne comporte aucune coupe).

Le poème imite ainsi les différentes phases d'un vol d'oiseau, avec ses moments d'efforts et de vols planés harmonieux.

2. Mais aussi un voyage mystique et symbolique

• Le titre du poème, « Élévation », est chargé d'une forte connotation mystique soutenue par un champ lexical religieux (« purifier », vers 10 ; « divine », vers 11 ; « cieux », vers 18). Le terme « élévation » renvoie à un moment d'adoration et de communion dans la messe catholique. C'est aussi le mouvement de l'âme qui s'élève pour se fondre en Dieu, expérience décrite par les mystiques qui font état de leur perception d'une lumière éblouissante ; Baudelaire mentionne ainsi « le soleil » (vers 3), puis « le feu clair » (vers 12) et des « champs lumineux » (vers 16).

• Des réminiscences mythologiques imprègnent le poème : références au vol d'Icare ou à l'ambroisie et au nectar, la « pure et divine liqueur » (vers 11) des dieux de l'Olympe ; tournures latines, comme « Heureux celui qui » (vers 15), rappellent les béatitudes du Christ dans le Nouveau Testament (« Heureux les pauvres... »). Les archaïsmes médiévaux (« pensers » pour « pensées », « liqueur » pour « liquide », « ennuis » pour « désespoir », « onde » pour « eau ») pourraient traduire l'intention du poète de fuir la réalité dans un passé idéalisé et dans un ailleurs sublimé, « par delà le soleil... ».

II. Une métaphore poétique du spleen et de l'idéal

« Élévation » s'inscrit dans la vision baudelairienne de la nature profonde de l'homme moderne, avec ses contradictions, ses révoltes, ses angoisses, ses aspirations les plus élevées et les plus sordides. Ici, c'est à l'appel de l'idéal que le poète répond, mais avec quels résultats ?

1. La recherche de l'idéal

• Le poète semble grisé, dans les premiers vers, par cette nouvelle sensation de liberté. Les lieux au-dessus desquels il s'élève n'ont pas seulement une valeur descriptive, ils ont aussi une dimension symbolique puisque le poète s'élève « par delà » les espaces infinis du cosmos. Comme saisi par l'ivresse des sommets, l'esprit du poète, buveur du « feu clair » (vers 12), ne se soucie plus des catégories habituelles du monde sensible : le haut et le « profond » (vers 7), l'« onde » (vers 6) et le ciel se confondent. Le poète en extase ressent une « volupté » sensuelle et intellectuelle (« esprit »).

• La troisième strophe, avec sa triple injonction (« envole-toi », « va », « bois ») semble en retrait par rapport à l'assurance des deux premières strophes. Le poète n'était-il pas déjà en route pour l'idéal ? L'euphorie physique prend alors une tonalité spirituelle (« purifier », « divine »). Ce qui semblait une expérience pleinement réussie ne serait-il que le récit d'un rêve ? Ou faut-il comprendre ces trois impératifs comme un encouragement à aller encore plus loin ?

2. Le poids du spleen

• L'avant-dernière strophe semble accentuer cette distanciation. L'énonciation change : le poète abandonne le tutoiement familier par lequel il s'apostrophe lui-même et dialogue avec son « esprit » (« Heureux celui qui… »).

• Plus inquiétant encore : les vers 13 et 14 résonnent comme des échos aux poèmes les plus sombres de la section « Spleen et Idéal », tels que « Spleen » ou « La Cloche fêlée ». Baudelaire réunit dans ces deux vers les mots-clés du spleen : « ennuis », « chagrins », atmosphère « brumeuse » qui écrase l'individu ou l'enferme comme dans un cachot. C'est ce que cherche sûrement à suggérer l'emploi étrange de l'expression « derrière les ennuis » (vers 13), comme on dirait « derrière les barreaux ».

• Le rêve poétique reprend pourtant le dessus. Certes Baudelaire le confie désormais à un autre aventurier de l'idéal que lui-même, mais son poème en garde la trace, en fixe les ambitions. Le monde réel, concret n'est plus perçu comme seulement négatif : la mention des « alouettes » (vers 17), du « matin » (vers 18) et des « fleurs » (vers 20) en donne une image pleine de vie. La beauté harmonieuse existe pour qui sait la voir, la décrire, la « comprend[re] » (vers 19).

3. Une illustration de la conception symboliste de la poésie

• Ces vers annoncent « Correspondances », poème qui suit immédiatement « Élévation » dans le recueil. Tandis que dans « Élévation », le poète cherche à comprendre « le langage des fleurs et des choses muettes » (vers 20), dans « Correspondances », il souhaite traduire « les confuses paroles » que fait entendre la nature.

• « Élévation », comme « Correspondances », est une profession de foi poétique et symboliste : le poète est bien un traducteur, un déchiffreur de monde dont les images créent des « correspondances » entre les différentes sensations et entre l'univers sensible et spirituel.

Conclusion

[Synthèse] Dans « L'Albatros », poème qui précède « Élévation », Baudelaire admire « ces rois de l'azur » que sont les poètes. Ils planent au-dessus des hommes mais leur différence les expose à l'incompréhension. La faute y est rejetée sur les préjugés mesquins de la société. Dans « Élévation », le poète est seul responsable de l'échec ou du succès de son effort pour atteindre l'idéal et déchiffrer les mystères du monde.

[Ouverture] L'ambition d'un tel projet justifie l'affirmation orgueilleuse de Baudelaire, alchimiste du verbe : « Tu m'as donné ta boue et j'en ai fait de l'or. »

ENTRETIEN

Question

L'examinateur pourrait débuter l'entretien par la question suivante.

▶ Quelles vous semblent être les fonctions de la poésie ?

- Il s'agit d'une question de cours.
- Il ne faut pas réciter votre cours mais montrer, au travers d'exemples personnels, que vous avez mené votre propre réflexion.

L'entretien pourra se poursuivre dans diverses directions, par exemple :

▶ Quelle définition donneriez-vous du poète ?

▶ Quel est votre poète préféré ? Justifiez votre réponse.

Pour réussir l'entretien : voir guide méthodologique.
La poésie : voir mémento des notions.

Pistes pour répondre à la question (à alimenter d'exemples personnels)

La poésie a plusieurs fonctions. Elle peut :

– **décrire** : le poète latin Horace définit la poésie comme une « peinture » [*exemples*] ;

– **traduire des sentiments** et des émotions (poésie lyrique) [*exemples*] ;

– **recréer le monde** en « dévoilant » les faces cachées, ou créer un monde nouveau [*exemples*] ;

– mettre en valeur et **défendre des idées politiques ou sociales** (poésie engagée) en les exprimant avec plus de force et d'intensité [*exemples*].

SUJET

40

Sujet d'oral n° 4

La question de l'homme

Savinien de Cyrano de Bergerac, *États et Empires du Soleil*

▸ En quoi ce discours fantaisiste peut-il être considéré comme un apologue ?

DOCUMENT **États et Empires du Soleil**

Cyrano de Bergerac raconte les aventures extraterrestres d'un homme, Dyrcona, et son voyage dans d'« autres mondes ». Sur le Soleil, il découvre une république gouvernée par des oiseaux civilisés qui le jugent en tant qu'homme, leur ennemi juré. Après avoir été défendu par une pie, le voilà accusé par une perdrix nommée Guillemette la Charnue qui, ayant été blessée par la balle d'un chasseur, demande réparation « à l'encontre du genre humain » devant un tribunal.

Plaidoyer fait au Parlement des oiseaux, les Chambres assemblées, contre un animal accusé d'être homme.

« Examinons donc, messieurs, les difficultés de ce procès avec toute la contention[1] de laquelle nos divins esprits sont capables.

Le nœud de l'affaire consiste à savoir si cet animal est homme et puis, en cas que nous avérions qu'il le soit, si pour cela il mérite la mort.

Pour moi, je ne fais point de difficultés qu'il ne le soit, premièrement, par un sentiment d'horreur dont nous nous sommes tous sentis saisis à sa vue sans en pouvoir dire la cause ; secondement, en ce qu'il rit comme un fou ; troisièmement, en ce qu'il pleure comme un sot ; quatrièmement, en ce qu'il se mouche comme un vilain[2] ; cinquièmement, en ce qu'il est plumé comme un galeux[3] ; sixièmement, en ce qu'il a toujours une quantité de petits grès[4] carrés dans la bouche qu'il n'a pas l'esprit de cracher ni d'avaler ; septièmement, et pour conclusion, en ce qu'il lève en haut tous les matins ses yeux, son nez et son large bec, colle ses mains ouvertes la pointe au ciel plat contre plat, et n'en fait qu'une attachée, comme s'il s'ennuyait d'en avoir deux libres ; se casse les deux jambes par la moitié, en sorte qu'il

SUJETS D'ORAL

tombe sur ses gigots ; puis avec des paroles magiques qu'il bourdonne, j'ai pris garde que ses jambes rompues se rattachent, et qu'il se relève après aussi gai qu'auparavant[5]. Or, vous savez, messieurs, que de tous les animaux, il n'y a que l'homme seul dont l'âme soit assez noire pour s'adonner à la magie, et par conséquent celui-ci est homme. Il faut maintenant examiner si, pour être homme, il mérite la mort.

Je pense, messieurs, qu'on n'a jamais révoqué[6] en doute que toutes les créatures sont produites par notre commune mère, pour vivre en société. Or, si je prouve que l'homme semble n'être né que pour la rompre, ne prouverai-je pas qu'en allant contre la fin[7] de sa création, il mérite que la nature se repente de son ouvrage ?

La première et la plus fondamentale loi pour la manutention[8] d'une république, c'est l'égalité ; mais l'homme ne la saurait endurer éternellement : il se rue sur nous pour nous manger; il se fait accroire que nous n'avons été faits que pour lui ; il prend, pour argument de sa supériorité prétendue, la barbarie avec laquelle il nous massacre, et le peu de résistance qu'il trouve à forcer notre faiblesse, et ne veut pas cependant avouer à ses maîtres[9], les aigles, les condors, et les griffons[10], par qui les plus robustes d'entre eux sont surmontés.

Mais pourquoi cette grandeur et disposition de membres marquerait-elle diversité d'espèce, puisque entre eux-mêmes il se rencontre des nains et des géants ?

Encore est-ce un droit imaginaire que cet empire[11] dont ils se flattent ; ils sont au contraire si enclins à la servitude, que de peur de manquer à servir, ils se vendent les uns aux autres leur liberté. C'est ainsi que les jeunes sont esclaves des vieux, les pauvres des riches, les paysans des gentilshommes, les princes des monarques, et les monarques mêmes des lois qu'ils ont établies. Mais avec tout cela ces pauvres serfs[12] ont si peur de manquer de maîtres, que comme s'ils appréhendaient que la liberté ne leur vînt de quelque endroit non attendu, ils se forgent des dieux de toutes parts, dans l'eau, dans l'air, dans le feu, sous la terre.

Savinien de Cyrano de Bergerac, *États et Empires du Soleil*, 1662.

---

1. Contention : effort, application. 2. Vilain : paysan. 3. Galeux : atteint de la gale, maladie infectieuse de la peau. 4. Grès : cailloux ; Guillemette fait ici allusion aux dents (les perdrix, elles, n'ont pas de dents). 5. Guillemette décrit ici le rite et les gestes de la prière. 6. Révoqué en doute : mis en doute. 7. La fin : le but, l'objectif. 8. Manutention : maintien. 9. Avouer à ses maîtres : reconnaître pour maîtres. 10. Griffon : animal fantastique de la mythologie, sorte de lion avec des ailes, des griffes et une tête d'aigle. 11. Empire : pouvoir. 12. Serfs : au Moyen-âge, personnes qui dépendaient d'un seigneur ; ici : esclaves.

PISTES POUR L'ORAL

PRÉPARATION

▶ Tenir compte de la question

• Les mots clés sont : « fantaisiste », « apologue ».

• « peut-il être considéré » suggère que le texte n'est pas un vrai apologue (en effet il ne comporte pas de récit proprement dit), mais qu'il fonctionne *comme* un apologue, c'est-à-dire qu'il comporte un premier niveau de lecture et, au-delà, une portée argumentative, une « leçon » qu'il vise à « plaire » et à « instruire ». Vous devez analyser ces deux aspects du texte.

• « discours » suggère d'analyser précisément la forme du texte.

• Utilisez dans l'intitulé de vos axes les mots clés de la question.

▶ Trouver les idées directrices

Composez aussi la « définition » du texte.

Discours plaidoyer/réquisitoire (*genre*) baroque (*mouvement*) qui décrit (*type de texte*) les humains et leurs pratiques (*thème*), qui argumente (*type de texte*) sur l'homme (*thème*), humoristique, parodique, satirique, polémique (*registres*), structuré, vivant, imagé, pittoresque, critique, libertin (*adjectifs*) pour faire la satire et la critique de l'homme (*buts*).

▶ Première piste : le pittoresque et la *fantaisie* d'une parodie de *discours*

• Montrez la singularité de la forme du texte : dialogue ? théâtre ? récit ? essai ?

• Identifiez ses registres.

• Analysez le pittoresque des personnages et leurs relations.

▶ Deuxième piste : un *apologue* ? Un réquisitoire satirique et une vision critique de l'homme

• Montrez qu'il s'agit d'abord d'une mise en scène. Quel en est le rythme ?

• Quelles sont les cibles de cette mise en scène ? Quelle est la teneur de cette satire par les gestes ?

Pour bien réussir l'oral : voir guide méthodologique.
La question de l'homme : voir mémento des notions.

SUJETS D'ORAL

PRÉSENTATION (PLAN DÉTAILLÉ)

Introduction

[Amorce] Au XVIIe siècle, l'apologue est surtout représenté par les fables remises au goût du jour par La Fontaine pour traiter des questions humaines, rôle didactique joué aussi par le théâtre. Savinien Cyrano de Bergerac qui s'inscrit dans le mouvement libertin, matérialiste et contestataire de l'époque choisit de remettre en cause la société humaine et d'exposer sa vision de l'homme d'une autre manière.

[Présentation du texte] Plein de fantaisie, Cyrano raconte à la première personne dans deux romans, les *États et Empires de la Lune et du Soleil* (1657-1662), les aventures extraterrestres d'un homme, Dyrcona, et son voyage, grâce à une machine qu'il a inventée, dans d'« autres mondes ». Sur le Soleil, il découvre une république gouvernée par des oiseaux civilisés qui le jugent en tant qu'homme, leur ennemi juré. Après avoir été défendu par une pie, il est mis en accusation par une perdrix.

[Annonce des axes] Dans cet étrange réquisitoire d'un volatile à l'éloquence brillante qui parodie les discours juridiques humains, Cyrano mêle burlesque et fantaisie [I]. Mais s'agit-il d'une simple fantaisie destinée à divertir le lecteur ? À travers le regard de Guillemette et la création d'un monde inversé, le propos prend une portée satirique et suggère une réflexion très critique sur la société humaine, la religion, l'homme et la comédie universelle [II]. En ce sens, le texte fonctionne comme un véritable apologue.

I. Le pittoresque et la fantaisie d'une parodie de discours

1. L'imitation : le discours de Guillemette, une « avocate » brillante

• La structure : le discours suit une construction rigoureuse, avec un vrai fil conducteur.

• Rigueur dans l'exposé de la problématique et la progression, avec une annonce du plan et la définition du « problème » (« le nœud de l'affaire »), repris point par point. 1re problématique : « si cet animal est un homme » ; 2e problématique : « s'il mérite la mort ». Des connecteurs logiques articulent les différents arguments (« donc, premièrement, secondement, septièmement, et pour conclusion » ; « or » [plusieurs fois] ; « [il faut] maintenant ; mais ; puisque ; au contraire ; c'est ainsi que »).

• La démarche juridique. Ces connecteurs marquent la recherche des causes (« en ce que, mais pourquoi ») et des conséquences (« en sorte que, assez… pour…, si … que »).

• Guillemette a le souci de l'« examen » nécessaire à toute enquête (« examinons/examiner »), de la description des faits (« j'ai pris garde que ») et celui de la preuve (« si je prouve/Ne prouverai-je pas »).

• Les faits d'écriture et la langue juridique. Le discours est émaillé du vocabulaire juridique (« procès, [assemblées] = Chambres), affaire, avérions qu'il le soit, mérite [plusieurs fois], prouve/prouverai, loi »). Guillemette a le souci d'impliquer son auditoire (« or vous savez », et formule d'adresse : « messieurs »), mais en bonne oratrice, elle a soin de s'impliquer aussi (« je pense que, pour moi »). Enfin, elle recourt aux procédés du discours public : répétitions anaphoriques (« en ce que, en ce que ») et questions rhétoriques qui donnent un rythme ample, vérités générales (« *toutes* les créatures *sont créées* par notre *commune* mère »).

Conseil
Vous devez chercher et connaître le sens précis de tous les mots du texte (qui peuvent avoir un sens différent de nos jours) : l'examinateur peut en effet vous demander d'expliquer certains d'entre eux.

2. L'exagération, l'humour : Guillemette reste une perdrix…

• Le cadre, les circonstances, ce monde à l'envers, tout cela fait sourire : tout un monde animal est recréé (« perdrix, aigles, condors, griffons »).

• L'oratrice elle-même est amusante par son identité animale. C'est une avocate, mais aussi une perdrix, d'où ses références et ses repères : elle applique à l'homme le vocabulaire des oiseaux (mention des plumes : « plumé comme un galeux » ; de l'absence de dents que, ignorante des réalités humaines, elle appelle les « grès » ; « large bec » pour la bouche ; « gigots » pour les jambes…). Son nom, avec le suffixe diminutif *ette*, est amusant. Son langage est plein de verve et de vivacité : elle multiplie les comparaisons (« comme un fou, comme un sot, comme un vilain »). Enfin, sa personnalité la rend pittoresque : elle a un regard naïf et décapant pour parler des dents ou de la prière chez les humains.

• Les croquis qu'elle brosse créent de petites saynètes qui mêlent réalisme et caricature de l'être humain (qui pleure et rit, qui s'adonne à des pratiques curieuses et apparemment irraisonnées, comme la prière).

II. Un apologue ? Un réquisitoire satirique et une vision critique de l'homme

Mais il faut savoir lire entre les lignes : cette fantaisie est l'occasion pour Cyrano, à travers le regard de l'autre et la vision inversée, de faire le « procès des hommes ». Plus que d'un « plaidoyer », il s'agit bien d'un réquisitoire.

1. Les petits défauts de l'homme : la satire amusée

• Son aspect physique est plutôt repoussant : sa seule vue inspire « un sentiment d'horreur », il est « plumé comme un galeux ».

• Il a un caractère excessif qui passe sans crier gare d'un extrême à l'autre, sans nuances ni raison (« pleure/rit »).

• Dans la vie sociale, il fait preuve de rustrerie et manque de savoir-vivre, comme en témoigne la mention de réalités triviales (« se moucher, galeux »).

• Il manque totalement de bon sens, puisque, contrairement à toute logique (animale…), il ne crache pas ses dents (les perdrix n'ont pas de dents).

• Enfin, il s'adonne à des pratiques ridicules ou obscures (la prière, « par magie »).

2. Des griefs plus profonds : la supériorité de l'homme mise en question

• L'homme est présenté comme un être antinaturel, donc une offense aux « dieux » (au contraire des « divins esprits » que sont les membres du tribunal des oiseaux) : c'est une « erreur de la nature », une offense à la « commune mère » (Cyrano est matérialiste) ; il « rompt » l'harmonie de la nature, va « contre la fin de sa création ».

• Il exerce sa « barbarie » envers la nature mais aussi envers les autres êtres (vocabulaire de la violence : « horreur, âme noire ; se rue sur nous ; massacre »).

• Il fait aussi preuve de lâcheté (il s'attaque aux plus faibles : « forcer notre faiblesse » et craint les « plus robustes »), de mauvaise foi (« il fait accroire »), d'usurpation et d'outrecuidance (« prétendue »/« droit imaginaire » ; « ils se flattent »).

• L'homme est un être asocial, incapable de « vivre en société » (« rompre/égalité »)

• Le discours aboutit à une remise en cause de la « supériorité » de l'homme. La perspective s'est inversée : ne serait-ce pas lui l'animal ?

3. Un réel réquisitoire à portée sociale et politique

• À la fin du réquisitoire, le monde des oiseaux semble oublié. La fin du texte ne comporte plus de références au monde animal. On s'éloigne de l'argumentation indirecte habituelle de l'apologue pour verser dans l'argumentation directe : il semble que ce soit Cyrano qui parle et non plus Guillemette ; d'implicite, la « leçon » devient presque explicite. Cette progression et ce glissement étaient annoncés dans les paragraphes précédents par les mots « société, république, égalité », purement humains et touchant aux domaines social et politique. Quelle en est la teneur ?

• Dans la société humaine règnent inégalité et injustice à l'encontre même de la « race » des hommes (« les uns aux autres »). L'inégalité est suggérée par le vocabulaire de la servitude (« servitude/servir/vendre leur liberté/esclaves/serfs ») en contrepoint de la maîtrise (« maîtres ») et par la métaphore très parlante, en antithèse, de « nains/géants ».

• L'incohérence et l'illusion dans lesquelles vivent les humains sont marquées par l'expression « au contraire ». Les hommes s'abusent eux-mêmes, croient être supérieurs, mais font leur propre malheur, comme le souligne la voix pronominale réciproque (« ils se vendent les uns aux autres ») ou réfléchie (« ils se forgent »).

• La syntaxe en cascades, qui rebondit de membre de phrase en membre de phrase, tous au pluriel et en forte antithèse (« jeunes/vieux [âge], pauvres/riches [fortune], paysans/gentilshommes [statut et rang social], princes/monarques [hiérarchie politique], monarques/lois [justice] »), crée l'impression d'une chaîne inéluctable, impossible à rompre et universelle (tous les domaines sont mentionnés).

4. La remise en cause de la religion

• Sur un ton cette fois sérieux, l'auteur met en relief l'absurdité du comportement existentiel de l'homme et de sa faiblesse : l'homme a peur (« de peur de/appréhendaient ») de sa condition et de la « liberté » et fait là encore preuve de cette lâcheté que les libertins méprisaient.

• En scientifique matérialiste, Cyrano suggère que Dieu n'est qu'une invention. Le pluriel « des dieux de toutes parts » renvoie au polythéisme de l'Antiquité : les hommes au XVIIe siècle, selon Cyrano-Guillemette, retournent aux inventions superstitieuses de temps révolus, marque d'une régression de l'esprit humain. Propos très graves en ces temps de chrétienté.

• À ces êtres superstitieux qu'il méprise (« *ces* pauvres *serfs* »), Cyrano libertin et physicien oppose les termes « techniques » des éléments naturels (« l'eau, l'air, le feu, la terre » – Cyrano matérialiste), explicables et scientifiquement maîtrisables, compréhensibles.

Conclusion

[Synthèse] Le procédé du monde inversé et de la fantaisie animale n'est pas totalement nouveau (au Ve siècle avant J.-C. le Grec Aristophane écrit la comédie *Les Oiseaux*), mais Cyrano lui donne une vivacité et une efficacité dont les philosophes du siècle des Lumières s'inspireront largement dans leurs romans et leurs contes philosophiques. Dans ce discours parodique aux allures d'apologue, les notions fondamentales du XVIIIe siècle (liberté, égalité, fraternité), les luttes contre l'obscurantisme sont déjà abordées, la perspective critique et expérimentale déjà exploitée.

[Ouverture] Plus d'un siècle plus tard, Voltaire dans *Le Chapon et la Poularde* se souvient sans doute du discours de Guillemette. Cyrano, précurseur de la science-fiction, n'aurait pas renié un film comme *Chicken Run*, des Anglais Nick Park et Peter Lord (2000), qui mettent en scène la révolte des poules contre les hommes au sein d'un poulailler.

ENTRETIEN

Question

L'examinateur pourrait débuter l'entretien par la question suivante.

▸ Qu'entend-on par « question de l'homme » ?

La réponse à la question doit refléter la réflexion que vous avez menée sur cet objet d'étude : elle reprend donc en partie votre cours. Mais vous ne devez pas le réciter : vous devez rendre sensible votre propre interprétation et donner des exemples personnels.

Pour réussir l'entretien : voir guide méthodologique.

La question de l'homme : voir mémento des notions.

Pistes pour répondre à la question

La « question de l'homme » est très vaste ; elle implique des interrogations sur :

– la nature humaine : est-elle unique ou multiple ? Qui est « moi » ? Qui est « l'autre » ? Quels sont nos rapports avec autrui ? Qu'est-ce que le pouvoir ?

– les « composantes » d'un être humain : le corps, l'être affectif, l'esprit, la conscience ;

– l'idéal de vie : qu'est-ce que le bonheur ? Quelles règles morales faut-il suivre ?

– la destinée humaine : y a-t-il une fatalité ? L'homme est-il libre ? Ou encore : la vie humaine est-elle absurde ?

IV. La boîte à outils

Mémento des notions

1. Notions générales

AUTOUR DU DISCOURS

La situation d'énonciation

• La situation d'énonciation est une situation dans laquelle des interlocuteurs produisent un message oral ou écrit par le langage.

Pour bien définir et comprendre une situation d'énonciation, il faut repérer :
– des indices de la présence de **celui qui parle** (qui il est, ce qu'il pense) ;
– des indices de la présence de **celui à qui on parle** (qui il est) ;
– des indices sur le **lieu** et le **temps** où a été prononcé ou écrit le texte.

Objectivité et subjectivité

• Quand les émotions ou les sentiments du locuteur (ou du narrateur) n'apparaissent pas dans un texte, on parle d'objectivité du texte.

• Quand le locuteur ou le narrateur exprime ses émotions, ses sentiments ou ceux d'un personnage, on parle de subjectivité du texte.

Les modalisateurs

• Les modalisateurs sont des tournures qui expriment le degré de certitude, de vérité ou de fausseté accordé à l'énoncé par celui qui écrit. Il peut s'agir :
– d'adverbes ou de locutions adverbiales : *à coup sûr, certainement, sans aucun doute, peut-être, vraisemblablement…* ;
– de verbes ou d'expressions : *être sûr, être certain, croire, penser…* ;
– d'expressions comme : *c'était comme, avoir un air de, paraître, sembler, il se peut que…, il est évident que…* ;
– de certains modes verbaux : *il y aurait…*

• Ils peuvent servir à exprimer une perception, une opinion, ou encore à rendre crédibles des éléments fantastiques. Ils peuvent équivaloir à une comparaison ou à une métaphore, par analogie.

L'explicite et l'implicite

• Explicite : ce qui est clairement dit, précisément expliqué, sans sous-entendu.

• Implicite : ce qui n'est pas formellement exprimé dans l'énoncé, ce qui est sous-entendu. Il faut supposer ou déduire. Pour qu'un énoncé implicite puisse être compris, que le lecteur puisse déduire les idées sous-entendues, il doit comporter des indices.

Les genres littéraires

Les principaux genres littéraires sont divisés en « **sous-genres** ».

- Le roman : d'amour, d'apprentissage, d'aventures, historique, policier…
- La nouvelle : réaliste, fantastique, de science-fiction…
- L'apologue : la fable, l'utopie, le conte…
- Le théâtre : la comédie, la tragédie, le drame…
- La poésie : familière, épique, philosophique…
- Les genres biographiques : biographie, autobiographie, mémoires, journal…
- L'épistolaire : lettre intime, lettre ouverte, lettre fictive, roman épistolaire…
- L'essai : littéraire, scientifique, politique… ; le discours, le pamphlet…
- Les genres documentaires : enquête, interview, reportage…

La lettre

- La lettre, message écrit envoyé par un expéditeur à un destinataire (en général éloignés dans le temps et l'espace), a ses règles et ses éléments obligés :
  – des **caractéristiques formelles** (de langue) : nom, prénom, adresse de l'expéditeur ; en haut à droite : indication du lieu (d'où est envoyée la lettre), date (à laquelle elle est écrite) ; formule d'appel qui indique le destinataire ; texte (ou corps) de la lettre ; formule finale ; signature de l'expéditeur ;
  – de nombreux **indices de la situation d'énonciation** : 1re et 2e personnes (du singulier, si les correspondants sont des intimes), ton proche de l'oral et du dialogue (interrogations, exclamations, langage courant, syntaxe libre…), références au lieu et au temps de l'écriture.
- Les **buts** de la lettre sont divers : donner (ou demander) des informations, remercier ou présenter une requête, se confier…
- La lettre ouverte est une lettre (plus ou moins longue, parfois un livre) adressée à une ou plusieurs personnes, et destinée à être **publiée et lue par un large public**.

Les lettres ouvertes sont plus des « lettres *sur…* » que des « lettres *à…* ». Elles instaurent un débat. Elles se prêtent bien aux prises de position polémiques et peuvent adopter divers registres.

Les types de textes

On définit la forme de discours d'un texte selon l'intention de celui qui parle ou écrit. On distingue **six formes principales** de discours ou types de textes.

• Le texte narratif : un narrateur ; des personnages ; une histoire avec des péripéties situées dans le temps ; un point de vue.

• Le texte descriptif : des éléments caractérisant un lieu, un objet ou un personnage ; des repères spatiaux ; un point de vue.

• Le texte informatif : des faits bruts ; pas de point de vue (objectivité).

• Le texte explicatif : des informations qui permettent d'expliquer un phénomène ; des connecteurs logiques ; l'objectivité.

• Le texte argumentatif : une thèse soutenue à l'aide d'arguments et d'exemples ; des connecteurs logiques ; la présence et l'engagement de celui qui parle (subjectivité).

• Le texte injonctif : des conseils, des consignes ou des ordres…

Les registres

Le registre d'un texte se définit par l'effet qu'il produit sur le lecteur : rire, tristesse, peur, pitié… Identifier le registre d'un texte, c'est mieux le définir en donnant son avis de lecteur. On distingue **sept registres principaux** : tragique, pathétique, épique, lyrique, élégiaque, polémique, comique.

• Registre tragique : il se caractérise par la mise en scène de débats déchirants, l'**expression de la fatalité** qui pèse sur l'homme. La fatalité peut prendre plusieurs formes : malédiction des dieux ou des hommes (Œdipe, Antigone), prédestination divine qui décide des élus et des damnés, déterminisme naturel, fatalité historique (événements qui s'enchaînent sans intervention humaine possible), fatalité sociale (contraintes imposées par le groupe à l'individu), fatalité des passions qui anéantissent la volonté ; fatalité intérieure (sentiment du devoir, d'une force qui nous pousse, tel que l'inconscient…).

Les **marques du tragique** sont : les interrogations angoissées ; les antithèses (qui expriment l'absurdité de la condition humaine ou la nécessité d'un choix, un dilemme…) ; les hyperboles, les exclamations, les interjections (signes d'émotion intense et d'angoisse existentielle) ; le vocabulaire du destin, de l'impuissance, de la mort, du néant…

• Registre pathétique (du grec *pathos*, « souffrance ») : il se caractérise par l'**expression de la souffrance**, de la tristesse, de la douleur. Il vise à provoquer la pitié du lecteur.

Les **marques du pathétique** sont : les hyperboles, les exclamations, les interjections, le lexique de l'affectivité, de la douleur et de la souffrance.

• Registre épique : il apparaît dans des récits d'**actions héroïques**. Il a recours à l'amplification et à la simplification, au merveilleux, au symbolique.

Les **marques du registre épique** sont : les hyperboles ; le vocabulaire du combat, du surnaturel ; la personnification de réalités inanimées ; les effets de gradation.

• **Registre lyrique** : il se caractérise par l'**expression**, parfois exaltée, **des sentiments**, des émotions.

Les **marques du lyrisme** sont : la première personne, les anaphores, les exclamations ; le vocabulaire des sentiments, du bonheur/malheur ; l'évocation des grands thèmes humains : nature, amour, mort...

• **Registre élégiaque** : l'élégie (du grec *elegos*, « deuil ») est un poème lyrique qui exprime des sentiments de tristesse, de mélancolie, souvent liés à la fuite du temps, à un amour malheureux ou à un deuil. Le registre élégiaque est caractérisé par un **ton plaintif et mélancolique**, une méditation intérieure.

Les **marques du registre élégiaque** sont : la forte présence des 1re et 2e personnes du singulier ; les rythmes doux ; le vocabulaire affectif ; les images, souvent liées à la nature.

• **Registre polémique** : *polémique* vient du grec *polemos* (« guerre ») ; ce registre implique donc l'**idée d'attaque** (des idées adverses).

Les **marques du registre polémique** sont : l'implication de celui qui écrit et de son destinataire ; les exagérations, les dénégations, l'ironie ; un lexique violent, dévalorisant ; les images péjoratives.

• **Registre comique** : ce registre déclenche le **rire**. Voir ci-dessous.

Le comique

▶ Procédés du comique

– La **déformation** : caricature physique ou psychologique d'un personnage ; exagération d'une situation.
– La **répétition** : Bergson parle de la répétition comme « du mécanique plaqué sur du vivant » (les hommes réagissent comme des machines). Il peut s'agir de mots, de phrases ou de situations.
– Les **effets de décalage** : par exemple entre la situation et le langage (dans une situation officielle, un personnage emploie un langage très familier...).

▶ Supports du comique

– La **situation** : répétition d'une même situation, renversement de situation (l'arroseur arrosé), quiproquo (ou malentendu, dialogue de sourds)...
– Les **gestes** : gestes répétés ou symétriques, grimaces et mimiques, chutes, coups de bâton, acrobaties...
– Les **personnages/les caractères** : caricature et simplification.
– Les **mots** : déformation phonétique, jeu sur le sens propre et le sens figuré, inversion de mots, calembour (confusion sur les sons), mots inappropriés.

▶ **Formes du comique**

– La **caricature** : présentation négative d'une personne, d'un groupe de personnes ou d'une idée, qui en exagère les traits caractéristiques.

La caricature, qui crée le comique ou l'humour, parfois le burlesque, répond le plus souvent à un **but satirique et critique**. Elle a donc une valeur argumentative. Elle peut se présenter sous forme graphique (caricatures dans la presse, notamment politiques).

– La **satire** : critique moqueuse de la société ou d'un personnage.

– La **parodie** : imitation comique (par exagération) d'une œuvre.

– Le **burlesque** : traitement de sujets sérieux en termes grossiers, ou l'inverse (on parle alors de tonalité héroï-comique).

– L'**humour** : capacité à prendre ses distances par rapport à une réalité angoissante. L'humour peut jouer sur le décalage entre le fond et la forme, entre le ton et le contenu. Moins fort que l'ironie, il ne blesse pas.

– L'**humour noir** : il mêle fantaisie et tragique, là où on ne l'attendrait pas.

– L'**ironie** : procédé consistant à dire le contraire de ce qu'on pense (exemple : *Travailler jour et nuit, quelle joie !* signifie : « Je déteste travailler tout le temps ! »). L'ironie sert à critiquer des personnes ou des idées, à les dénoncer en en soulignant l'absurdité.

Les **principaux procédés de l'ironie** sont l'antiphrase, la litote, la périphrase, la juxtaposition de propositions contradictoires, la fausse naïveté ou le faux compliment.

Les niveaux de langue

Il existe plusieurs façons d'exprimer une même idée, qui varient selon les circonstances, selon la personne qui parle ou la personne à qui l'on parle. Ces diverses façons s'appellent les niveaux de langue.

- Les trois niveaux de langue : **familier** *(Qu'est-ce t'as bouffé ?)* ; **courant** ou **neutre** *(Qu'est-ce que tu as mangé ?)* ; **soutenu** *(Qu'avez-vous pris pour le déjeuner ?)*.

- Comment repérer un niveau de langue ? On repère un niveau de langue par la prononciation, le vocabulaire et la grammaire (forme des mots et des phrases).

AUTOUR DE LA PHRASE ET DU MOT

La phrase

- La phrase complexe comprend plusieurs verbes noyaux, donc plusieurs propositions (indépendantes ou liées par subordination), par opposition à la phrase simple.

• La phrase composée comporte deux indépendantes (ou plus) coordonnées ou juxtaposées.

• La phrase elliptique se caractérise par l'absence de verbe ou de sujet.

• La phrase nominale est construite autour d'un nom, par opposition à la phrase verbale.

Les types de phrases

Le type d'une phrase dépend de l'intention du locuteur. On distingue :

• le type déclaratif : le locuteur énonce un fait, donne une information ;

• le type interrogatif : le locuteur pose une question ;

• le type injonctif : le locuteur donne un ordre ou un conseil ;

• le type exclamatif : le locuteur exprime une émotion vive.

Les valeurs du présent

• Le présent d'énonciation : il se réfère au moment où le locuteur (ou le narrateur) parle ; il fait donc partie de la situation d'énonciation. Il permet, dans le récit au passé :
– de mesurer le temps qui s'est écoulé entre les événements et le moment où le narrateur les raconte ;
– d'introduire une réflexion du narrateur au moment même où il est en train de parler ou d'écrire. C'est pour cela qu'il est fréquent dans l'autobiographie (= récit de sa propre vie).
Exemple : *J'étais jeune quand je pris le commandement de ce régiment. Maintenant je suis vieux et je n'ai plus ma force d'autrefois.*

• Le présent de narration, temps de base du récit au passé, sert à raconter et à mettre en relief des événements importants.

Il peut être employé tout au long du récit pour raconter tous les événements. Il est coupé de la situation d'énonciation, du présent de celui qui parle.

S'il s'agit du récit d'événements historiques, on parle de **présent historique**. Le présent de narration donne une impression d'actualité, introduit de la vivacité dans le récit, crée un effet de direct, « comme si on y était ».

• Le présent de vérité générale sert à exprimer une idée qui est toujours vraie, quels que soient l'époque et le lieu (son sujet est alors souvent : *on, l'homme, les hommes*). Exemple : « L'homme est un loup pour l'homme. »

• Le présent dans le langage parlé sert aussi à exprimer :
– un **passé récent**. Exemple : *Tu peux voir ton père : il rentre juste* ;
– un **futur proche**. Exemple : *Le train arrive dans une heure*.

Dans l'autobiographie, il est parfois difficile de distinguer si le présent renvoie au passé ou au présent, parce qu'il y a un brouillage et une combinaison du présent de narration et du présent de l'écriture – celui de l'auteur.

Le champ lexical

Ensemble de mots formant un réseau dans le texte ; ces mots renvoient à des réalités ou à des idées évoquant le même thème.

Par exemple, appartiennent au champ lexical de la médecine les mots : *maladie, médecin, soigner, piqûre, médicaments...*

Les mots mélioratifs/péjoratifs

• Un mot mélioratif est un mot élogieux, valorisant, qui donne une idée positive de quelqu'un ou de quelque chose. Exemple : *Cet élève est un génie.*

• Un mot péjoratif est un mot dévalorisant, qui donne une idée négative de quelqu'un ou de quelque chose. Exemple : *Ce commerçant est un truand.* Certains suffixes, tels *-âtre, -ard, -asse, -ailler*, etc., donnent à un mot une nuance péjorative.

RHÉTORIQUE ET FIGURES DE STYLE

La rhétorique est l'art de bien parler. Ses procédés sont multiples. On distingue en particulier différentes « figures de style ».

Les figures de style par analogie

• La comparaison rapproche un élément (le comparé) d'un autre élément (le comparant) à partir d'un élément qui leur est commun, **grâce à un mot outil** de comparaison *(comme, tel...)* : « des parfums frais *comme* des chairs d'enfants » (Baudelaire).

• La métaphore rapproche un élément (le comparé) d'un autre élément (le comparant) pour souligner leur ressemblance, mais **sans mot** outil de comparaison : « la morsure aiguë du temps » (Boris Vian). Une **métaphore filée** se prolonge sur plusieurs phrases. Une métaphore usuelle et courante s'appelle un **cliché** : « Les yeux sont le miroir de l'âme. »

• La personnification consiste à représenter une chose ou un animal sous les traits d'une personne : « la mort, faucheuse impitoyable ».

• L'animalisation consiste à représenter une personne ou une chose sous les traits d'un animal : « C'était [...] la bête qui fonçait tête basse et muette » (à propos de la Lison, la locomotive de *La Bête humaine* de d'Émile Zola).

• L'**allégorie** consiste à représenter de façon imagée, souvent concrète, une idée, rendue alors moins abstraite : « L'amour est un oiseau rebelle », « l'impitoyable faucheuse » (la mort).

Les figures de style par substitution

• La **métonymie** désigne une réalité (objet, sentiment...) par l'une de ses caractéristiques ou par un terme ayant un rapport logique avec cette réalité : *les cordes* (pour les violons), *boire un verre* (boire son contenu...).

• La **périphrase** consiste à remplacer un mot par un groupe de mots de sens équivalent : *les habitants de Paris* (pour les Parisiens).

Les figures de style par opposition

• L'**antithèse** oppose symétriquement deux mots ou deux groupes de mots que l'on rapproche pour mieux en faire ressortir le contraste : « Je cherche la *vertu*, et ne trouve que *vice* » (Du Bellay).

• L'**oxymore** : alliance de deux mots de sens opposés : « cette obscure clarté » (Corneille).

• Le **paradoxe** : affirmation qui va volontairement à l'encontre de l'opinion courante et de la logique : *La lenteur permet de gagner du temps.*

• L'**antiphrase** consiste à exprimer une idée par son contraire : *C'est du joli !*

Les figures de style par amplification ou par atténuation

• L'**anaphore** : répétition d'un même mot, d'un même groupe de mots, d'une même construction au début de phrases ou de propositions qui se succèdent *(Il y a..., il y a..., il y a...).*

• La **gradation** : progression croissante ou décroissante par degrés successifs, dans une suite de mots ou d'expressions : « Va, cours, vole... » (Corneille).

• L'**hyperbole** : exagération pour mettre en valeur la réalité dont on parle : « Je souffre mille maux. »

• La **litote** : figure d'atténuation de la pensée, elle consiste à dire le moins pour faire comprendre le plus : « Va, je ne te hais point » (Corneille).

Les figures de style par construction

• La **juxtaposition** : fait de mettre côte à côte deux groupes de mots (souvent des propositions) sans mot de liaison (remplacé par un point ou une virgule).

• L'**asyndète** : absence ou suppression de liaison (conjonction, connecteur logique ou temporel) entre deux groupes de mots étroitement liés par le sens *(tu as menti, tu seras puni).*

La question rhétorique

C'est une **fausse question** qui n'attend pas de réponse et qui équivaut à une phrase déclarative, car elle contient implicitement la réponse. Elle permet de solliciter davantage l'attention et d'emporter – par force – l'adhésion de l'auditeur. Exemple : *Tu me prends pour un idiot ?*

2. Écriture poétique et quête du sens

LA NOTION DE POÈTE ET DE POÉSIE

Le poète

C'est avant tout un artiste qui a une connaissance aiguë et profonde du monde et des hommes, et la capacité de **créer un nouvel univers** (*poiein*, en grec, signifie « créer ») à l'aide du langage.

L'essence de la poésie

• Un texte poétique n'est pas forcément un texte en vers. On peut voir la poésie comme :
– une **façon différente**, peu habituelle, **de voir le monde** et de réagir face à lui, qui en révèle à l'homme ordinaire les aspects cachés ou insoupçonnés ;
– une **façon originale de s'exprimer** : est poétique ce qui est dit de façon inhabituelle, aussi bien du point de vue du vocabulaire, de la syntaxe, que des procédés de style (comparaisons, métaphores, rythme…).

• On peut dégager certains **thèmes** qui sont récurrents dans la poésie et que l'on qualifie de poétiques. Par exemple : les sentiments et les émotions, le bonheur et le malheur ; la nature, la beauté.

• Pour définir la poésie, penser à l'anecdote racontée par l'essayiste Roger Caillois : sur la pancarte d'un mendiant aveugle, à la place de « Aveugle de naissance » un passant avait écrit : « Le printemps va venir, je ne le verrai pas. » Pour Caillois, ce passant est un poète (suggestion de tableaux, images, effets de contraste, lyrisme du « je »… font de sa pancarte modifiée un « écart » par rapport au langage ordinaire).

Les fonctions de la poésie

Les poètes ont assigné différentes fonctions à la poésie :
– **décrire** : le poète latin Horace définit la poésie comme une « peinture » ;
– **traduire** les sentiments et les émotions (poésie lyrique) ;
– **recréer** le monde, en en « dévoilant » les faces cachées (le poète est un « voyant ») ;

– mettre en valeur des idées, qui sont exprimées avec plus de force et d'intensité que par la prose ;
– défendre des idées politiques ou sociales : c'est la poésie engagée.

D'une façon générale, deux tendances majeures s'opposent, celle de l'art pour l'art et celle de la poésie engagée.

LES TEXTES EN VERS

Le vers

• Un des procédés traditionnels de mise en page de la poésie est le vers. Il existe plusieurs sortes de vers, déterminés par le nombre de syllabes.

	Nom du vers	Nombre syllabes	Usage/Effets produits
VERS PAIRS	Alexandrin	12	Amplitude et solennité. Régulier et équilibré chez les classiques, disloqué chez les romantiques
VERS PAIRS	Décasyllabe	10	Le plus ancien des vers réguliers (chanson de geste, épopée…)
VERS PAIRS	Octosyllabe	8	Le plus utilisé (souvent mis en musique)
VERS PAIRS	Hexasyllabe	6	
VERS IMPAIRS	Hendécasyllabe	11	Irrégularité et déséquilibre
VERS IMPAIRS	Ennéasyllabe	9	Peu utilisé Impression de décasyllabe inachevé, effet de suspense
VERS IMPAIRS	Heptasyllabe	7	Impression de rythme sautillant, effet de suspense
VERS IMPAIRS	Vers de cinq syllabes	5	

• Le poème en vers libres fait alterner différents types de mètres au gré des intentions du poète et des effets qu'il veut créer.

La strophe

Les vers se combinent en strophes (groupes de vers séparés par un blanc horizontal). Les strophes prennent un nom différent selon le nombre de vers qui les constituent : le **distique** (2 vers), le **tercet** (3 vers), le **quatrain** (4 vers), le **quintil** (5 vers), le **sizain** (6 vers), le **septain** (7 vers)…

Le sonnet

Le sonnet est un poème régulier dont les caractéristiques techniques sont les suivantes : **deux quatrains** et **deux tercets** composés d'**alexandrins** ; deux sons à la rime dans les quatrains (*abba abba*). Il est souvent construit autour d'une opposition ou d'un parallélisme entre quatrains et tercets, ou autour d'une opposition entre les treize premiers vers et le dernier (chute).

Les rimes et les sonorités

• Les rimes : selon leur fréquence, elles peuvent aussi créer un effet de rythme. Elles sont **plates** (ou suivies) si elles suivent le schéma *a-a(-a)/b-b(-b)* ; **croisées**, dans le schéma *a-b/a-b* ; **embrassées**, dans le schéma *a-b/b-a* ; **mêlées**, dans le schéma *a-a-b/c-c-b*. On appelle **rime intérieure** une sonorité qui se trouve à l'intérieur du vers et qui fait écho à la rime de la fin du vers ; elle crée un effet de régularité, de balancement.

• L'allitération (répétition d'un son consonantique) et l'assonance (répétition d'un son vocalique) ne sont pas « gratuites » : l'auteur, en répétant le son, veut produire une impression. Ainsi, l'allitération fameuse de Racine : « Pour qui sont ces serpents qui sifflent sur vos têtes ? » vise à reproduire le sifflement des reptiles. Quand on analyse des procédés sonores, il ne suffit donc pas de relever les sonorités répétées ; il faut aussi préciser l'effet que veut créer l'auteur ou l'impression ressentie à la lecture des vers :
– le *e* muet allonge la phrase ou le vers ;
– le *i* est une voyelle aiguë et stridente ;
– le son *ou* est sourd ;
– les sons *c* (= k), *g* (= gu) et *r* sont durs ;
– les sons *p* et *t* sont explosifs.

Le rythme

Le rythme s'étudie à partir de plusieurs paramètres.

• La longueur du vers (nombre de « pieds » ou de syllabes dites) : les **vers pairs** (alexandrin, décasyllabe, octosyllabe, hexasyllabe) donnent une impression d'**équilibre**, de **régularité** ; les **vers impairs** (hendécasyllabe, ennéasyllabe, heptasyllabe…) créent une impression d'**irrégularité**, de **déséquilibre**.

• Les coupes : elles peuvent séparer le vers en deux mesures égales (rythme binaire, source d'une impression de régularité) ou se trouver à des endroits variés du vers, créant un rythme croissant (mesures de plus en plus longues, qui donnent une impression de solennité) ou décroissant.

• L'enjambement : la phrase (unité syntaxique) dépasse la rime et déborde sur la première mesure ou jusqu'à la fin du vers suivant ; l'enjambement crée une impression de **lenteur**, d'**amplification**.

• Le rejet : un mot d'une phrase ou d'un groupe syntaxique est rejeté au début du vers suivant et provoque ainsi un effet de surprise.
Exemple : « Comment vous nommez-vous ? Il me dit : – Je me nomme
Le pauvre… » (« Le Mendiant », Victor Hugo).

LE POÈME EN PROSE

L'histoire du genre

• Né au XIXe siècle, le poème en prose a montré que la poésie ne s'écrit pas seulement en vers. On peut définir un poème en prose comme un texte qui, par ses thèmes, ses images, son rythme, ses jeux de sonorités, porte les marques de l'inspiration d'un poète et provoque une émotion particulière.

• Les principaux auteurs de poèmes en prose sont :
– au **XIXe siècle** : Aloysius Bertrand *(Gaspard de la nuit)*, Baudelaire *(Petits Poèmes en prose)*, Mallarmé, Lautréamont *(Les Chants de Maldoror)*, Rimbaud *(Illuminations, Une saison en enfer)* ;
– au **XXe** siècle : Francis Ponge *(Le Parti pris des choses)*.

Le rythme dans les textes en prose

• Dans la prose, le rythme est créé par :
– la longueur des phrases (brèves ou longues) ;
– les pauses marquées par la ponctuation, notamment les virgules ;
– la juxtaposition ou la liaison des phrases (la juxtaposition rend le rythme plus heurté, la liaison l'assouplit et le rend plus harmonieux) ;
– les groupes binaires ou ternaires.

• L'étude du rythme permet de faire ressortir différents effets :
– une amplification, une progression croissante ou décroissante, une chute ;
– des effets de balancement, de déséquilibre.

3. Le texte théâtral et sa représentation

LA REPRÉSENTATION THÉÂTRALE

Le mot « représentation » peut prendre plusieurs sens.

• Étymologiquement, *représenter* vient du latin *repraesentare*, qui signifie « rendre présent », c'est-à-dire « rendre sensible » un objet absent au moyen d'une image, d'un signe, d'un symbole. Cette étymologie rappelle le sens premier de « théâtre », terme formé sur le verbe grec *théamai*, qui signifie « regarder ». La pièce est avant tout un **spectacle à voir et à entendre**.

• *Représenter* signifie également « présenter à nouveau ». Le mot « représentation » rend compte du rapport qui s'établit entre le spectateur et le spectacle : **la mise en scène présente à nouveau** (re-présente) ce que le lecteur ou le metteur en scène a en tête lors de la lecture de la pièce. Par ailleurs, chaque mise en scène renouvelle le texte, « présente » à nouveau l'action.

LES SPÉCIFICITÉS DU THÉÂTRE

Un texte double

Le texte de l'œuvre théâtrale est double : l'un de ses états est destiné aux lecteurs, aux acteurs et aux metteurs en scène ; il comporte des éléments qui permettent d'interpréter « l'histoire », de s'imaginer tout ce qui entoure le texte qui sera dit sur scène. Dans l'autre état du texte, celui qui est représenté, certaines parties du texte écrit disparaissent (les didascalies).

Une œuvre collective et jamais terminée

La création théâtrale est une création collective et incarnée : le théâtre exige entre l'auteur et le destinataire (le public) des intermédiaires indispensables, les acteurs. La pièce de théâtre a donc plusieurs créateurs : l'auteur, mais aussi le metteur en scène et les acteurs. L'œuvre n'est jamais terminée : le texte demeure alors que la représentation le transforme à chaque interprétation.

LES CONVENTIONS AU THÉÂTRE

Parmi les conventions théâtrales, certaines relèvent de tout spectacle. Le spectateur décide de se déplacer et de recevoir l'œuvre collectivement. Il admet de ne plus exister (la salle est dans le noir, le public garde le silence) et de ne pas intervenir dans la représentation (il oublie donc son identité). Il décide d'y croire, tout en sachant que la pièce n'est qu'une fiction. Les applaudissements (ou les sifflets) marquent une rupture de cette convention : le spectateur reprend son identité, il juge l'acteur et non plus le personnage.

Les conventions liées à l'énonciation

• La double énonciation : au théâtre, le discours est marqué par une double énonciation. Le spectateur admet comme une convention que l'acteur/personnage parle aux autres acteurs/personnages sur la scène (dans le cadre de la fiction qui est représentée : **1re énonciation**). Mais, même si le public n'intervient pas dans le dialogue qui se déroule sur scène entre les personnages, les acteurs parlent aussi à l'intention du public (**2e énonciation**). Par ailleurs, l'auteur adresse un message au public.

• La rupture des conventions de la situation d'énonciation : une des conventions (éléments du code tacite entre les participants) du théâtre est qu'il n'y ait pas d'échange entre la salle et la scène. Parfois, cette convention est rompue :
– un personnage s'adresse directement au public (**aparté** et **monologue**) ;

– un personnage ne participe pas à l'action mais il la juge, de façon distanciée, et se situe à mi-chemin entre la fiction (la pièce) et le public. Ce rôle était dévolu au **chœur** dans les pièces antiques.

La scène d'exposition

• C'est le début d'une pièce de théâtre, où l'auteur fournit au spectateur les renseignements nécessaires à sa compréhension. La scène d'exposition répond en partie aux questions : *Qui ? Quoi ? Où ? Quand ? Comment ?*

• Elle est un exemple de la double énonciation au théâtre : en effet, en l'absence de narrateur, ce sont les personnages qui, dans les conversations qu'ils entretiennent sur scène, doivent convoyer l'information. D'où la difficulté pour l'auteur d'éviter le côté artificiel et conventionnel de cette situation : comment faire passer naturellement et habilement les renseignements ?

• La scène d'exposition obéit à deux impératifs apparemment contradictoires : elle doit éclairer et intriguer, donner et retenir l'information, la distiller. La difficulté réside dans ce dosage.

Le monologue, l'aparté, la tirade

• Le monologue est le discours prononcé par **un personnage** qui est seul ou se croit l'être. Au théâtre, l'une des conventions veut que les personnages sur scène ignorent le spectateur, laissé dans l'ombre, totalement séparé de la scène et de ce qui s'y passe. Le monologue rompt avec cette convention, car le personnage s'adresse au public. Dans tous les cas, les seuls auditeurs d'un monologue sont le public et parfois un personnage caché, ignoré du personnage qui monologue.

• L'aparté est une **brève réplique** qu'un personnage se dit **à lui-même**, en présence d'autres personnages, mais adressée aux seuls spectateurs. Il dévoile des sentiments secrets et crée une complicité entre le personnage et le public. Il est souvent source de comique.

• La tirade est une **longue réplique** qu'un personnage dit d'un trait à un autre personnage. La tirade ne rompt pas avec la convention de la situation d'énonciation propre au théâtre.

Les didascalies

• Les didascalies sont des indications scéniques qu'un auteur insère dans le texte théâtral pour préciser aux acteurs et au metteur en scène les différents déplacements, gestes, mouvements, mimiques, tons de voix à adopter lors de la représentation. En général écrites en italique, elles disparaissent du texte de la représentation et se transforment alors en **éléments du jeu**.

• Les didascalies sont une façon pour l'auteur de suggérer ou d'imposer des détails de mise en scène qui limitent la marge de liberté et l'inventivité du metteur en scène et des interprètes, l'originalité créatrice.

• Elles peuvent avoir pour fonction :
– de situer l'action dans un cadre géographique et historique ;
– de créer une atmosphère en suggérant de manière précise un décor ;
– de traduire concrètement les émotions et sentiments des personnages ;
– d'exprimer une signification symbolique (le poignard = la mort).

• Les didascalies sont plus ou moins abondantes selon les époques et les auteurs : **réduites** au minimum dans le **théâtre classique** du XVIIe siècle (Corneille, Racine), plus fournies dans le théâtre baroque (Théophile de Viau), elles sont **très fréquentes** dans le **drame romantique** (qui privilégie les intrigues historiques et multiplie les gestes théâtraux) ou dans le **mélodrame** et dans les **pièces modernes** (Beckett).

4. Le personnage de roman

LES COMPOSANTES DU ROMAN

Auteur, narrateur et personnage

• L'auteur (ou romancier) : la personne réelle qui a écrit le roman (Balzac, Zola, Malraux…).

• Le narrateur : celui qui raconte l'histoire, qui présente les faits et les personnages.

• Le personnage : la créature imaginaire du romancier. Bien qu'il puisse sembler réel, il n'existe que par l'imagination de l'auteur et du lecteur (Eugénie Grandet est une création de Balzac).

Mode de narration et statut du narrateur : qui raconte ?

Définir le statut du narrateur, c'est déterminer quelles sont l'identité et la position de celui qui raconte. Il existe plusieurs modes de narration : le narrateur peut être plus ou moins impliqué dans le récit.

• Il peut **se situer en dehors de l'histoire** : ce n'est pas un personnage de l'intrigue, il ne participe pas aux événements, qu'il raconte à la 3e personne. Il peut alors :
– s'effacer complètement de l'histoire et raconter de façon impartiale ;
– manifester sa présence par des commentaires ponctuels, des jugements, explicites ou implicites.

• Le narrateur peut aussi **se situer dans l'histoire** : appelé narrateur-personnage, c'est un personnage qui participe aux événements. Il peut alors :

– raconter sa propre histoire, dont il est le personnage principal ;
– n'être qu'un personnage secondaire ;
– n'être qu'un témoin.

• Quand il y a identité entre l'auteur, le narrateur et le personnage principal, il s'agit d'une **autobiographie**.

Point de vue ou focalisation : qui voit ?

Définir le point de vue (ou focalisation), c'est déterminer qui voit et quelle est la manière de voir du narrateur, sa position. Il existe trois points de vue :
– le **point de vue externe** : le narrateur s'efface et est assimilable à un objectif de caméra : il se limite à l'aspect extérieur des choses ;
– le **point de vue interne** : le narrateur voit, sait et raconte au lecteur uniquement ce que percevrait subjectivement un personnage ;
– le **point de vue omniscient** (ou focalisation zéro) : le narrateur voit et sait tout dans le temps (il connaît le passé et le présent) et dans l'espace (il peut raconter ce qui se passe en différents lieux au même moment).

Les différents types de texte dans le roman

Le roman combine différents types de texte :
– la **narration** : le roman s'inscrit dans le temps (diverses époques de la vie des personnages) et dans une durée (variable). La suite d'épisodes racontés constitue l'**intrigue** ;
– la **description** : le roman comporte des descriptions, qui sont autant de pauses, d'« arrêts sur image » ;
– l'**argumentation** : les personnages peuvent être amenés à argumenter, notamment lorsqu'ils dialoguent ou lorsqu'ils réfléchissent.

LA DIVERSITÉ DU ROMAN

Les formes du roman sont multiples.

• Le **roman historique** : il est fortement ancré dans la réalité historique, reconstituée plus ou moins fidèlement.

• Le **roman picaresque** : il donne une vision du monde à travers les tribulations d'un *picaro* ; issu du peuple, le *picaro* est un aventurier parfois voleur ou vagabond.

• Le **roman d'aventures** : il privilégie l'action, la succession des aventures.

• Le **roman d'apprentissage** : il retrace l'évolution, l'« éducation » affective ou morale du héros.

• Le **roman d'analyse** : il privilégie l'étude psychologique des personnages, analyse les mouvements de l'âme et de l'affectivité.

• Le roman de mœurs : il donne l'image d'une société ; ses personnages sont intimement mêlés au contexte politique et social.

• Le roman policier : il propose une énigme, privilégie le mystère et le suspense, suscite la peur, et défie la sagacité du lecteur.

• Le roman épistolaire : c'est un roman sans narrateur, uniquement constitué des lettres qu'échangent des correspondants multiples. Il suppose qu'il existe une distance entre les correspondants. Le temps linéaire du récit mené par un narrateur unique disparaît.

• Le roman autobiographique : il relate la vie de l'auteur.

LES FONCTIONS DU ROMAN

Les fonctions du roman sont elles aussi multiples. Le romancier cherche à :
– divertir le lecteur, qui prend plaisir à suivre le parcours des personnages ;
– dépayser : faire s'évader le lecteur dans un autre monde ;
– peindre et instruire : donner au lecteur une image et une meilleure connaissance d'une époque, d'une société, de l'homme et de soi-même, du monde ;
– exprimer et faire partager ses convictions : roman didactique ou engagé ;
– poser des interrogations : le roman aborde les questions essentielles, souvent métaphysiques, que se pose l'être humain.

LA NOTION DE PERSONNAGE

Le personnage est un être fictif dans une œuvre littéraire. Le romancier dispose de plusieurs moyens pour donner au lecteur l'illusion que le personnage pourrait être une personne réelle.

Ce qui fait « exister » un personnage

• Sa « fiche d'identité » comporte un nom qui l'identifie, une origine sociale, une fonction dans un groupe social ou familial.

• Le portrait est la description d'un personnage. On distingue :
– le **portrait physique** : il peut être *statique* (il présente le personnage vu de l'extérieur, comme le verrait un peintre) ; en *action* (le personnage peut être décrit en mouvement, par ses gestes, par ses actions) ;
– le **portrait moral** (personnalité et caractère) : le narrateur interrompt parfois son récit par une analyse psychologique du personnage ;
– le **portrait en paroles** : le personnage se construit aussi à travers ses paroles et ses pensées, par sa façon de parler ;
– le **monologue intérieur** : il arrive que le narrateur retranscrive les pensées d'un personnage qui se parle à lui-même ; c'est l'équivalent de l'aparté ou du monologue au théâtre. Il révèle le fond intime du personnage.

Le niveau de langue du personnage renseigne sur son niveau social et culturel, son origine géographique, son âge, son caractère et sa personnalité.

• L'évolution, le parcours du personnage. Le personnage suit un certain parcours, par lequel il se définit et prend de la consistance. On analyse :
– son **parcours général** : il se mesure par la confrontation entre la situation du personnage au début et à la fin du roman ;
– certains **épisodes** qui constituent des **moments-clés** : scènes d'initiation, de rencontre, d'action, de rupture ; crise (sentimentale, existentielle...).
Pour rendre compte de cette évolution, le romancier peut recourir à des **retours en arrière** ou à des **anticipations**.

Ce qui éclaire le personnage

• Le personnage et le décor : le personnage s'inscrit dans un milieu, un décor qui lui donne de la profondeur de champ. Certains lieux ou objets l'éclairent ou le révèlent.

• Le personnage et les autres : les personnages s'éclairent aussi les uns les autres. Certains servent de repoussoir à d'autres en les mettant en valeur ; certains servent d'initiateurs au personnage ; d'autres sont les victimes d'un autre personnage.

STATUT, TYPE ET FONCTION DES PERSONNAGES

Le personnage peut être : un être totalement fictif ou un être historique réel ; un individu ou un personnage collectif ; un héros ou à l'inverse un antihéros, un être ordinaire, médiocre ; un lieu ou un objet auquel le romancier donne une personnalité.

Personnage principal et personnages secondaires

▶ **On distingue :**
– le personnage principal, qui domine dans le roman et autour duquel tourne l'action ;
– les personnages secondaires, qui gravitent autour du personnage principal et l'éclairent ;
– les « figurants », qui n'ont pas d'épaisseur psychologique, mais évoluent en toile de fond.

▶ **Par rapport à l'intrigue, on distingue :**
– le sujet : c'est-à-dire le héros (au sens de personnage principal du roman) ;
– l'objet : le personnage que le héros cherche à atteindre ;
– les adjuvants : les personnages qui secondent le héros dans sa quête ;
– les opposants : les personnages qui font obstacle au héros.

Personnage type, personnage symbole et mythe

Le personnage peut :
– être représentatif d'une époque ;
– accéder au rang de type, au point que son nom devient un nom commun : il condense des traits qui font de lui le représentant d'un groupe ;
– devenir un symbole : il incarne une idée, une attitude ;
– atteindre la dimension du mythe.

Le personnage et son auteur, le personnage et son lecteur

▶ Le personnage est lié à son auteur, dont il est parfois :
– le **reflet** : il se nourrit de ses préoccupations, de ses aspirations ;
– le **porte-parole** : il incarne ou exprime les idées politiques, sociales, morales ou la vision du monde de son auteur ;
– le **repoussoir** : il peut aussi incarner l'attitude contraire à l'idéal de l'auteur.

▶ Il se crée aussi des liens entre le personnage et le lecteur :
– le lecteur y retrouve ses **aspirations profondes** (idéal auquel il adhère, passions dont il se « purge ») ;
– il peut y avoir **identification** : le lecteur se reconnaît dans le personnage qui peut l'aider à se comprendre lui-même ;
– il peut aider le lecteur à **comprendre** l'être humain, la société et le monde.

5. Les genres de l'argumentation

ARGUMENTER, CONVAINCRE, PERSUADER, DÉLIBÉRER

• Argumenter signifie soutenir une opinion dans le but d'obtenir l'adhésion de celui à qui l'on s'adresse.

• Convaincre consiste à obtenir l'adhésion de son interlocuteur par la raison, en sollicitant ses facultés d'analyse et de raisonnement intellectuel.

• Persuader consiste à obtenir l'adhésion de son interlocuteur en faisant appel à sa sensibilité, à ses sentiments et en suscitant en lui des émotions.

• Délibérer consiste à discuter avec soi-même ou avec les autres avant de prendre une décision. La délibération exige que l'on réfléchisse sur un sujet et qu'on en analyse tous les aspects, qu'on en évalue toutes les conséquences. Elle peut prendre la forme du « pour et contre ».

LES ÉLÉMENTS D'UNE ARGUMENTATION

▶ Dans une argumentation, on distingue :
– le thème : le sujet sur lequel porte l'argumentation. Pour le trouver, il faut se poser la question : de quoi le texte traite-t-il ?
– la thèse : l'opinion, la proposition soutenue sur le thème. L'énonciateur la considère comme vraie et veut en convaincre le destinataire, la personne à laquelle il s'adresse.

LES TYPES DE RAISONNEMENT

• Le raisonnement par analogie consiste à tirer des conclusions similaires de deux réalités proches que l'on a comparées. Il se fonde sur la **comparaison**. Il s'exprime par des formules telles que *de même (que)…* C'est aussi sur ce raisonnement que reposent les **apologues** (la « morale » des fables commence souvent par *ainsi*).

• Le raisonnement déductif part d'une idée générale pour déboucher sur des propositions particulières. C'est le raisonnement employé en **mathématiques** et celui sur lequel reposent l'**essai** et le **discours**.

• Le raisonnement inductif part de l'exemple, d'un fait particulier pour déboucher sur une thèse générale. C'est le type de raisonnement utilisé dans les **sciences expérimentales** ; c'est aussi celui sur lequel reposent les **apologues** : le récit sert d'exemple pratique dont on tire la théorie (la thèse).

LES APOLOGUES

L'apologue est un récit allégorique, en vers ou en prose, dont le lecteur peut tirer une leçon. C'est une œuvre à teneur didactique. La morale peut être explicite (exprimée clairement) ou implicite (non exprimée : le lecteur doit l'extraire du récit). Parmi les apologues, on distingue la fable, le conte philosophiques, l'utopie.

La fable

Une fable est un court texte en vers ou en prose qui recourt à une allégorie, le plus souvent animale, pour donner une leçon de morale. On recense :
– les fables orientales de Pilpay (Inde), inspirées du *Pancatantra* sanskrit ;
– celles des fabulistes de l'Antiquité : Ésope (Grèce, VIe siècle av. J.-C.), Phèdre (Antiquité romaine, Ier siècle apr. J.-C.) ;
– celles de La Fontaine (XVIIe siècle, classicisme), qui s'est inspiré d'Ésope, de Phèdre et de Pilpay. Il privilégie le récit plutôt que la morale (dont il varie la place dans la fable). Dans ses *Fables*, La Fontaine observe son époque

et en fait la critique ; il donne aussi des conseils de vie qui constituent une morale de sagesse et de modération ainsi qu'un savoir-vivre fait de prudence et de bon sens.

Le conte philosophique

• Apparu au XVIIIe siècle, il mélange les éléments du conte traditionnel et la réflexion philosophique. Il comporte :
– un **récit fictif**, en général court et plaisant, qui vise à amuser (éléments : action mouvementée, personnages schématiques, exotisme et merveilleux…) ;
– une **leçon morale ou philosophique** (explicite ou implicite).

Il allie donc le registre **humoristique** et le registre **didactique**, et sollicite à la fois l'**imagination** et la **raison**. Voltaire appelait ses contes de « petits morceaux de philosophie allégorique ».

• Contes philosophiques à connaître : *Candide* et *Zadig* de Voltaire.
Certains auteurs modernes ont donné au conte philosophique la dimension d'un roman : *Le Petit Prince* de Saint-Exupéry, *L'Alchimiste* de Coelho.

L'utopie

Le mot vient du grec *ou* (« non ») et *topos* (« lieu »), et signifie « en aucun lieu » ou « lieu qui n'existe pas ». C'est un récit qui présente un monde idéal dans ses mœurs et son organisation sociale et politique. La fonction de l'utopie est de mettre en évidence les travers du monde tel qu'il est : elle a une portée critique implicite. Elle propose un modèle vers lequel les sociétés doivent tendre et de nouvelles valeurs.

LE DIALOGUE D'IDÉES

Définissant le théâtre et pouvant apparaître dans le roman ou la nouvelle (dialogues entre les personnages), le dialogue est aussi un genre littéraire à part entière : c'est le cas du dialogue d'idées, qui confronte des idées et qui est destiné davantage à être lu que représenté. On peut classer les dialogues d'idées en trois catégories.

• Le dialogue didactique : il a pour but d'exposer un savoir, d'instruire et a des visées pédagogiques. Il met généralement en présence deux personnes qui ne sont **pas sur un pied d'égalité**, l'une ayant le savoir (souvent un maître, un philosophe, un vieillard) qu'elle transmet à son interlocuteur. Ce type de dialogue repose le plus souvent sur un jeu de questions-réponses. Il ne suppose pas de rapports conflictuels.

• Le dialogue polémique : dans ce type de dialogue, des opinions opposées s'affrontent ; chacun des interlocuteurs, personnellement impliqué, veut faire prévaloir son point de vue. Il met en présence deux personnes qui sont dans un **rapport d'égalité**. Il se construit sur un enchaînement d'arguments et de contre-arguments qui se répondent et sur des affirmations qui se contredisent. Il se termine généralement par la « victoire » de l'un des interlocuteurs.

• Le **dialogue dialectique** : il met en présence des personnes qui, cherchant à résoudre une difficulté commune, progressent dans leur réflexion par un jeu de questions-réponses, de conclusions tirées en commun, d'approfondissement de notions, pour dépasser et résoudre le problème posé. Il met en présence des **interlocuteurs unis** dans le souci de progresser dans la connaissance de la vérité.

L'ESSAI

• L'**essai** est un **texte argumenté** où l'auteur s'adresse librement, en son nom propre, à ses contemporains pour leur faire part de ses idées et de ses expériences personnelles sur un sujet historique, économique, moral, scientifique… La présence du « je » de l'auteur y est très sensible. L'approche est volontiers paradoxale. L'auteur ne tente pas d'être exhaustif et d'épuiser le sujet (à la différence du traité philosophique).

• Les **formes de l'essai** sont **multiples** : il peut s'agir de méditations « à bâtons rompus » sur des sujets divers (les *Essais* de Montaigne s'apparentent à un écrit autobiographique, mais proposent des réflexions et une philosophie de la vie), d'articles, de traités, de lettres ouvertes…

LA SATIRE

• Au sens large, la satire est un **texte qui attaque** les défauts, les ridicules d'une société et qui contient une **critique** politique, sociale, religieuse, idéologique. Ses principaux procédés sont : les termes péjoratifs, les images négatives, les figures de l'exagération (hyperboles, anaphores, accumulations)… La satire peut être humoristique, comique, parodique…

• Au **XVIIe siècle**, elle s'en prend aux mœurs sociales et met en scène des types humains (comédies de Molière, *Les Caractères* de La Bruyère, *Fables* de La Fontaine).

• Au **XVIIIe siècle**, elle devient plus politique (monarchie absolue) et religieuse (remise en cause de l'autorité de l'Église).

• Au **XIXe siècle**, elle s'attaque davantage à la bourgeoisie (romans de Balzac et à la politique (*Les Châtiments* de Hugo).

• Au **XXe siècle**, on la trouve au théâtre (Ionesco) et dans la presse (sous la forme graphique de la caricature).

Tableau chronologique

	XVIe siècle	XVIIe siècle	XVIIIe siècle
Mouvements littéraires	**Renaissance, humanisme, la Pléiade**	**Baroque et classicisme**	**Lumières**
Mots-clés	Foi en l'homme • découverte • progrès • imitation de l'Antiquité • humaniste	Baroque : refus des modèles • outrance • irrégularité Classicisme : juste mesure • harmonie • bienséances • imitation de l'Antiquité • honnête homme	Raison • relativité • tolérance • contestation de l'ordre établi • bonheur sur Terre • philosophe
Littérature	• **Rabelais**, *Gargantua* (1534) • **Du Bellay**, *Défense et illustration de la langue française* (1549), *Les Regrets* (1553-1558) • **Ronsard**, *Les Amours* (1552) • **Montaigne**, *Essais* (1572) • **Agrippa d'Aubigné**, *Les Tragiques* (1616)	• **Corneille**, *Le Cid* (1636) • **Molière**, *Dom Juan* (1665) • **La Fontaine**, *Fables* (1668) • **Pascal**, *Pensées* (1670) • **Racine**, *Phèdre* (1677) • **Mme de Lafayette**, *La Princesse de Clèves* (1678)	• **Montesquieu**, *Les Lettres persanes* (1721) • **Marivaux**, *Le Jeu de l'amour et du hasard* (1730) • **Diderot et d'Alembert**, *Encyclopédie* (1751) • **Voltaire**, *Candide* (1759) • **Beaumarchais**, *Le Mariage de Figaro* (1778) • **Rousseau**, *Les Confessions* (1782)
Histoire des arts	• Châteaux de la Loire • Léonard de Vinci, *La Joconde* (1506)	• Château de Versailles • Le Bernin, *Apollon et Daphné* (1622-1625) • Poussin, *L'Enlèvement des Sabines* (1635)	• Watteau, *Embarquement pour Cythère* (1717) • David, *Le Serment des Horaces* (1785)
Repères historiques	• François Ier • Guerres de religion, Réforme • Grandes découvertes, progrès de la médecine (dissection)	• Louis XIV : monarchie absolue • Jésuites et Contre-Réforme, jansénisme • Fondation de l'Académie française	• Révolution française • Anticléricalisme • Invention de la machine à vapeur

	XIXe siècle			XXe siècle
Mouvements littéraires	Romantisme	Du réalisme au naturalisme	Symbolisme	Surréalisme, existentialisme, théâtre de l'absurde, Nouveau Roman…
Mots-clés	Le moi • passions • mal du siècle • sentiment de la nature	Primauté de la réalité • conscience sociale	Correspondances • mysticisme	Angoisse • sentiment de l'absurde • révolte • nouvel humanisme • intellectuel engagé
Littérature	• Stendhal, *Le Rouge et le Noir* (1830) • Musset, *La Confession d'un enfant du siècle* (1836) • Chateaubriand, *Les Mémoires d'outre-tombe* (1849) • Hugo, *Les Contemplations* (1856), *Les Misérables* (1862)	• Balzac, *Le Père Goriot* (1835) • Flaubert, *Madame Bovary* (1857) • Zola, *Germinal* (1885), « J'accuse » (1898) • Maupassant, *Bel-Ami* (1885)	• Baudelaire, *Les Fleurs du mal* (1857) • Rimbaud, *Poésies* (1870-1875) • Verlaine, *Sagesse* (1880)	• Proust, *À la recherche du temps perdu* (1913) • Apollinaire, *Alcools* (1913) • Breton, *Nadja* (1928) • Céline, *Voyage au bout de la nuit* (1932) • Camus, *L'Étranger* (1942) • Aragon, *La Diane française* (1944) • Malraux, *La Condition humaine* (1933) • Beckett, *En attendant Godot* (1952) • Robbe-Grillet, *Les Gommes* (1953)
Histoire des arts	• Delacroix, *La Liberté guidant le peuple* (1831) • 1839 : invention de la photographie	• Courbet, *L'Enterrement à Ornans* (1849)	• Impressionnisme : Monet, Renoir, Pissarro… • 1895 : invention du cinéma	• Art nouveau, cubisme, art abstrait… • Essor de la bande dessinée
Repères historiques	• Premier Empire (Napoléon Ier), puis retour à la monarchie • Loi Guizot (1833) sur l'enseignement primaire	• Révolution de 1848, Second Empire (Napoléon III) • Révolution industrielle	• IIIe République • Expositions universelles	• Guerres mondiales, guerre froide, décolonisation, construction de l'Europe, mondialisation • Montée des intégrismes • Société de consommation et de communication

Index des notions

Les chiffres renvoient aux numéros de pages.

Index des auteurs

Les chiffres renvoient aux numéros des sujets.